Friedrich Sack ❧ Lorz Schüßler

saLieR
VERLAG

Friedrich Sack

Lorz Schüßler
Der Retter von Hildburghausen

Ein Roman aus Franken
in der Zeit des Dreißigjährigen Krieges

*Herausgegeben von
Hans-Jürgen Salier
und Ines Schwamm*

Salier Verlag
Leipzig und Hildburghausen

Die Originalausgabe erschien 1924
bei F. W. Gadow & Sohn in Hildburghausen
unter dem Titel
„Lorz Schüßler – Eine Geschichte aus Franken"

ISBN 978-3-943539-65-3

1. Auflage 2016
Copyright © 2016 by Salier Verlag, Leipzig
Alle Rechte vorbehalten.
Herausgeber: Hans-Jürgen Salier und Ines Schwamm
Titelbild: Sebastian Vrancx (1573–1647),
Soldaten plündern einen Bauernhof
während des Dreißigjährigen Krieges, 1620,
Öl auf Holz, Deutsches Historisches Museum, Berlin,
© DHM / Bridgeman Images
Gestaltung und Herstellung: Salier Verlag, Leipzig
Printed in Germany

www.salierverlag.de

Vorwort

Es seien die gewarnt, die mit der Lupe der geschichtlichen Kritik die nachfolgenden Blätter durchstöbern wollen. Sie werden auf so dicke Falschheiten stoßen, dass es gar keinen Zweck hat, erst damit anzufangen.

Die Epik steht als Dichtung unter denselben Gesetzen wie die Bühne. Nicht das ist Kunst, dass jeder Westenknopf streng historisch abgebildet ist, sondern dass der Atem der gemeinten Zeit und des Ortes weht. Womit nicht gesagt werden soll, dass sich Alexander der Große seine Pfeife Tabak ruhig mit dem am Hinterviertel der Krachledernen angerissenen Streichholz setzen kann.

Unter solchen Gesichtspunkten ist dieses Lied der Heimat entstanden.

FRIEDRICH SACK
BRAUNSCHWEIG, 7. MAI 1924

Der Schuss zerriss jäh die Mittagsstille des sonnigen Septembertages. Der Nachhall rollte an der Stadtmauer hin und zerbrach sich an dem zerfallenen Gemäuer der Kapelle Unserer Lieben Frauen auf dem Baumgarten auf der Straße in Richtung Eisfeld. Der Schütze stand unweit der Werra in wild aufgeschossenem Birken- und Erlengestrüpp. Noch sandte sein Handrohr einen dünnen Rauchfaden gegen den blauen Himmel. Leicht beugte sich der Mann vor, als wolle er der Kugel nachschauen. Im Zielpunkt seines Blicks lag auf dem grünen Rasen ein Kroat, wälzte sich von einer Seite auf die andere, schlug ein paarmal krampfhaft mit den Armen um sich und lag dann still. In einiger Entfernung brach der Genosse des Gefallenen in eiliger Flucht durch das Buschwerk, bald sich duckend, bald springend und laufend und verstörte Blicke rückwärts sendend. Nach einer Weile war er verschwunden.

„Hundeblut, verdammtes!", knurrte der Schütze hinter ihm her. Ein böses Grinsen strich über sein zerfurchtes Gesicht; er schulterte seine Muskete und ging langsam, müde, gleichgültig auf sein Opfer zu. Der da lag, war ein wüster abgerissener Geselle. Das Einzige, was tadellos an seiner Bekleidung war, waren seine neuen hohen gelben Stiefel. Er mochte sie wohl erst vor kurzem erbeutet haben, so wenig standen sie im Einklang mit seinem abgenutzten, zerschlissenen, löcherigen und schmutzigen Gewand. Mit einiger Neugier und mit so viel Nachdenken, als Ottokar Zelenka, der Flurschütz des Städtleins Hildburghausen in der fränkischen Pflege Coburg, aufbringen konnte, betrachtete der den Toten. Einen kurzen Augenblick zuckte es wie eine Erinnerung in ihm auf, dass er selber vor noch nicht langer Zeit nicht gerade bedeutend von jenem verschieden gewesen war. Aber die Spur einer Gemütsregung war rasch und vorübergehend. Wenn er, der heimatlose Böhme, ein Fleckchen gefunden hatte, wo er in Ruhe sein nahendes Alter erwarten konnte, wenn er jetzt Amt und Brot und Unterschlupf hatte, so fiel es ihm leicht, mit dem fertig zu werden, was hinter ihm lag. Konnte er doch dazu, was für ihn viel bedeutete, den ganzen Tag in freier Luft durch Wald und Feld streifen und seinem Hang zur Ungebundenheit, soweit es ein gestrenges Ratskollegium erlaubte, nachgehen. Dass er den Kroaten niedergelegt hatte, gehörte seiner Meinung nach mit zu seinem Handwerk. Er nahm dem Toten Gewehr und Messer ab, leerte ihm kaltblütig die Taschen, vergaß auch nicht, ihm die Stiefel auszuziehen und schleifte die Leiche dem Fluss zu. Langsam rollte sie vom Ufer ins Wasser, nachdem der Flurschütz mit einem Fußstoß diese Bewegung hervorgerufen, und verschwand in der Strömung.

Dem zweiten Strolch nachzulaufen, wäre aussichtslos gewesen. So knüpfte Zelenka seine Ziege vom Pfahl los, wo sie geweidet hatte, und führte sie am Strick der Stadt zu. Widerwillig trottete die Geiß hinter ihm her, dumm in die Welt glotzend. Man konnte freilich von ihr nicht verlangen einzusehen, dass sie eben ein Menschenleben gekostet hatte. Als sich der Flurschütz dem Oberen Tor näherte, ließ er die Stiefel des Kroaten aus der Hand gleiten, sodass sie hinter einen Busch fielen; seine Miene wurde gleichzeitig demütig und unterwürfig. Er nahm den breitrandigen Filzhut vom Haupt und ließ sich die Sonne auf den blanken Schädel scheinen. Aus dem Tor kam ihm Meister Lorenz Schüßler entgegen, als Ratsherr sein Vorgesetzter.

„Es ist ein Schuss gefallen, Böhm. Bist du das gewesen?" Barsch und herrisch klang die Frage, doch hielt der Flurschütz, ohne zu blinzeln, den Blick des Gestrengen aus.

„Meine Heppel, Herr!", erwiderte er in klagendem Ton, „zwei Kroaten, Pan Kapitano. Sie wollten ihr gerade an den Hals. Den einen habe ich mit Kraut und Lot erledigt, der andere ist über den Läusberg davon."

„Zwei Kroaten. Da sind noch mehr von der Art nicht weit. Es hat also seine Richtigkeit, dass Isolani in die Länder des Herzogs eingebrochen ist. – Aber, weißt du, was du getan hast, Kerl? Das ganze Wespennest hast du uns auf den Hals geladen. Eine hirnverbrannte Dummheit übrigens, den andern Spitzbuben laufen zu lassen! Wo hast du den gelassen, dem du das Halunkenleben ausgeblasen hast?"

„Der schwimmt in der Werra."

„Was weißt du noch von ihm? Meine, wirst doch seinen Kadaver auf Herz und Nieren geprüft haben?"

„Wohl, habe was bei ihm gefunden."

„Ein paar neue Stiefel! Ein andermal musst du fixer sein, Otto, wenn du etwas verschwinden lassen willst. Nimm sie nachher nur ruhig auf und trag' sie heim."

Zelenka zog eine Grimasse. Dann öffnete er seinen zahnlückigen Mund wieder: „Noch was mehr", und krabbelte in seiner Tasche.

„Nachher! Brings in meine Wohnung. Wir müssen eine Niederschrift machen. Von Amts wegen. – Übrigens", der Ratsherr, der sich schon halb zum Gehen gewandt hatte, drehte den Kopf noch einmal nach dem Flurschützen hin, „ich bin dein Kapitano nicht. Ich will das nicht mehr hören.

Vergangene Zeiten. Je weniger du mich daran erinnerst, umso besser. Weiß ich doch eigentlich wahrlich nicht, welcher Teufel mich geritten hat, dich als dauerndes Momento mit hierher zu schleppen und hier zu behalten."
Mürrisch ging er nach der Stadt zurück. Zelenka gab der Ziege einen Ruck mit dem Seil und folgte dem Ratsherrn in einer achtungsvollen Entfernung.
Der Ratsherr und Tuchmeister Lorenz Schüßler bewohnte ein stattliches Haus am Oberen Tor. Geschlechter von Schüßlern hatten dort schon gehaust. Trotzig und selbstbewusst, wie sie gewesen, reckte sich das Gebäude auf. Die Schüßler schienen von jeher mehr als bloß Kleinbürger einer Landstadt. Es ging die Überlieferung, sie seien adliger Herkunft, und ein Ahne habe einst das Amt eines Erbküchenmeisters am Hofe eines der alten Kaiser begleitet, und daraus wollte man den Familiennamen ableiten. Magister Klemens Faber von der großen Schule hatte lange Zeit dieser Sage nachgeforscht und das Ergebnis seiner Untersuchungen in einem lateinischen Traktat niedergelegt. Meister Christian Schüßler, der Großvater des jetzigen Ratsherrn, hatte ihm das in seinen Worten und mit einer stattlichen Verehrung gedankt, das Schriftstück dauerhaft in Leder binden lassen und es in eine Lade versenkt, wo es mit anderen Familienschätzen ruhte. Das dünkte ihm gut und erbaulich, aber der praktische Mann vertraute mehr dem eigenen Wert und der persönlichen Tüchtigkeit als nebelhaften Geschichten aus alter Zeit, wenngleich er es, etwa an friedlichen Sonntagnachmittagen, angenehm empfand, dass seine Mitbürger von den Forschungen des gelehrten Herrn wussten und die alten Geschichten einen gewissen Nimbus um ihn und sein Haus verbreiteten. Das Gebäude am Oberen Tor behauptete seinen Vorrang vor den niedrigeren Nachbarhäusern auch dadurch, dass es ein Untergeschoss aus steinernen Quadern

hatte und dass es mehrere Schuh in die Straße vorgerückt stand. Gemildert wurde diese Würde etwas durch die kunstvoll und freundlich geschnitzten und bemalten Balken und nicht zuletzt auch durch den doppelsinnigen Vers, den man – der Verstehende schmunzelnd – an dem oberen Schwellbalken in goldener Schrift las:

> GOTT GEBE ALLEN, DIE MICH KENNEN,
> ZEHNMAL MEHR, ALS SIE MIR GÖNNEN.

Lorenz Schüßler ging durch das breit gewölbte Tor, das rechts und links zwei steinerne Sitze für geruhsame Abendstunden aufwies. Schon lange waren sie nicht mehr in Benutzung. Als Kind hatte Lorz hier gesessen, dann war die große Unruhe in das Reich gekommen, er selbst war draußen in der Fremde gewesen, und nach der Rückkehr hatte er weder Sinn noch Muße für Feierstunden dieser Art. Unrast lag überdies den Schüßlern im Blute; auch seine Vorfahren hatten weniger Zeit als andere Bürger auf den Steinplätzen neben dem Tor zugebracht. Daran dachte jetzt Lorenz, als er den breiten und geräumigen Hausehrn durchmaß, die Treppe hinan schritt und oben die Tür zur Wohnstube öffnete. Wohl war es ihm gelungen, das väterliche Geschäft wieder leidlich in Gang zu bringen, soweit das in den unsicheren Zeiten möglich war, wohl hatte er sich auch allmählich bei seinen Mitbürgern durchgesetzt, nachdem er Zweifelsucht, Spott und Misstrauen bei ihnen überwunden, wohl war ihm auch schließlich als Glied einer der angesehensten Familien der Stadt Sitz und Stimme im Rat zuteil geworden, aber im Innern hatte er sich noch nicht zu der Ruhe eines behäbigen Bürgers durchzuringen vermocht, und, wie er sich kannte, würde das auch nie der Fall werden. Gewiss hatte er seine Partei und seinen Anhang in der Stadt, aber er liebte sie nicht. Denn darüber war er sich klar: Was sie in ihm suchten, das war etwas ganz anderes, als wozu er Lust und Neigung hatte. Sein Anhang war die Partei der Unzufriedenen und Neuerungssüchtigen. Freilich waren unter ihnen, unter dem unklaren Gemisch von Narren, Nörglern und Fantasten, auch die Feuerköpfe, die Leute von Mut und Entschlossenheit, und um ihretwillen musste man sich mit dem anderen Schwarm abfinden. Lorenz Schüßler wurde es oft zum Vorwurf gemacht, dass er sich zum Fürsprecher aller vorwitzigen und unbotmäßigen Leute mache, aber er konnte sich nimmer zu der Überzeugung bekehren lassen, dass in der Verwaltung der Stadt und in allen städtischen Angelegenheiten alles so bleiben müsse wie bisher, nur weil es schon zu Großvaters und Urgroßvaters Zeiten so gewesen war. Um das zu begreifen, dazu hatte er zu viel von der Welt gesehen, sein Blick war weit über den heimischen Kirchturm hinaus gegangen und hatte größere Gesichtspunkte erfasst, als sie in Hildburghausen gang und gäbe waren. Er war auch nicht willens, mit seinen Erfahrungen und Überzeugungen hinterm Berge zu halten, auch nicht dem Bürgermeister Waltz gegenüber. Weder Knüppelschläge noch Nadelstiche konnten ihn davon abbringen. Mit beiden hatte man es seither weidlich gegen ihn versucht.

Unter solchen Gedanken schritt Lorenz Schüßler in sein Gemach. Entschlossen war er nach wie vor, und hart setzte er die Zähne aufeinander. Doch schwand das grimme Lächeln bald wieder und machte einem verdrossenen Ausdruck Platz. Denn Schüßler war in die Stube getreten und sah gerade mit dem ersten Blick, wie die Sonne helle Lichter auf das Bild einer jungen Frau an der Wand warf. Unter dem brennenden Strahl schimmerte das blonde Haar des Konterfeis genauso wie es das in Wirklichkeit tat, und diese Verstellung quälte den Eintretenden. Einen raschen Schritt tat er auf das Bild zu, nahm es von der Wand und schob es hinter einen großen eichenen Schrank. Sein Haus war leer. Frau Elisabeth Schüßler war seit einigen Tagen mit den beiden Kindern zu ihrem Bruder Michael Kob auf den Häfenmarkt gezogen. In früheren Zeiten hätte ein solches Vorkommnis größtes Ärgernis erregt, aber die Sitten waren durch die lange Kriegszeit schon überall locker geworden, und wenn auch der Ehezwist im Hause Schüßler an den Schenktischen, in den Kammern und Gesindestuben gehörig durchgehechelt wurde, dem äußeren Ansehen Schüßlers hatte die Tatsache nicht viel geschadet. Sein Gewerbe, die von seinem Vater ererbte Tuchweberei, war er schon vorher gewohnt gewesen, alleine zu versehen und die jetzt so wenigen Gesellen in Zucht zu halten, und für den Haushalt sorgte die alte Anne, ein Erbstück der Familie.

Als Schüßler das Bild weggestellt hatte, knurrte er noch einiges in den braunen Spitzbart, und die Farbe seines Gesichtes wurde um einen Ton röter. Der Ratsherr ließ sich auf die Eichenbank im Fensterwinkel nieder, rief nach Anne, ließ sich Brot und Wurst bringen und verzehrte sein Abendmahl in dieser wenig anspruchsvollen Weise. Dann rückte er sich den Tisch näher heran und griff unter die Bank. Dort stand ein Zinnkrug mit Frankenwein bereit, den der Einsame mit Wucht auf den Tisch setzte. Er holte sich aus dem Schrank ein venezianisches Spitzglas her und schenkte sich ein. Gut saß es sich so in der Spätnachmittagssonne auf der Bank, während der goldig klare Wein, drüben am Main gewachsen, in dem seltenen und kostbaren Beutestück funkelte. Heiter aber wurde dem allein Zechenden keineswegs davon. Wie aus dem Wein und aus dem Glas die Erinnerungen aufstiegen! Ja, wie ehedem mit guten Gesellen über die Heide reiten! Wegwerfen diesen ganzen muffigen Plunder von Spießbürgerlichkeit, diese schäbig feilschende, zeternde

Gesellschaft hinter sich lassen und wieder ein Ross zwischen die Schenkel nehmen, sich Degen und Pistolen von der Wand da drüben herunterlangen! Lorz Schüßler richtete sich vom Tische auf. Stattlich und stark war er, in der Blüte seiner Jahre. Nicht hatte er sich vom Alltäglichen unterkriegen lassen. Kühn geschnitten und verwegen war immer noch das Antlitz. Dazu hatte er den Schnitt seiner Kleidung bald kriegerisch gelassen. Nur das Faustrohr in die Hand und den wohlverwahrten Degen umgeschnallt, und er konnte in jedem Heerhaufen wieder mitreiten wie einst. Konnte er? Mit der Hand fuhr er nach dem Herzen und sank auf die Bank zurück. Es war, als höre er aufmerksam in sich hinein. Es klopfte an die Tür, nachdem draußen auf der Treppe schwere Schritte polterten. Auf Schüßlers Geheiß zum Eintreten schob sich geduckt der Flurschütz Otto Zelenka ins Zimmer. Schüßler stand auf, schritt ihm entgegen und packte ihn vorn am Wams mit so hartem und heftigem Griff, dass der alte Landsknecht in eine Verlegenheit verfiel und etwas aus der Fassung geriet. Er sah den Ratsherrn verwundert an.

„Komm her, Kamerad, und trink, alte Kriegsgurgel! War schließlich doch nicht das schlechteste Stück, dass ich dich auf der Heimkehr damals im Graben auflas, so ein großer Halunke du auch gewesen sein mochtest. Dein Schuss draußen vor dem Tor hat in mir alle Geister aufgeweckt, nur dass ich noch nicht weiß, ob es gute oder böse sind. Was meinst du wohl dazu, wenn wir beide wieder reiten würden?" Und Lorenz Schüßler nahm von der Wand die Pistole und den Degen und gürtete sich. Der Flurschütz machte zu diesen Zurüstungen eine hilflose Gebärde.

„Heute und alle Tage, Kapitano", druckste er, „wenn ... ich nur könnte. Bin ich doch ganz der Eure und schulde Euch Leben und Brot. Aber mich hat's gepackt. Der alte Schuss von Wiesloch sitzt noch im Knie, und jetzt bin ich froh, wenn es mir möglich ist, am Tag die Gemarkung zu durchstreifen. Gestern erst wieder im Pfaffengrund …"

„So bleib' halt daheim, alter Kracher und melk' deine Geiß! – Doch genug davon. War nur eine Idee." Und er legte die Waffen auf den Tisch. „Was sollte ich auch mit dir? – Also, um auf das zu kommen, was dich hierher geführt. Du hast also heute den Kroaten abgetan. Was war mit dem Kerl?"

„Ein Lump, Meister Schüßler, wie alle seinesgleichen. Vielleicht wollte er in die Stadt, um einen Auftrag auszurichten. Unterwegs stieß er nebst seinem Kumpan auf meine Geiß und wollte sie als Beute nebenbei mitnehmen. In seiner Tasche fand ich das da."

Der Flurschütz legte auf den Tisch ein zusammengefaltetes Schreiben, zerknittert und wenig sauber. Es trug die Aufschrift: „Seiner Gestrengen dem wohlehrbaren Ratsherrn und Meister Laurentius Schüßler zu Hilperhausen." Die Hand einer Dame hatte unzweifelhaft die Feder geführt. Mit Befremden blickte Lorenz Schüßler auf den Brief, der auf eine so absonderliche Weise an ihn gelangt war und wog ihn zweifelnd in der Hand.

„Wird sich kein Briefbote wieder nach unserer Stadt verirren, Zelenka", sagte er, um über seine Verwirrung hinwegzukommen, „wenn sich die Kunde weiterträgt, wie man hier mit deiner Muskete empfangen wird." Dann, mit einem plötzlichen Entschluss, riss er den Brief auf und starrte auf den beschriebenen Bogen. Als er zuerst nach der Unterschrift blickte, kam es den großen und starken Mann wie ein Zittern an. Rot flog es ihm übers Gesicht, wieder wie vorhin fuhr die Hand nach dem Herzen, und ein seltsames, wildes, unheimliches Leuchten war in seinen Augen. Der Flurschütz beobachtete ihn lauernd, und keines der Zeichen der Aufregung an den Ratsherrn entging seinem spähenden

Blick. Lorz Schüßler winkte dem Manne wortlos zu, sich zu entfernen. Doch als dieser eben zur Tür hinausgehen wollte, hielt ihn Schüßler mit einem Zuruf auf. Er musste sich stark räuspern, ehe ihm die Worte kamen: „Was der Kroat da bei sich gehabt hat, das geht keinen weiter etwas an, verstehst du? Keinen weiter als mich. Du weißt nichts von diesem Brief. Der Kroat kam nur auf Partei vor die Stadt und wurde dabei ertappt, als er deine Ziege stehlen wollte. Den Brief mag er ja übrigens auch gestohlen oder gefunden haben. Vielleicht wollte er sich ein Trinkgeld verdienen oder ihn als Vorwand zum Spionieren benutzen. Ich werde selber darüber an den Rat berichten."

Der entlassenden Handbewegung leistete der Flurschütz schleunigst Folge. Schüßler war wieder allein. Lag der Sonnenschein nicht wie Feuer und Blut auf dem Eichenschrank? „Ich habe vorhin etwas von bösen oder guten Geistern gesagt", murmelte der Mann vor sich hin, „wie nun, wenn das ein Fingerzeig wäre? Wenn das Schicksal mir winkte?"

Dreimal schritt er vom Fenster nach der Tür und zurück, dann ließ er sich schwer auf der Bank nieder. Dort las er den Brief, den er vorher nur eben überflogen, noch einmal aufmerksam Wort für Wort. Jedes fiel wie ein glühender Tropfen in seine Seele. Wie trunken starrte er auf die Zeilen, aber wohl wusste er, dass das nicht von dem Becher Weines kam. Und immer wieder las er das Schreiben:

Euer Gestrengen! Oder vielmehr: Viel lieber Lorenz!
Wie ich Dich nennen soll und darf, weiß ich jetzo nicht, aber mein Herz jubelt, da sich ein zerrissener Faden wieder knüpfen kann. Dass ich Dich endlich gefunden habe! Sag, kennst Du wohl noch die Pöbbekenmühle und das Städtlein Lutter am Barrenberge? Ich weiß noch die traute Stelle, da die Berge ebenso auf uns

niederschauten wie jetzt hier, wo das Kriegsgewitter mit seinem letzten Donnergrollen noch in der Luft lag und wo ein Rittmeister, den ich immer noch nur zu gut kenne, einen Sturm gewagt und obgesiegt hatte. Schöne, glückliche Tage, Lorz! Die einzigen meines Lebens. Was die Jahre auch dazwischen legten, das ist alles, alles hinweggewischt, denn jetzt ist mir der Himmel endlich einmal günstig gewesen. Nur wenige Wegstunden trennen mich von Dir. Du wirst wohl wissen, dass der Generalwachtmeister Graf Isolani in Koburg steht, ingleichen auch Seine Fürstliche Durchlaucht der Herzog von Friedland. Als mich mein Bruder damals hinweggebracht, als ich mich von Dir trennen musste, da habe ich nachmalen mancherlei Unheil und Leid erfahren. Mein liebes Brüderlein ist einen ehrlichen Reitertod gestorben, und ich war vorher schon genötigt, unser Haus in Braunschweig zu verkaufen. Heimatlos bin ich geworden. Doch wer hat jetzt überhaupt noch eine Heimat? Man muss sie in sich selber tragen. Ich musste mir ein neues Leben erwählen und gehöre jetzt den Vielen, deren Heim und Bleibestätte das Leindach eines Wagens oder ein Pferderücken ist. Da und dort hatte ich eine Stätte gefunden. Zuzeiten auch war ich frei wie der Vogel in der Luft. Habe doch aber immer gewusst, was ich mir schuldig war. Seit Jahresfrist reise ich hinter dem Heer des Friedländers her. Die Gemahlin des Generals Isolani, der ich in meiner Bedrängnis einmal bittweis genahet war, hat mich zu sich genommen, und nun bin ich nichts weniger und nichts mehr als ihre Hofdame oder ihre Zofe, wie Du es nennen willst. Seit acht Tagen sind wir aus Bayern hier in Franken eingezogen und seitdem habe ich wieder ein Dach in einem Koburger Bürgerhaus über mir.
In dieser Stadt nun fand ich endlich, wonach ich die

ganze Zeit meines Wanderlebens gesucht. Beim Durchblättern von Listen über die Verwaltung der Städte in den koburgischen Landen stieß ich auf Deinen Namen. Du musstest dieser Lorenz Schüßler sein, denn Du hast mir einst selber erzählt, dass Deine Wiege zwischen diesen blauen, friedlichen Bergen gestanden. So drängte es mir die Feder in die Hand.
Mein Laurentius! Mein lieber, lieber Lorz! Wenn unsere Leute in den nächsten Tagen Dein Nest besuchen, dann komme auch ich, und dann wirst Du Dich auf einen Sattel heben und aus Deinem amtsehrbaren Schlaf aufwachen und Deine Fortune wieder da suchen, wo Du schon früher hinter ihr hergejagt bist, und ich, ich werde sie Dir finden helfen.
Was mich betrifft, so werde ich sie alsdann allerdings schon gefunden haben.

Katharina von Duwensee

Es flimmerte vor den Augen des Lesenden, ein Keuchen kam ihm tief aus der Brust. Lockende Bilder stiegen vor seinem Geiste auf. Er sah sich auf schäumendem Rosse durch die Lande reiten, und das helle Haar der feinen Frau neben ihm flatterte ihm ins Antlitz. Er fühlte den Hauch ihres Mundes an seiner Wange. Hinter ihm versanken Flurschützengeißen, die Weinpön, die Holzhändel und das ganze kleinliche Bürgergezänk. Das Buch, den großen Wald, den mochte der Bürgermeister ruhig verkaufen, wie er schon lange geplant. Was ging das alles Lorenz Schüßler noch an? Hinter ihm versanken auch die väterlichen Webstühle. Ihr Poltern und Stampfen vom Hinterhaus wandelte sich ihm zu Rossgetrabe und Kampfgetümmel und dem Lärm des Lagers. Und sein Weib? Ei, sie wollte ihn ja los sein. Und die Kinder? Der Mann am Tisch stöhnte. Auch sie musste er hinter

sich lassen. Frei musste er sein, ganz frei! Für die Zukunft der Kinder war gesorgt, nichts von seinem Besitz wollte er in die Fremde nehmen. Durch Rührseligkeit durfte er sich nicht binden lassen. Er überredete sich, dass es auch in diesem Punkt kein Wanken gäbe, nicht geben dürfe. Plan um Plan wälzte sich in seinem Gehirn. Das ganze wilde kriegerische Zeitalter nahm sein unruhvolles Herz gefangen. Alle Bilder lockten nach einem Punkte hin, nach Kampf und Streit, nach Ruhm und Ehre, nach dem Aufstieg zu den höchsten Höhen, und immer war ihm zur Seite jenes Weib, das früher schon einmal in sein Leben getreten war. Lorenz Schüßler fragte heute nicht mehr, was das Schicksal von ihm wolle. Er glaubte es, begriffen zu haben und wollte ihm nicht weiter widerstehen, wenn es ihn im Windgebraus von seiner heimatlichen Stätte davonführen würde. Er fühlte den sinnbetörenden Zauber jungfrischer Wanderjahre und wusste nunmehr, dass der ihm immer in den Gliedern gelegen hatte, dass nicht Weib und Kind, nicht Gewerbe und Amt ihn hatten brechen können.
Der Wein funkelte nach dem Glas, doch es war der letzte Schimmer des Tages. Lorenz Schüßler saß, den Kopf schwer in die Hand gestützt und den bedeutungsvollen Brief vor sich haltend, als das Dämmerlicht längst dem Abenddunkel gewichen war. Ein irrer Laut zitterte ab und zu durch das Gemach: „Käthe! Käthe!"
Es klopfte wieder an die Tür. Lorenz Schüßler ernüchterte sich. „Da klopft mein Widerpart", murmelte er, „so hat er mein ganzes bisheriges Leben lang geklopft und mir Knüppel zwischen die Beine geworfen. Ich möchte meinen Kopf verwetten, dass es mir auch jetzt wieder so geht." Mit einem bitteren Lächeln der Selbstverspottung ging er zur Tür und öffnete, den Leuchter, auf dem er inzwischen die Kerze entzündet, in der hoch erhobenen Hand.

Draußen stand der alte Ratsdiener Stubenrauch. „Wollet verzeihen, Herr Ratsherr, es ist dunkel auf der Treppe, und ich fand mich nicht gleich zurecht. Der Herr Bürgermeister schickt mich, ich soll die Herren vom Rat zu einer Sitzung heute Abend einladen."

„Was, so spät noch?"

„Der Herr Bürgermeister meinte, in Anbetracht drohender Gefahr und wichtiger Sachen käme es auf Zeit und Stunde nicht an. Doch meine ich, Ihr, Herr Ratsherr, müsstet vor allen Dingen darum wissen, wenn das Gerücht wahr redet, das auf der Straße geht und auch seinen Weg bis ins Rathaus gefunden hat", erlaubte sich der grauhaarige Ratsdiener einzuwenden.

„Also ist das Geschwätz wirklich schon in aller Mäuler! Dieser Böhmak ist ein Narr, dass er das Maul nicht halten konnte. Für eines von beiden, für einen Narren oder einen Schurken, der sich nur aus Verstellung ehrbar gebärdet, habe ich ihn immer gehalten. Na ja, dann freilich, wenn der Herr Bürgermeister schon Kenntnis genommen haben, dann finde ich Euren Auftrag begreiflich, Stubenrauch. Nur meine ich, man hätte einen jüngeren herumschicken können und Eurem klapprigen Gebein Ruhe gönnen sollen. Kommt her, Mann, und nehmt wenigstens einen Trunk zur Stärkung. Er ist Euch herzlich gegönnt."

„Vielen Dank, Herr", versetzte der Alte und versuchte, zaghaft abzuwehren, dass ihm der Ratsherr den Wein auch noch selbst in den Becher goss. Dann nahm Stubenrauch den Becher, trank aus mit der Gewohnheit früherer Jahre und mit der Gier langer Entbehrungen. Er hüstelte die Treppe hinab.

„Sagte ich es nicht, alter Lorz", sprach Schüßler zu sich, während er seinen Hut mit der Hand abwischte und sich zum Gehen rüstete, dass mein Widerpart geklopft hat. Ist doch eigentlich ein schnurrig Wesen darum. Es ist das zwar nicht der gute alte Stubenrauch, dem eigentlich der knickerige Rat schon längst hätte das Gnadenbrot geben sollen – ich werde das dem Bürgermeister übrigens einmal unter die Nase reiben –, sondern dieser Stubenrauch war nur das Werkzeug wie schon so manch anderer. Es geht wieder einmal etwas gegen mich. Fast könnte ich es ein reizendes Spiel nennen, reizend, so wie die Katze mit der Maus spielt. Nichts, gar nichts von dem, was ich gewollt, habe ich erreicht. Bin wie der Tropfen im Strom. Habe ich denn einen Willen? Die höchsten Dinge habe ich erstrebt, die höchsten, freilich nicht immer die – saubersten, wenigstens nicht im Sinne der hausbackenen Moral, wie sie hierzulande gedeiht, aber habe ich denn je mein Ziel erreicht? Jetzt sitze ich mit diesen Krämern und Schneidern und Webern an einem Tische. Ein kurioser Patron muss das sein, was mir als Genius zur Seite geht. Kaum habe ich einmal einen kühnen Gedanken gefasst, gleich dämpft er ihn und bringt den gemeinen Alltag, die Spießbürger und ihre sogenannte Sitte dazwischen. – Und doch, sei ehrlich, Lorz", und damit stieg er bereits die Treppe hinab, „sei ehrlich. Ist dieser Genius nicht eben so gut in dir selber wie außerhalb deiner? Wenn du etwas wolltest, etwas Großes, wie du es nennst, etwas Tolles, wie es die andern nannten, war da immer ein äußeres Hindernis? Hast du nicht widerstrebend, zähneknirschend, fäusteballend gerade das Gegenteil getan? Das Gegenteil, das du gar nicht wolltest und das noch, wie die andern sagten, eben das Rechte war?" Damit trat Lorenz Schüßler vor die Haustür.

Über der Stadtkirche des heiligen Laurentius, wie sie in katholischer Zeit hieß, stand der volle Mond und warf sein Licht herüber über den Platz. Schwarz schauten die Fenster der umliegenden Häuser. Niemand war in den Stuben. Die Kunde von dem Vorgefallenen hatte die Bürger und ihre Frauen vor die Haustüren getrieben, wo sie in Gruppen zusammenstanden und lebhaft das Ereignis und seine möglichen Folgen besprachen. Es war bekannt, dass Isolani mit seinen Kroaten in und um Coburg lag; Schlimmes hatte man von ihm und seinen Scharen gehört, und dass die Stadt durch die Tötung des fremden Geißdiebes eine Schuld auf sich geladen hatte, mussten den Grimm und die Rache des Feldherrn und seiner Scharen herausfordern. Wenig Gutes hatte man sich in dieser Hinsicht zu versehen. Wo der Mondschein die Mienen der Männer erkennen ließ, waren sie düster, die der Frauen von Angst verzerrt. Die Unterhaltung klang bekümmert, wo sie aus dem Schatten hervorklagte. Als Lorenz Schüßler vorüberschritt, gab das dem Gespräch neue Nahrung. Man sah, dass Schüßler den Weg nach dem Rathaus einschlug, dass auch aus der Knappengasse der Ratsherr Leusenring kam und sich Schüßler zugesellte; man wusste also, dass noch heute Abend eine Ratssitzung abgehalten werden sollte, die sich mit dem Vorfall des heutigen Tags beschäftigen würde.

Der kleine Leusenring, trotz seines grauen Kopfes ein munteres, bewegliches Männchen, begrüßte Schüßler nicht eben freundlich. Er war ein alter Hildburghäuser und dem jungen Amtsgenossen nicht wohlwollend gesinnt. Vor allem deshalb, weil dieser noch bei so jungen Jahren zu einem Sitz im Rate gekommen war und, mehr als das, diesen seinen Sitz trotz seiner achtunddreißig Jahre mit jederzeit bereitem Wort und entschiedener Meinung bei jeder Angelegenheit in Anspruch nahm, statt, wie es sich nach der Ansicht Leusenrings geschickt hätte, in Ruhe und Bescheidenheit erst von seinen älteren und erfahreneren Amtsgenossen zu lernen und ihnen in ihren Äußerungen den Vortritt zu lassen. Zudem sah er Schüßler als halben Fremdling an, weil dieser lange Jahre von seiner Vaterstadt fern gewesen und wer weiß was für ein abenteuerliches Leben hinter sich hatte.
„Na, Meister Schüßler", krächzte er ihm zu, „da haben wir die Bescherung. Das habt Ihr von Eurem Schützling, dem schielenden Böhmaken. Ich bin von Anfang an dagegen gewesen, dass dieser Kerl, dem man nicht über den Weg trauen kann, in gemeiner Stadt in Sold genommen wurde und noch dazu einen solchen Vertrauensposten bekam. Nun hat er unsere Stadt ins Unglück gestürzt, denn was jetzt kommen wird, das sehe ich klar vor Augen. Geplündert und gebrandschatzt werden wir werden, und der rote Hahn wird von einem Dach zum anderen fliegen. Davon wird uns auch der Bürgermeister nicht helfen."
„Guten Abend, Meister Leusenring", erwiderte Schüßler ruhig. „Denke, wir wollens erst einmal abwarten. Auch bei den Kaiserlichen wird nicht so heiß gegessen wie gekocht wird. Ich meine, es wird sich wohl verhandeln und das Schlimmste abwehren lassen."
„Hat sich was mit Abwehren! Ich habe schon heute Nachmittag mein Silbergeschirr vergraben und Frau und Tochter

nach Weitersroda geschickt, wo sie bei meinem Bruder bleiben sollen und wenn es Not tut, sich dort im Wald in den Felsenkellern bergen können."

„Ich lobe Eure Vorsicht, Leusenring", sagte Lorz. „Wir werden aber wahrscheinlich nur tief in den Beutel zu greifen brauchen, um Isolani zu versöhnen."

„Glaubt, was Ihr wollt", schalt Leusenring grob. „Was in aller Welt hat denn Euer ungesegneter Zelenka bei solchen Zeitläuften seine Ziege so weit draußen vor dem Tor zu weiden! Und wenn sie ihm schon von den Kroaten gestohlen worden wäre, was hatte er den Burschen niederzuknallen? Die Ziege hätte ihm die Stadt schon ersetzt."

„Besonders auf Eure Fürsprache hin", spottete Lorz Schüßler. Der andere verzichtete auf eine Entgegnung.

Die beiden Männer waren unter diesem Gespräch durch die Oberstraße gekommen und standen vor dem Rathaus. Die Tür zum Turm war von zwei Pechfackeln erhellt. Vor den Haustüren um den Markt herum war dasselbe Geraune wie in den übrigen Straßen. Um das Rathaus drängte sich eine verstörte Menge. Als Leusenring und Schüßler erschienen, wurden die Kappen gezogen, und es bildete sich eine Gasse. Schüßler erwiderte die Grüße und zeigte eine zuversichtliche Miene, einigen Bekannten nickte er freundlich und beruhigend zu. Seine aufrechte Haltung, sein fester Schritt flößten der Menge Vertrauen ein, wohingegen Leusenring bekümmert den Kopf schüttelte und neben seinem Genossen daher haspelte. So stiegen sie die steinerne Wendeltreppe in die Höhe.

In der Ratsstube brannten in allen vier Ecken Kienspäne, und auf dem langen Tisch standen brennende Kerzen. Leusenring und Schüßler wurden schon erwartet, mit ihrem Eintritt war das Ratskollegium vollzählig. Obenan saß der Bürgermeister Paul Waltz, ihm zur Seite, schon mit einge-

tunkter Feder der Stadtschreiber Eusebius Schneider. Die Mienen der Ratsherren waren düster. Wenig freundlich erwiderten sie die Grüße der Hereintretenden, namentlich den Schüßlers. Er ließ sich am Ende der langen Tafel, dem Platz des Bürgermeisters gegenüber, nieder. Die Ratsherren waren meist behäbige, gesetzte Gestalten. Heute bemühten sie sich sichtlich, wie immer bei Ratssitzungen, Würde in ihre kleinbürgerlichen Gesichter zu zwingen.
Hinter der Tür bemerkte Schüßler den Flurschützen, in dessen Antlitz sich verbissener Trotz mit Furcht stritten. Neben Schüßler saß auf der einen Seite sein Schwager Michael Kob, auf der andern Seite der ewig vergnügte Ackerbürger Schultheiß. Michael Kobs breites, dunkles Antlitz rötete sich beim Anblick seines Schwagers. Auf seinen Gruß sandte er ihm nur einen bösen Blick zu, dann wandte er sich bald ab und blätterte in den Papieren, die vor ihm auf dem Tisch lagen. Es herrschte eine seltsame Beklommenheit in der Ratsstube. Beklommenheit und Schweigen, sodass man das Pendel der Turmuhr ticken und die Volksmenge auf dem Marktplatz murmeln hörte. Die Fenster standen offen. Auf den Fensterbänken stritt sich der Mondschein mit dem Licht der Kienspäne und Kerzen. Verschlafene Fliegen summten durch den Raum. Nur die Ratsherren Becher und Füßlein pflegten flüsternd Zwiesprache. Die andern sahen erwartungsvoll auf den Bürgermeister. Paul Waltz lehnte sich in seinem Sessel zurück und strich sich über die gefurchte Stirn. Dann fing er an zu reden: „In ungewohnter Stunde habe ich die Herren Ratsgenossen zusammenrufen lassen, aber wenn es um gemeiner Stadt Wohl oder Wehe geht, kann keine Rücksicht auf die Bequemlichkeit des Einzelnen obwalten. Ich bin überzeugt, dass Ihr mit mir hierin einerlei Meinung seid."
Nach dem Zustimmungsgemurmel und Kopfnicken des

Rates fuhr er fort: „Die Herren wissen, worum es geht. Ein bös' Ding hat sich zugetragen und noch bösere Dinge werden, wie leider zu befürchten steht, daraus erwachsen. Was geschehen ist, darüber dürfte jeder von den Herren wohl Kunde haben. Uns geziemt hier alles der Ordnung gemäß zu hören und amtlich zu Wissenschaft und Niederschrift zu nehmen. Ich werde also mit Erlaubnis der Herren zunächst zur Vernehmung des Urhebers des ganzen Handels schreiten. Otto Zelenka, der Stadt Flurschütz, tritt hierzu und berichte alles der Reihe und Ordnung nach."

Der Flurschütz trat verdrossen und mürrisch an den Tisch – der Bürgermeister hatte ihm vor der Ratssitzung bereits unter vier Augen den Kopf gewaschen – und begann seine Erzählung. Unbeholfen und langsam, zuweilen unterbrochen durch Fragen des Bürgermeisters und des Stadtschreibers, aber zuletzt kam doch alles so zustande, dass sich das Ratskollegium ein Bild der Ereignisse vor und nach dem verhängnisvollen Schuss machen konnte. Als der Flurschütz geendet, nahm der Bürgermeister das Wort, um rückgreifend nach Einzelheiten zu fragen, insbesondere begehrte er zu wissen, ob Zelenka den Toten untersucht habe.

„Ja, Euer Gestrengen", sagte der Flurschütz, „ich habe ihm, wie billig, die Taschen umgewendet und etwas bei ihm gefunden. Doch darf ich Euch nicht davon sagen, denn Meister Schüßler hat mir verboten, darüber zu sprechen."

Fragende und erstaunte Blicke richteten sich auf Schüßler. „Dummkopf!", fuhr dieser auf, „das galt doch nur für die allgemeine Rede. Vor dem Rat habe ich keine Geheimnisse. Also sprich!"

„Nun ja, der Kroat hatte einen Brief in der Tasche, der an den Meister Schüßler gerichtet war."

Paul Waltz zog die Brauen zusammen und wandte sich verwundert dem Beredeten zu. Meister Leusenring machte:

„Hm", und die anderen murmelten. „Meister Schüßler", sagte der Bürgermeister kalt und schneidend, „beliebt es Euch zu gemeiner Stadt Bestem dem Rat von dem Inhalt und Absender des Briefes Mitteilung zu machen?"
„Nein, Ihr Herren", sagte Lorz Schüßler fest, „der Brief war allerdings an mich gerichtet, aber – versteht Ihr wohl, nur an mich und betrifft auch nur Dinge, die mich persönlich angehen. Doch kann ich soviel sagen, dass ich daraus die Bestätigung habe, dass der Herzog von Friedland und der General Isolani in Coburg weilen und mit ihrem Heer nordwärts zu ziehen gedenken."
„Ich muss gestehen, Meister Schüßler", sprach der Bürgermeister, „dass Eure Mitteilung, so wertvoll sie auch trotz ihrer Kürze ist, immerhin etwas dürftig klingt. Wollet doch die Gewogenheit haben und etwas näher auf den Inhalt des Briefes eingehen."
Lorenz Schüßler sah sich um. Feindselig starrte ihn die Mehrheit der Ratsgenossen an; Verdacht und Misstrauen lauerten in ihren Mienen. Nur sein Nachbar Schultheiß nickte ihm verschmitzt lächelnd zu und stieß ihn scherzhaft mit dem Ellenbogen in die Seite: „Lass dir das nicht gefallen, Lorz! Was gehen den Bürgermeister deine Briefe an!"
Eine Blutwelle schoss über Schüßlers Gesicht. Heftig stand er auf zu einer scharfen Entgegnung, doch besann er sich rasch und erwiderte mit erkünstelter Ruhe: „Dennoch muss ich es ablehnen, dem Wunsch des Herrn Bürgermeisters zu willfahren. Was gesagt werden konnte, habe ich gesagt. Darüber hinaus muss ich dem Bürgermeister und den Ratsgenossen das Recht bestreiten, sich in meine persönlichen Angelegenheiten zu mischen. Sie haben bei Gott in diesem Falle nichts mit meinem Amt zu tun. Meine auch, soviel Vertrauen sollte der Rat doch zu jedem seiner Mitglieder haben, von ihm anzunehmen, dass er nach

bestem Gewissen und nach seinem Eide handelt und nichts verabsäumt, was Schaden von der Stadt abwenden kann. Hat man dieses Vertrauen zu mir nicht, nun gut, so bin ich bereit und durch die Umstände sogar genötigt, diesen Stuhl und Saal für immer zu verlassen."
Diese Rede machte sichtlichen Eindruck. Einige der Ratsmitglieder nickten Schüßler wohlwollend zu, nur der Bürgermeister behielt seine undurchdringliche Miene.
Schultheiß aber sprang auf und rief in den Saal hinein, indem er Schüßler auf die Schulter klopfte: „Recht so, Lorz! Gib es ihnen nur ordentlich! Du bist ein Bürger dieser Stadt, so gut wie einer und kein schlechterer Ratsgenosse als wir alle. Wer das Gegenteil behauptet, dem will auch ich mit guten Gründen dienen. Möchte die Herren aber außerdem noch bitten, jeden unwürdigen Verdacht fahren zu lassen und lieber die andere Seite der Sache zu betrachten. Unser Meister Schüßler hat natürlich von seinen Fahrten her manchen Bekannten unterm Kriegsvolke. Was ist selbstverständlicher, als dass einer von ihnen mit ihm in Verbindung steht oder bei guter Gelegenheit alte Beziehungen wieder anknüpft? Es läge doch meiner Meinung nach nun viel näher, aus dieser Tatsache Nutzen zu ziehen, als sie scheel anzusehen. Ich möchte behaupten, Lorz Schüßler ist für den jetzigen gefährlichen Augenblick gerade der rechte Mann an seinem Platz. Wenn einer die böse Sache mit dem erschossenen Kroaten wieder einrenken kann, so ist er das, denn er kennt die Bräuche, Gewohnheiten und Bedingungen in solchen Fällen. Also möchte ich den Herren raten, ihn nicht zu verbittern, ihm aus einer harmlosen Sache einen Vorwurf zu machen und ihn so vor den Kopf zu stoßen, denn ich bin überzeugt, er wird alles tun, um seine Vaterstadt so glimpflich wie möglich in dieser Angelegenheit davonkommen zu lassen. Ich schlage ganz einfach vor, den Meister Schüßler

mit gehörigen Vollmachten in den Rachen des Löwen zu senden, item ihn als Fürsprecher der Stadt nach Coburg zu dem Kroaten-General gehen zu lassen und den Streit beizulegen. – Habe ich nicht Recht, Lorz?"
Und er setzte sich, sehr zufrieden mit sich selber. Auch diese Rede, von manchen der Hörer belächelt, von den anderen mit Beifall aufgenommen, schien keinen Eindruck auf den Bürgermeister gemacht zu haben. Er strich mit der flachen Hand durch die Luft: „Lassen wir das vorläufig. Noch wissen wir ja gar nicht, was aus der unangenehmen Sache entstehen wird. Wer weiß, ob der entkommene Kroat nicht Gründe hat, sein Abenteuer seinen Oberen gegenüber lieber zu verschweigen. Wenn nicht, dann müssen wir auch im anderen Falle abwarten, bis der Graf Isolani oder sonst wer an uns herantritt. Unklug dünkte es mich, schon vorher nach einer Seite hin irgendeinen Schritt zu tun und so den Schein zu erwecken, dass wir uns einer Schuld bewusst wären. – Übrigens, der Flurschütz da, er kann abtreten! Hat er das nicht längst selber gemerkt? Hält da in der Ratsversammlung Maulaffen feil!"
Der Gescholtene schob sich mit einem tiefen Bückling und verkniffenen Gesichtes zur Tür hinaus.
„Wie gesagt, was da erwähnt wurde, das halte ich für unvorsichtig und gefährlich. Dass im Notfalle jeder der Herren bereit ist, alles zu der Stadt Bestem nach seinen besonderen Kräften zu tun, ist eine Selbstverständlichkeit. Das gilt für jeden von uns so wie für den Meister Schüßler."
„Merkst du was, Lorz?", zischelte Schultheiß seinem Nachbarn zu, „der Bürgermeister ist eifersüchtig."
„Eins aber ist gewiss", fuhr der Bürgermeister fort, „so oder so, der neue Heereszug aus Bayern her nach dem Norden zu, wo der Schwedenkönig steht, wird an unserer Stadt nicht vorübergehen. Wir werden hart betroffen werden,

zumal wir dadurch, dass Herzog Johann Casimir im vorigen Jahre dem Leipziger Beschluss der protestantischen Fürsten beigetreten ist, feindliches Land sind. Wir denken noch mit Schrecken des vergangenen Jahres, da wir unerhörte Lasten und Abgaben durch die Schönberg'schen Reiter, durch das Regiment des Grafen Fürstenberg, durch den Major von Bodendorf und durch die Lieferungen an die Schweden gehabt haben. Wir denken aber auch daran, dass es uns gelungen war, uns vor noch größerer Bedrängnis durch die Kriegsvölker freizukaufen, freilich durch große Opfer an Geld und Gut. Wenn uns das auch diesmal möglich sein würde, so hätten wir dem Himmel dafür zu danken; in jedem Falle müssen wir den Versuch dazu machen, um keinen Vorwurf der Bürgerschaft auf uns zu laden."

Wieder war es der lebhafte Schultheiß, der nach dem Bürgermeister das Wort nahm: „Unser gnädiger Herr, der Herzog Johann Casimir konnte in den nun bald fünfzig Jahren seiner Herrschaft auch etwas mehr gelernt haben, als sich unvorsichtig auf eine Seite zu schlagen. Konnte er nicht weiter neutral bleiben und sich fern vom Streit halten?"

Scharf entgegnete ihm der Bürgermeister: „Es steht geschrieben: Die Lauen will ich aus meinem Munde speien. Wollet doch bedenken, meine Herren, dass es uns nicht geziemt, über die Intentionen seiner Fürstlichen Gnaden zu urteilen und noch dazu in einer Art und Weise, die ich nicht als vereinbar mit der Demut eines loyalen Untertanen halten kann. Wenn der Herzog jetzt entschlossen auf die Seite der protestantischen Sache getreten ist, so kann ihn jeder gute Lutheraner nur Dank dafür sagen, und zu den möglichen Wirkungen solchen Beschlusses können wir nur in Bescheidenheit das Haupt beugen. Denken wollen wir auch an Luthers Wort: Nehmen sie uns den Leib, Gut und Ehr, Kind und Weib, lass fahren dahin, sie haben's kein Gewinn, das Reich Gottes muss uns bleiben. Ich möchte auch zu bedenken geben, dass eine andere Stellungnahme uns vor noch nicht langer Zeit in Bedrängnis durch die Schweden gebracht hätte. Das war, als der Schwedenkönig, dem das friedländische Heer jetzt entgegenzieht, auf der Bertholdsburg in Schleusingen seine Residenz aufgeschlagen hatte. Hätten schon damals nicht Seine Fürstlichen Gnaden Herzog Johann Casimir auf der Seite des Schweden gestanden, so wäre unsere Stadt durch die Schweden als feindliches Land behandelt worden, durch unsere Glaubensgenossen, was schandvoll für beide Teile gewesen wäre.

Doch gehen wir nunmehr ernstlich zu dem über, was uns in gegenwärtiger Stunde an praktischer Tat obliegt. Ob wir für die Tötung des Kroaten zu büßen haben werden, wissen wir nicht, wollen auch dem gnädigen Gott vertrauen, dass es nicht eintreten wird.

Eines ist aber gewiss: Das Kaiserliche Heer wird auf seinem Zuge nach Norden unsere Stadt Hildburghausen heimsuchen, und deshalb müssen wir darüber beraten, wie sich die Stadt dem Einzug der Kriegsvölker gegenüber zu verhalten gedenkt."

Heftig fiel dem Bürgermeister der Zuruf des Rates Becher ins Wort: „Wozu haben wir den Defensionsausschuss?"*

Worauf der Bürgermeister nachsichtig lächelte und mit seiner Rede fortfuhr: „Ei, richtig, den Defensionsausschuss. Ich kann nicht gut glauben, dass diese Mahnung und Frage ernst gewesen ist. Denn davon kann doch keine Rede sein, dass unsere kleine Stadt dem wohl ausgerüsteten, gut geübten und erprobten zahlreichen Heer, das schon manchen festen Platz belagert und berannt hat, ernsten Widerstand entgegenzusetzen vermag, so wohl auch unsere Mauern und

---

* Defension = Landesverteidigung (d. Hrsg.)

Werke instand sind, wie ich aus der Fürsorge des Meisters Becher weiß, wie er auch unsere Bürgermannschaft wohl geübt und in guter Ordnung gehalten hat. Nein, Widerstand wäre hier nicht allein ganz nutzlos, sondern würde uns nur in unermessliches Elend stürzen und unsere Stadt dem schlimmsten Schicksal überliefern. Ich bin eher der Meinung, wir müssen unsere schon früher mit Erfolg geübte Praxis wieder aufnehmen und uns vor Einquartierung, Plünderung und Schädigung durch Rekompensationen an die Herren Offiziers ranzionieren*, sodass vielleicht der Einmarsch in die innere Stadt selbst abgewendet werden könnte. Die Vorstadt freilich, die ausgebauten Teile vor dem Tor, werden wir wohl auch diesmal kaum schützen können. Ist auch nicht allzu viel daran zu verderben, denn noch liegt das meiste in Schutt und Trümmer von anno 23 her. Um nun die Geldmittel für den Loskauf zu schaffen, komme ich, da die Kassen der Stadt nahezu erschöpft sind, auf meinen früheren Plan zurück: Es liegt ein neues Kaufangebot des Herzogs auf das Buch, unseren großen Wald, vor. Die gebotene Summe ist beträchtlich und würde uns aus der Not helfen. Vermeine also, die Herren werden diesmal ihre Zustimmung zum Verkauf geben. Was ist die Meinung darüber? Ihr, Meister Schüßler?"

„Das heißt also", fuhr Schüler in großer Erregung auf, „wir sollen die Henne schlachten, die uns die goldenen Eier legt. Das Buch darf nie und nimmermehr verkauft werden! Legt eine große Sondersteuer auf, lasset zahlen, wer es irgend noch vermag, ich selbst bin nach meiner Möglichkeit mit Freuden dazu bereit, aber tastet nicht an, was für ewige Zeiten zinsentragendes Kapital bedeutet. Ihr würdet die Stadt arm, bettelarm machen. Hat jene sagenhafte Gräfin

---

* Freikauf, Lösegeld (d. Hrsg.)

von Henneberg, der die Stadt den Wald verdanken soll, um den uns manche Stadt beneidet, das Buch uns deshalb geschenkt, dass wir uns damit aus einer augenblicklichen Verlegenheit helfen? Das Acht-Uhr-Glöckchen, das von Michaelis bis Ostern zum Gedächtnis der Stifterin läutet, würde uns allen wie das Armesünder-Glöcklein vorkommen, wenn wir die Hand zu solch schmachvollem Handel bieten würden. Denkt an unsere Kinder und Kindeskinder! Sollten sie, wenn wir die Stadt arm gemacht haben, uns fluchen? Geld verrinnt uns unter der Hand, namentlich in den jetzigen Zeiten, Grundbesitz kann uns aber keiner davontragen. Ich beschwöre Euch, lasset Eure Hände davon und stimmt nicht dem Verkauf zu!"

Er hatte sich in der Leidenschaft seiner Rede hinter seinen Stuhl gestellt und dessen Lehne krampfhaft mit beiden Händen gepackt. Seine Augen blitzten und die Nasenflügel bebten. Die Hörer waren von seiner Bewegung angesteckt, was der Bürgermeister mit Missbilligung bemerkte. Man rief durcheinander. Die meisten gaben Schüßler unbedingt recht, und ob auch der Bürgermeister nochmals für den Verkauf warb und Schüßler mit sarkastischen Worten abzutun strebte, er fand nur bei wenigen Billigung. Stattdessen schlug nun das Ratsmitglied Füßlein die Ausschreibung einer besonderen Kriegssteuer vor, und als die Stimmen gezählt wurden, fand sich, dass dieser Antrag die meisten Stimmen auf sich vereinigte.

Böse und missmutig schloss dann der Bürgermeister die Sitzung, indem er die Ratsgenossen bat, sich in den nächsten Tagen bereitzuhalten, um jederzeit zu neuen Beratungen, wie sie der Tag erfordere, zur Hand zu sein.

Heiß waren die Stirnen. Einer nach dem andern verließ mit einem hörbaren Aufseufzen die Ratsstube, wo die letzten Reste der Kienspäne zischend in die untergestellten Wasserbecken fielen und der alte Stubenrauch eine Kerze nach der anderen verlöschte. Schultheiß drückte Schüßler auf der Wendeltreppe warm die Hand und beglückwünschte ihn zu seinem Erfolg.

An der Turmtür fand Lorz seinen Schwager Kob auf ihn wartend.

„Ich habe mit dir zu reden, Lorz", sagte er kurz. „Willst du mit nach meinem Hause kommen?"

„Das vermag ich nicht über mich, Schwager", entgegnete Lorz. „So gern ich die Kinder sähe, Elisabeth hat mich durch das Verlassen meines Hauses zu tief gekränkt, als dass ich ihr jetzt gegenübertreten könnte. Sie muss von selber den Weg zu mir zurückfinden. Will sie es nicht, so weiß ich, wie ich daran bin und habe mich damit abzufinden."

„Du bist ein Trotzkopf, Lorz, und darin noch so bubenhaft wie früher", schalt Michael. „Gib nach. Es tut deiner Ehre als Mann keinen Abbruch. Gewiss tat Elisabeth Unrecht, aber sie behauptet, von dir zu sehr verletzt worden zu sein, und außerdem hättest du sie selbst geheißen, wieder dahin zu gehen, von wannen sie gekommen wäre. Und, nimm das nicht übel, Lorz, das war ein ungutes Wort, und das durftest du zu deinem Eheweib nicht sagen."

„Habe ich das im Unmut gesagt, so sollte sie mich doch soweit kennengelernt haben, dass ein solches Wort bei meiner rauen Weise nicht allzu schwer wiegt. Ich kann nun mal das barsche Wesen aus meiner Kriegszeit her nicht auf einmal ablegen. Im Ganzen", und er brachte ein trübes Lächeln zustande, „habt ihr mich doch schon ein gut Teil abgeschliffen. – An Elisabeth wäre es gewesen, mich andere Wege zu führen. Stattdessen hat sie sich nur von Tag zu Tag mehr in ihren Trotz verbissen."

„Kommt Zeit, kommt Rat, Lorz. Siehe, ich könnte dir leicht und mit Recht grollen, dass du meinem Haus diesen Schimpf angetan hast, aber ich schätze dich, und ich rate dir, in Frieden beizugeben, denn im Grunde bist du eine redliche Haut. Hast es doch auf dem Rathaus eben wieder bewiesen. Ich habe gerade bei dir schon oft erfahren, dass deine Absichten und deine Worte ganz anders klingen, als nachher die Tat aussieht. Das heißt, dass die Tat sich nachher doch als gut erweist."

Schüßler war betroffen. Also, das wusste man von ihm, worüber er sich gerade diesen Nachmittag Rechenschaft vor sich selber abzulegen versucht hatte. Auf dem Marktplatz hatte sich die Menge verlaufen, nachdem sie von den heimkehrenden Ratsherren die Beschlüsse der Sitzung erfahren hatte. Der Himmel hatte sich bezogen. Zerrissene Wolkenfetzen zogen vor dem Mond vorüber wie flatternde Schleier und warfen gespensterhafte Schatten auf Straßen und Häuser. Lorenz Schüßler und Michael Kob wanderten durch die Unterstraße bis zum Tor und wieder zurück.

„Lorz", sagte Kob, „ich gebe zu, es ist ein Kreuz mit den Weibern. Ich will mich auch beileibe nicht zwischen Elisabeth und dich stecken, denn zwischen Eheleuten hat kein Dritter etwas zu suchen und sei es auch der nächste Verwandte. Aber in eurem Falle scheint mir doch zunächst eine Vermittlung nötig zu sein, dass ihr überhaupt wieder zueinander findet. Denn so kann es doch nicht weitergehen. Was soll daraus werden? Was soll aus den Kindern werden? Und vor allem in diesen Tagen, da uns die große Gefahr bevorsteht. Hast du wohl daran gedacht? Ich war dir sehr böse, ich gestehe es offen ein, und bin dir vorhin im Rathaus nicht gerade freundlich begegnet. Nachdem du dort aber gezeigt hast, dass du dennoch das Herz auf dem rechten Fleck trägst, da wurden die alten Zeiten in mir wieder lebendig, denn wir sind Nachbarskinder, Lorz, und da musste ich doch mit dir reden."

„Was aus meiner Familie wird?", wiederholte Lorz. „Ei nun, ist sie nicht bei dir ebenso gut aufgehoben wie bei mir?"
„Ich bitte dich, Lorz, was ist das für eine Rede für einen Familienvater. Deine Frau und deine Kinder gehören doch zu dir. Hast du ganz vergessen, wie närrisch du vor Freude warst, als dir das Gretle geboren wurde? Und die sonnige Heimburga? Ich will dir ein Geständnis machen. Auch aus Eigennutz möchte ich, dass Elisabeth mit den Kindern sobald wie möglich zu dir zurückkehrt. In diesen Tagen habe ich gemerkt, wie mir meine Schwester doch nicht mehr das ist, was sie mir früher war. In den Jahren deiner Ehe hat sich dein Einfluss auf sie bemerkbar gemacht, und so lieb ich sie nach wie vor habe, es ist doch ein gut Teil Fremdes in sie hineingekommen, was erst beim täglichen Beisammensein auffällt und mich daran erinnert, dass sich die Verhältnisse geändert haben. Und außerdem: Ich möchte gerne meinen häuslichen Frieden haben. Elisabeth stimmt nicht besonders mit meiner Frau zusammen. Nicht, dass sie in Streit gerieten, dazu ist meine Margarete viel zu verständig und kühl, aber ihre Meinungen gehen weit auseinander, und das zu bemerken, ist nicht immer erfreulich."
„So schicke Liesbeth doch einfach wieder zu mir. Du kannst das von dir aus. Mir aber kann kein Mensch zumuten, dass ich den ersten Schritt tue."
„Das sagst du so. Elisabeth ist, wie du, jeder vernünftigen Einrede unzugänglich. Und nun zu dem allem die unsichere Lage."
„Ich habe dir schon gesagt, dass sie bei mir nicht sicherer aufgehoben wären, als sie bei dir sind."
„Sie kann hier nicht bleiben, und das ist es hauptsächlich auch, weshalb ich deine Meinung hören wollte. Ich habe die Absicht, Elisabeth mit den Kindern morgen nach Geißenhöhn zu schicken, wo ein alter Oheim

von mir lebt. In das abgelegene und ärmliche Waldnest wird sich sicherlich kein feindliches Kriegsvolk verirren."
„Du hast meinen Segen dazu."
„Lorz, nicht in diesem Ton! Wer weiß, was in den nächsten Tagen über uns verhängt wird. Noch einmal: Willst du nicht mit mir kommen und sie und die Kinder sehen?"
„Michael, ich kann nicht. Noch nicht. Lass mir Zeit. Vielleicht wird noch alles gut. Lass nur erst das andere vorüber sein. Schwager, ein ehrliches Wort zu dir: Es geht etwas in mir vor. Was es ist, weiß ich noch nicht, ich hoffe aber, es soll sich bald klären, und dann wird es sich entscheiden. Nochmals, lass mir Zeit und lass mir Ruhe."
Er hatte Kobs Hände ergriffen, während die beiden Männer, wieder auf dem Marktplatz angekommen, stehen geblieben waren.
Das Gewölk am Himmel hatte sich verzogen, es war fast taghell. Lange Schatten warfen die Häuser über den Platz. Der große Röhrenbrunnen rauschte, und wenn ein nächtlicher Windstoß den Wasserstrahl traf, dann plätscherte dieser auf dem Brunnenrand. Sonst war alles ganz still und menschenleer, nur das Fenster des Türmers auf dem Rathaus klapperte, und dann quäkte sein Horn die elfte Stunde hinab auf die schlafende Stadt.
Michael Kob schaute Lorz lange an. Dann sagte er mit Zuversicht, wenn auch noch eine gewisse Trauer durch seine Stimme klang: „Wenn ich nicht wüsste, dass du das beste Herz auf der Welt hast – freilich auch einen verdammt dicken Kopf – Lorz, dann könnte ich nach dem äußeren Anschein wohl an dir zweifeln. Doch weil ich dich kenne, weiß ich auch, dass ich am besten tue, wenn ich dich jetzt dir selbst überlasse. Du musst dich allein hindurchfinden, und ich bin gewiss, du wirst es. Ich kann mir wohl denken, dass durch die Aufgeregtheit der Zeit und durch deine häusli-

chen Verhältnisse, wie sie sich in den letzten Tagen gestaltet haben, wieder allerlei wilde Gedanken in dir hochgekommen sind. Sind sie doch früher schon, als wir noch auf der Straße spielten und ich als Älterer dich oft genug vor Schaden bewahren musste, allezeit über dich hinausgeflogen und hat es mir und deinem in Gott ruhenden Vater manchmal harte Mühe gemacht, die wilden Vögel wieder herunterzuholen. Dieses Fantastische beherrscht dich auch jetzt noch zuweilen, und es ist ganz natürlich bei deiner Veranlagung, dass es eben wieder mit deinem guten, sicheren Kern um die Oberhand streitet. Aber, wie gesagt, Lorz, ich vertraue dir und ich lasse dich, wie du es wünschest, und wie es wohl am besten für dich sein mag, allein. Gott befohlen, Lorz!"
Damit wandte sich Michael Kob ab und ging durch die Apothekergasse davon.
Lorz Schüßler stand zum zweiten Male betroffen, dass sein Schwager so wahr und klar in ihm gelesen. Dann machte er eine Gebärde, als wolle er etwas Lästiges abschütteln und schritt durch die Oberstraße seinem Hause zu. Vielerlei ging ihm durch den Kopf. Vor allem ärgerte ihn, dass seine Bürgertugend und sein Ratsherrenamt so fest an ihm saßen, dass er heute Abend dem Bürgermeister so tapfer Widerpart gehalten hatte.
Er wollte doch mit der ganzen Gesellschaft und mit dem gesamten Kram nichts mehr zu tun haben, seine Pläne sollten doch vielmehr nach einer ganz anderen Richtung gehen.
Verdrießlich sperrte er das Haustor auf und kleidete sich droben, ohne Licht zu schlagen, aus. Es schien ihm sowieso schon viel zu hell zu sein. Es ächzte und klagte im Balkenwerk. Irgendwo tickte eine Totenuhr.
Der Mondschein störte den Mann, der schlafen wollte und es lange nicht konnte. Dann aber versank Lorzens Bewusst-

sein mit einem Male, wie ein Stein, den man ins Wasser wirft. Die Ringe zitterten lange auf der Oberfläche, immer und immer wieder, sie konnten keine Ruhe finden, als kleine Wellen klatschten sie ans Ufer und erzählten sich fort und fort mit unermüdlicher Geschwätzigkeit Geschichten.

Zwei fröhliche Schwestern sind droben im Waldgebirge über Steine und Wurzeln gesprungen, unter Singen und Klingen, mit Scherzen und Lachen. Die Tannen schüttelten unmutig ihre grauen zottigen Bärte über den Schabernack, der da zu ihren Füßen getrieben wurde, die Jungfräulein aber ließen sich das nicht anfechten, sondern setzten munter ihren Weg fort und grüßten vergnügt Kreuzschnabel und Meise, und die wieder dankten mit allen Liedern ihrer kunstreichen Kehle. Holzfäller und Beerensucher neigten sich über die blanken Angesichter der Mägdelein und fanden bei ihnen Erquickung. Jede der Schwestern, obgleich ganz von gleicher Art, ging aber ihren Weg für sich und keine wusste von der andern, und doch trafen sie schließlich zusammen und beschlossen, da sie sich gefielen und gefallen mussten, fortan gemeinsam weiter zu reisen. Sie verbanden ihre Seelen und ihre Körper so innig, dass ein einziges aus ihnen entstand, und das nannten die Menschen die Werra. Nun war sie schon etwas besinnlicher geworden, sie lächelte noch von Herzen, aber sie schlug ihre Augen nicht mehr zu jedem auf, vielmehr nur zu ihrem Auserwählten, und sie sang nicht mehr laut und unbekümmert in den Tag hinein, sondern sie summte ein behagliches Liedchen vor sich hin, und wer es vernehmen wollte, der musste schon etwas ge-

nauer hinhören. Dafür aber breitete sie nunmehr prächtige grüne Gewänder um sich her und durchwirkte sie im Frühjahr mit Wiesenschaumkraut, die die Leute da Fleischblumen nannten, und mit Kuckuckslichtnelken und im Herbst mit der sehnsuchtsblassen Zeitlose. Sie lernte auch arbeiten, turnte fleißig und geschickt über Wehre und Mühlenräder und ließ sich die Flöße auf den geduldig gewordenen Rücken laden. So kam sie nach Hildburghausen.
Die alte Stadt gefiel ihr so, dass sie nicht geraden Wegs daran vorübergehen wollte. Sie krümmte ihren Lauf und nahm das alte Nest liebevoll in den Arm. Denn es behagte ihr gut dort, wo sie zum ersten Male einen weiteren Blick in das Leben und in die Welt tun konnte.
Zwar war es nur ein kleines Leben und eine enge Welt, was sich da aufspannte, aber das Universum findet auch im Wassertropfen sein Abbild. Die Unterschiede liegen nur in der Ausdehnung, nicht im Wesen. Der Sturm im Glas Wasser ist für die Kleinsten und Allerkleinsten dasselbe wie der Taifun auf dem Weltmeer, und ein Schicksal zwischen den nahe zusammengerückten Stadtmauern gleicht bis in die feinste und zarteste Wirkung ganz genau dem auf dem großen Welttheater, denn getragen wird es hier wie dort von den Menschen und prägt sich den gleichen Gefühlssphären ein. Es zucken die Herzen, sie schlagen in Freude und Leid, es lachen die Augen und rinnen die Tränen; Seufzer klagen in die Nacht und Leere, Ehrgeiz greift nach den Sternen, Opfer werden vom Moloch Leben gefordert, Entsagung und Stillsein aus Enttäuschungen geboren. Hier wie dort. Auch die kleine Stadt an der Werra ist eine Erde, ein Weltall für sich. Kreise sind immer rund und haben dieselben Gesetze, mögen sie die Milchstraße umspannen oder das Haus eines Leinwebers. Im kleinsten Ringe sind weltweite Dinge beschlossen.

Das sah die Werra alles, als sie an Hildburghausen vorüberkam. Sie sah es schon in den Tagen, da an ihren Ufern die Kelten wohnten, sie sah es, als die Germanen die Kelten überschwemmt hatten und das Wasser des Flusses mit Blut röteten, sie sah es, als die Hermunduren mit den Franken um den Besitz des Tales stritten und sich schließlich friedlich – schiedlich neben und unter ihnen anbauten. Sie sieht es heute noch. Sie hat Gefallen an dem schlichten, betriebsamen, freundlichen Völkchen gefunden, das dem Lied der Werra gern lauscht und eine Neigung zur Beschaulichkeit und zum Grübeln mit ins Leben bringt, in gleicher Weise aber auch die Sehnsucht nach der großen Welt da draußen und das ewige, zehrende Heimverlangen, wenn es ferne von den Ufern seines Flusses ist.

Es lässt sich wohl sein in diesem Tal. Rechts und links begleiten den Fluss Höhenzüge. Oberhalb der Stadt treten sie auf beiden Seiten zurück und geben einem Kessel Raum, über dem warme Sonne wohlig brütet, wenn erst die rauen Nord-West-Winde, die den Fluss aufwärts blasen, ihrer Herrschaft entsagt haben. Dann blaut ein prächtiger Himmel, dann grünen waldige Berge, dann dämmert der Höhenzug des Thüringer Waldes von Norden herüber und locken die nach dem Fluss zu abfallenden Hänge des fränkischen Hochlandes nach der Talseite zu als Berge zum Wandern und Schwärmen. Dort zittert das flaumige Bergwindröschen im Lufthauch der Höhe, und es erfreut die Hasenblume, die blauviolette Küchenschelle, das Auge.

Zwiespältig ist manches in diesem Tal, am zwiespältigsten aber der Drang ins Weite. Gleich stark zieht es die Nestflüggen, die junge Mannschaft, nach Norden wie nach Süden, zu sehen, wie es über dem Wald drüben in der Welt aussieht, zu erfahren, was hinter den südlichen Bergen für Schicksale warten. Zuzeiten ist die Sehnsucht nach dem Süden stärker, denn dort sitzen die näheren Volksverwandten, die Franken des Maintales, rufen die Glocken von Bamberg, der fruchtbaren Gartenstadt, die im Herbst auf dem Hildburghäuser Markt riesige Pyramiden von Weißkraut aufhäuft und Weintrauben und Süßholz zum Verkauf bringt, lockt das behagliche Würzburg, das gemütliche Schweinfurt und noch weiter das berühmte Nürnberg. Zum fränkischen Süden hat auch die politische Geschichte das Obere Werratal gerechnet, bevor Dynasten die Länder zerrissen, die Völker trennten und nach den Vorteilen der fürstlichen Häuser damit schalteten. Die Grafen von Wildberg waren ein fränkisches Geschlecht, die Henneberger desgleichen. Sie waren die Nachbarn der geistlichen Herren von Bamberg und Würzburg, und der Rennsteig war damals noch in Wahrheit die Länderscheide, wie er heutigen Tages noch die Völkerscheide ist. Wirklich steht der Bewohner des südlichen Teils des politischen Begriffes Thüringen dem eigentlichen Thüringer fremder gegenüber als dem bayerischen Franken. Das Fränkische ist das Überwiegende in Volkscharakter und Sprache geworden, denn auch die Bewohner des bayerischen Franken haben nicht weniger den geringen hermundurischen Einschlag aufzuweisen, der aber nie so stark gewesen ist, das süddeutsche Gepräge zu verwischen.

Diesem Stamm entsprossen und einer seiner echtesten Vertreter war Kaspar Balthasar Schüßler, dem an einem Julitage des Jahres 1594 ein Söhnlein geboren wurde. Der alte Schüßler war rein närrisch vor Freude, denn elf Jahre hatte er schon vergeblich auf einen Leibeserben gehofft, und nun erfüllte ihm der Himmel endlich seinen Wunsch. Leider folgte dem Freudentag bald ein Trauerfall. Die Gattin überlebte die Geburt des Spätlings nicht lange, nach einigen Tagen ergriff sie ein Fieber und raffte sie hinweg. Kaspar Balthasar Schüßler war fast untröstlich, auch der neugeborene Sohn wollte im ersten Schmerz nicht verfangen, denn der alte Schüßler hatte in einer glücklichen Ehe mit der Entschlafenen gelebt und hatte eine rechte Stütze und einen Halt an ihrem gesunden Sinn und klaren Verstand gefunden. Eigentlich sollte doch der Mann die Frau stützen, aber Schüßler hatte in der Tat einen Stab nötig, der ihm Sicherheit bot, denn er war etwas fahrig, hatte eine allzu lebhafte Fantasie und ließ sich oft von plötzlichen Eingebungen hinreißen, die nachher manchmal zum Schaden ausschlugen. Da war es Frau Berta gewesen, die ihren Ehegemahl vor manchem Überspannten rechtzeitig hinderte und die Folgen anderer schon zur Tat gewordenen Unüberlegtheiten milderte und wieder gutmachte.

Nach dem Tode seiner Frau fand sich der alte Schüßler schwer mit dem Leben zurecht und wurde hin und wieder die Beute gewissenloser Leute, die seine Leichtgläubigkeit und leichte Entflammbarkeit für irgendeine Sache zu ihrem Nutzen und seinem Schaden ausbeuteten. Ohne die treue Anne, die schon damals seinem Hause diente, und ohne den Gesellen Ehrenbrecht wären wohl sein Haus und Gewerbe ganz zerfallen, aber diese guten Seelen hielten den Besitz ihres Herrn besser zusammen, als er selber es vermochte.

Von Ansehen war Kaspar Balthasar Schüßler ein kleines, bewegliches Männchen mit gar hellen Augen, die aber meist unter den herabgeschlagenen Lidern verborgen waren, als ob sie nach innen leuchteten. Dort hatten sie den Bau von seltsamen Luftschlössern zu beobachten.

Sein Söhnlein nannte der Vater Schüßler nach dem Patron der Stadtkirche, dem heiligen Laurentius, in welcher es die Taufe empfing. Wünschte auch der Alte bei diesem feierlichen Ereignis, dass sein Sohn nicht wie der heilige Lorenz dereinst auf dem Rost gebraten würde, sondern dass er selber genug zu braten haben sollte. Der kleine Lorz schrie beträchtlich während der ganzen Taufhandlung, was alle Basen und Tanten zu bedeutungsvollem Kopfschütteln veranlasste. Da es außerdem wunderbar erschien, wie der kleine Kaspar Balthasar Schüßler und seine zartgliedrige Ehefrau zu einem so großen und kräftigen Kinde gekommen waren, so wurde auch diese Tatsache beim Taufmahl zu allerlei Bemerkungen und Prophezeiungen verwendet.

Sie schüttelten auch später noch manchmal die Köpfe über den Jungen und tuschelten zusammen, wie recht sie damals bei der Taufe gehabt hatten. Denn der kleine Lorz wuchs und entwickelte sich in einer Art und Weise, wie sie in das enge Wesen seines väterlichen Hauses durchaus nicht passte. Er wurde schnell groß und stark. Seine Eltern waren, wie erwähnt, beide nicht sehr ansehnlichen Leibes gewesen, der kleine Lorz war aber schon im Wickelkissen ein stämmiger Bursche, und als er erst gehen konnte, trug er seine Nase so hoch und ließ seine hellen Augen so herausfordernd in der Welt herumgehen, dass es sozusagen eine Schande war. Das gehörte sich ganz und gar nicht. War sein Herkommen auch gut und brauchte er die Augen nicht gerade niederzuschlagen: So, wie er sie gebrauchte, das kam nur einem Herrensohn zu, und die Basen und Tanten nannten es ein recht hoffärtig Wesen.

Lorz wuchs unter dem Gerümpel der väterlichen Webstühle auf. Sie waren ihm anfangs von hohem Reiz, und der getreue Ehrenbrecht musste den Kleinen mehr als einmal aus der gefährlichen Nachbarschaft entfernen. Später freilich machte sich Lorz wenig mehr aus der väterlichen Werkstatt. Er kletterte dann lieber auf den Hausboden und wühlte unter dem staubbedeckten Gerümpel, das dort von Großvater und Urgroßvater her ausgestapelt lag. Es war eine seltsame, stille Welt da oben unter dem Dach. Verbeulte Zinnkrüge und zerbrochene Spinnräder leisteten sich Gesellschaft, und zwischen alten Papieren klapperte ein Rosenkranz aus katholischer Zeit, wenn man darin herumsuchte, wie es Lorz gern tat. An der Längsseite der einen Wand lag ein Uhrkasten, der außer Gebrauch gesetzt war. Diesen Uhrkasten hatte sich der kleine Lorz zu einem Spiel ausersehen, das er nie versäumte, sobald er den Bodenraum betreten hatte. Er sperrte den Deckel auf und legte sich in den Kasten, dann klappte er den Deckel zu und lag nun im Sarg. Er wollte zu gerne wissen, wie das ist, wenn man tot ist. Das Grab seiner Mutter auf dem Laurentiusfriedhof konnte ihm darüber keine Aufklärung geben. Dort war alles hell und freundlich, vor der Tür lief die Straße vorbei und Bekannte kamen vorüber. Blumen dufteten, Vögel sangen, und im Turm schnarrte das Uhrwerk. Das war alles hübsch und lieblich und stimmte gar nicht dazu, dass die großen Leute, wenn sie vom Tode und von den Toten redeten, die Stimme dämpften und eine düstere Miene aufsteckten. Es musste also doch wohl noch etwas anderes dahinter stecken, und Lorz bemühte sich dadurch, hinter das Geheimnis zu kommen, dass er auf dem väterlichen Dachboden in den Uhrkasten kroch. Da lag er ganz still, die Arme eng an die Seiten gepresst. Ein Nagel, der aus der Rückwand des Kastens ragte, drückte ihn immer heftig im Nacken. Es war finster und roch nach Tannenholz und Staub. Der Kleine hielt den Atem an, um sich besser in den Zustand des Totseins zu versetzen. Es bestand nicht die Gefahr, dass ihm die Luft ausgehen könnte, denn vom offenen oberen wie vom unteren Ende des Uhrkastens strömte sie reichlich ein. Lange hielt jedoch Lorz die Einstellung des Atems nicht aus. Mit einem krampfhaften Heben wehrte sich die kleine Lunge gegen die ihr angetane Gewalt und mit einem Seufzer nahm sie nach einer Weile gegen den Willen des Knaben einen tiefen Atemzug. Aber immer und immer wieder zwang sich Lorz zu dieser Übung, bis ihm die Ohren zu klingen begannen und er die Augen aufriss in einem plötzlichen Schrecken. Da begann ihm zu grausen, er rappelte sich ganz geschwind aus seinem Sarg auf und kletterte eilig die Bodenleiter hinab, um sich in der Küche von Anne ein Butterbrot und einen Trunk Wasser geben zu lassen. Das Leben hatte ihn wieder und sollte ihn noch eine gute Weile haben. Denn so leichten Kaufes sollte er nicht davon kommen. Damals aber glaubte er immer und immer wieder einmal, vor der Zeit hinter den Vorhang sehen zu können, und zwar natürlich, was die Hauptsache dabei war, bei lebendigem Leibe. Zuweilen wirkten Stille, Einsamkeit und Dunkelheit in Verbindung mit den anstrengenden Atementhaltungsübungen auf ihn einschläfernd, und einmal schlief er so fest und tief, dass das ganze Haus in Aufruhr war, weil der Junge seit Stunden verschwunden war und nirgends aufgefunden werden konnte. Lorz erwachte, als er die Anne auf dem Boden schluchzen hörte. Er stieß seine Kastentür auf und rief angstvoll und erschreckt ihren Namen. Da stand das alte Mädchen mit einer Kerze in der Hand und zitterte an allen Gliedern, während sich die Tränen des Schmerzes in die der Freude verwandelten.

„Junge, das machst du mir aber nicht wieder!", sagte der Vater streng, als ihm das Abenteuer berichtet wurde. Lorz versprach es, hatte es aber nach der Art der Jugend bald wieder vergessen oder, wenn er doch daran dachte, so scheuchte er den Gedanken an das Versprechen mutwillig von sich. Sein Vater hatte überhaupt wenig Macht über ihn, und das zeigte sich von Jahr zu Jahr mehr. Lorz hatte seinen Kopf für sich und tat, was er wollte, und der alte Kaspar Balthasar stand oft rat- und hilflos und bedachte, was wohl aus solchen Wesen werden möchte. Ihn mit dem Stock zu beugen, fiel ihm nicht ein. Einesteils, weil er zu weichherzig war und andernteils, weil er sich ganz richtig überlegte, dass in diesem Falle doch nichts Rechtes aus einer scheinbaren Besserung werden würde. Er vertraute mehr dem guten Vorbild, das er selber gab, und dem tadellosen Kern, der von alters her in der Familie der Schüßler steckte.

Vermehrte Hoffnung leuchtete ihm dazu noch auf, als er Lorz in die Schule schickte. Dort gefiel es Lorz bald gar nicht übel. Bisher hatte er in ziemlicher Einsamkeit gelebt, jetzt hatte er auf einmal Kameraden in Hülle und Fülle und gedachte nun mit ihnen zu machen, was ihm dünkte. Sein stolzes, frisches und freimütiges Wesen gefiel manchem seiner Genossen. Als er aber begann, seine herrische Anlage herauszukehren, da musste er die Erfahrung vom Widerstand der Welt machen, dass nicht alles so gehe, wie er es sich denke, und dass sein Wille hier nicht so viel galt, als es in seinem väterlichen Hause der Fall war. Taten seine Kameraden nicht nach seinem Willen, so brauste er auf und befahl, und als sie darüber lachten, da hob er im Zorn die Hand. Er tat es aber eigentlich nur einmal. Denn er fand ein Haar darin, und als er blutend und heulend nach Hause kam und von Anne wortreich und voll Zorn gegen seine Widersacher bedauert wurde, da sah er ein, dass es noch andere Willen in der Welt gäbe und dass man gegen diese wie gegen Klötze und Steine böse anrennen könne, wenn man sich nicht darein schickte. So zog er denn frühzeitig eine Lehre daraus. Er hütete sich fortan, den Bogen zu überspannen. Der alte Kaspar Balthasar schmunzelte, als er von dem Hereinfall seines Sohnes hörte, lief auch nicht zum Schulmeister oder zu den Eltern der Übeltäter, sondern ließ die Sache, wie es in einem solchen Knabenstreit am besten ist, auf sich beruhen und fand, dass das eben der Welt Lauf sei und dass es seinem Sohn sicher nicht zu Schaden gereichen werde.

Ging es Lorz in Zukunft wieder einmal so, dass seine Kameraden etwas anderes wollten als er, so begnügte er sich damit, etwas Übles zwischen den Zähnen zu murmeln und sich abzuwenden, um seinen Pfad allein zu ziehen. So gab es fürderhin wenig Streit zwischen ihm und ihnen. Das Alleinsein blieb somit in der Hauptsache auch weiterhin sein Los. Zwar war er stark und kühnen Herzens, aber er hatte eine Abneigung gegen Prügeleien in der Gasse und auf dem Schulhof, und es dünkte ihm wenig vornehm, sich mit den anderen Knaben herumzuschlagen, zumal mehrere darunter waren, vor deren Gesinnung und Gehabe er innerlich ausspuckte. Nur an wenig schloss er sich an, doch an diese mit einer tiefen Inbrunst.

Andächtige Verehrung zollte er seinem Lehrer, dem Magister Suetorius. Er war ein kernfrischer Mann, trotz seiner Gelehrtheit. Kraft wohnte in seiner Seele wie in seinem Körper. In der ersten Schulstunde ergriff er einen Tisch unten beim Fuß und hob ihn mit einer Hand hoch über sein Haupt. Sein Steckenpferd war die Erforschung der Geschichte der Gegend, und er war unermüdlich im Aufsuchen der Spuren des Altertums. Das tat er nun nicht im stillen Kämmerlein mit Folianten und verstaubten Pergamenten, sondern als rüstiger Wandersmann zog er über Land, Sommer und Winter, in Frost und Hitze und suchte nach alten Steinen, alten Bauten, alten Leuten. Oft konnte man ihn an heißen Juli- und Augusttagen draußen auf den Landstraßen treffen oder auch querfeldein, barfuß und den Rock am Stock über den Schultern tragend. Es gab Leute in Hildburghausen, die über solches Wesen die Nasen rümpften und es nicht als fein für einen Mann seines Standes ansahen. Der Rat aber und die Eltern seiner Schüler wussten, was sie an dem Magister hatten und ließen sich durch solche abfällige Beurteilung nicht anfechten.

In der Schule war Magister Suetorius jung mit den Jungen und ließ manchen tollen Streich durchgehen, wenn er nur dem Jugendübermut entsprungen war und nicht ehrloser und niedriger Gesinnung.

Mit Vornamen hieß der Magister Theodor. Dieser Name, in Hildburghausen wenig gebräuchlich, kam den Knaben komisch vor, und sie nannten den Magister, wenn sie unter sich waren, mit Vorliebe nur bei seinem Namen. Suetorius blieb das natürlich nicht verborgen, doch nahm er die Sache nicht tragisch, sondern lachte darüber. Nur als eines Tages ein fein geschniegeltes Jüngelchen, Klaus Luthardt, nach dem Schluss des Unterrichts zu ihm kam und ihm meldete, Lorz Schüßler habe den Magister im Gespräch mit anderen ganz respektlos Theodor genannt, konnte er auf diese offene Anzeige hin die Sache nicht auf sich beruhen lassen. Wobei ihn freilich im Grunde nur die feige und hinterlistige Angeberei des frommen Klaus empörte. Er ließ den Jungen, der sich, weil er den Magister noch wenig kannte, eine andere Belohnung vermutet hatte, hart an. Ließ ihn auch fürderhin seine Verachtung fühlen. Den Lorz Schüßler aber bestellte er zu einer besonderen Unterredung. Sanft, eindringlich und mit gutem Humor hielt er ihm ein Privatissimum über die Achtung des Schülers gegenüber dem Lehrer, und als Lorz beschämt um Verzeihung bat, nahm ihn der Magister mit in seinen Garten und ließ ihn nach Herzenslust von den Zwetschgen naschen, die dort in reicher Fülle hingen. Von da ab waren der Magister und Lorz die besten Freunde, und Lorz drang nachdrücklich darauf, dass seine Schulgenossen den Lehrer fortan benannten, wie es ihm und ihnen zukam. Der Magister hatte eine gute und sichere Art, in den Herzen seiner Schüler zu lesen. Bei Lorz legte er es mit Fleiß darauf an, den stolzen Sinn des Knaben und seine rege, oft rohe und wilde Fantasie nicht zu brechen, zu ducken und zu vernichten, sondern diese Gaben des Gemütes auf würdige Gegenstände zu lenken. Er hatte erkannt, dass der Keim gut war, dass er sich aber durch viel Gestrüpp und Unkraut hindurch zu zwingen hatte, und bald kam die Zeit, dass sich Suetorius durch die Vorsätze des Knaben, durch seine abfällige und kritische Art, nicht mehr in Verwirrung bringen ließ. Wusste er doch, dass im rechten Augenblick alles Böse wie Schlacken abfallen und der reine Kern sich ins Werk umsetzen würde. Lorz Schüßler war über sich selber weit weniger klar als der Magister. Es verwirrte und erschreckte ihn, dass alles anders kam, als er es sich vorgenommen hatte. Er konnte den Grund dafür nicht erkennen und begann zu glauben, dass ein Dämon neben ihm hergehe, der alles gegen seinen Willen verwandle. Und er konnte gegen sich selber wüten, wenn eine unrechte Tat nicht zur Ausführung gekommen war, weil im letzten Augenblick Lorz die Ausführung selber aufgegeben hatte, ohne dass er sich Rechenschaft darüber geben konnte, wodurch das geschehen sei. So quälte er sich nicht mit der Reue des Sünders über Untaten, sondern mit dem Zorn des Bösewichts über ein vereiteltes schlechtes Unternehmen. Mit seinem inneren Frieden war es also übel bestellt.

Nach außen hin hatte es den Anschein, als sei Lorz ein gar gesitteter Knabe geworden, der wohl wisse, was das Rechte sei. Ganz besonders freute sich darüber sein Vater, der um dieses Umstandes willen über die zeitweilige Heftigkeit des Knaben und Gebärden hinwegsah.

In einem Häuschen nicht weit vom Schleusinger Tor wohnte der alte Bätz. Wie er eigentlich hieß, das wussten wohl die wenigsten Leute. Man kannte ihn meist nur nach seinem Spitznamen. Der stammte aus seiner frühen Kindheit her, als seine Mutter ihn rief: „Komm, mei Bätzle." Bätz ist im Hennebergisch-Fränkischen der Rufname für ein ausgewachsenes Schaf. Der Junge musste wohl Veranlassung für solche Benennung gegeben haben. Das wusste man nicht mehr, der Name aber blieb, und der Mann tat nichts, um ihn zu entkräften. Er hatte ganz entschieden sehr viel vom Gleichmut und von der Geduld jenes Haustieres. Wer bei den griechischen Philosophen Bescheid gewusst hätte, hätte ihn wohl einen Stoiker nennen und ihn bewundern können; die Hildburghäuser indes sahen nur das Seltsame und Lächerliche an ihm und behandelten ihn danach. Bätz war der verkörperte Fleiß. Er hatte kein bestimmtes Handwerk gelernt, war aber zu allem zu gebrauchen und schaffte im Schweiße seines Angesichts vom frühen Morgen bis zum späten Abend. Wer zu graben und zu hacken, wer Holz zu zerkleinern, wer eine Last zu befördern hatte, der schickte zum Bätz und hatte nicht nötig, ihn bei der Arbeit anzutreiben. Denn obgleich Bätz allmählich in die Jahre gekommen war, da sich der Körper wohl Ruhe gönnen dürfte, wirkte er so unverdrossen und fleißig, dass ihm die blanke Glatze glänzte und sein bartloses ehrliches Gesicht in der Röte des Eifers glühte. War nichts anderes für ihn zu tun, so war er als städtischer Holzfäller in den ausgedehnten Waldungen tätig, und um sein Gerät dazu nicht immer mit nach Hause schleppen zu müssen, hatte er sich am Buchweg halb in die Erde ein Hüttchen gebaut, wo er Axt und Säge, Keil und Schlägel verwahrte.

Das junge Volk, grausam, wie es zu allen Zeiten und allen Orten ist, trieb gern seinen Mutwillen mit Bätz. Er nahm nichts übel. Gutmütig-überlegen lächelte er zu allem und ließ sich nicht in die Seele blicken, ob es wohl dort auch so lächelte wie in seinem Antlitz. Bätz bewahrte seinen Gleichmut auch, wenn die Torheiten und Tollheiten nicht immer harmloser Art waren. Wenn er mit Holzhacken beschäftigt war und die unvernünftigen Mägde, die den Holzkorb am Seil zur Bodenluke hinaufzuziehen hatten, den schweren Korb aus Mutwillen und ohne die möglichen Folgen zu bedenken, dem gebückt untenstehenden Bätz auf den Rücken fallen ließen, so sagte er nichts als ganz trocken: „Bauzdich!", worüber sich dann freilich die jungen Dinger vor Lachen ausschütten wollten, weil sie den erwarteten Spaß über Gebühr erlebten. Bätz machte auch kein Aufhebens davon, dass er nachher ein wenig Blut spuckte; er behielt das ganz für sich. Als der dicke Bäcker am oberen Tor, der ihn immer weidlich verspottet und verhöhnt hatte, endlich in seinem Fett erstickt war, war Bätz ehrlich betrübt und entschloss sich, zur Leich mitzugehen. Denn, so sagte er: „Was wiste gemach, ma holt doch seine Latschen dort." Latschen ist und war das Frühstücksgebäck, flache, kleine Kuchen aus Brotteig, die es billig gab. Bätz war eben die Gutmütigkeit selber. Einmal holte er sich beim Metzger den üblichen Topf Wurstsuppe und hatte sich dazu eine Leberwurst gekauft, die er lose in der anderen Hand trug. Da kam ein Hund, riss dem Alten, als ob er ihn und seine Bedeutung so gut kenne wie irgendein anderer Bewohner der Stadt, frech und mit großer Selbstverständlichkeit das Würstlein aus der Hand und lief davon. Nur einen ganz kurzen Augenblick stand Bätz betroffen, machte auch gar nicht erst den Versuch, dem Räuber die Wurst wieder abzujagen, sondern sprach nur die klassischen Worte: „Da! Is se fort, de Worscht. No, da ass ich halt bloß Suppen."

Lorz Schüßler hatte eine Schar um sich gesammelt, mit der er sich in Wald und Feld umhertrieb. Es wurden Kriegszüge unternommen. Die Taten des Mazedonierkönigs Alexander oder die Feldzüge des Karthagers Hannibal, von denen den Knaben der Magister Suetorius erzählt hatte, fanden da eine kindlich-ernste Auferstehung. Lorz war unbestrittener Führer. Er hielt sich auch als solcher. Trotz der gemeinsamen Abenteuer bestand zwischen ihm und seinen Kameraden eine Kluft. War sie auch unsichtbar, so war sie doch tatsächlich vorhanden. Er war stolzer, selbstbewusster und fühlte manchmal so etwas wie Verachtung für sie. War er Alexander der Große oder Hannibal, so war das für ihn etwas mehr als ein bloßes Spiel. Sein lebhafter Geist malte in die Zeit lockende Bilder. Oder er war Florian Geyer, der Führer des „Hellen Haufens". Der Bauernkrieg lag noch nicht so weit zurück, die Erinnerungen an ihn lebten noch von Vätern und Großvätern her. Der Gegenstand zog die Knaben eine lange Zeit ganz besonders an. Manche Ritterburg, in der Feldmark der Stadt aus Rasenstücken und Feldsteinen aufgebaut, wurde von ihnen berannt und eingenommen, und Sieger und Besiegte nahmen auf den Trümmern das Festmahl in Gestalt einer gleichfalls geraubten Futterrübe zu sich. Bei einer solchen Gelegenheit fiel dem jungen Michel Röhrig eines Tages ein, das Spiel könnte einen viel größeren Reiz haben, wenn es nicht nur immer um Burgen ginge, die von ihnen selber aufgebaut worden waren. Man solle doch einmal „etwas Richtiges" unternehmen. Das war wie ein Funke ins Pulverfass. Sofort fiel dem Lorz die Hütte des Bätz am Buchweg ein. Wer könne wissen, was der Alte dort übrigens für Schätze verwahre; er habe doch sein ganzes Leben gearbeitet und immer Verdienst gehabt, und wie bedürfnislos er lebe, das wisse doch ein jeder. Es sei auch zu vermuten, dass der Alte im Wald manchen Schatz ausgegraben habe. Aber auch, wenn das nicht zuträfe, so sei doch das gute Handwerkszeug des Bätz auch nicht zu verachten. Wie großartig würde sich damit spielen lassen! Die ganze Gesellschaft war Feuer und Flamme; der Sonnabendnachmittag wurde für die Ausführung des Unternehmens festgesetzt.

Bei der Martersäule an der Straße nach Römhild traf die Bande zur verabredeten Zeit ein. Einzeln und vorsichtig kamen sie angeschlichen. Auf die Hüte steckten sie sich

Hahnenfedern, und aus den Stämmen des Gebüsches am Flussufer schnitten sie sich Piken. Dann ging es auf Schleichwegen im Bogen um die Stadt herum. Bald hatten sie den Fluss hinter sich gelassen und tauchten in den Wald ein, der unweit der Mauern begann. Wenig Feld dehnte sich auf jener Seite zwischen der Stadt und der Waldung. Der Boden warf sich zu Hügeln auf. Birkengesträuch und Wacholder wucherten, und die Grillen schrillten im hohen Gras. Solche Stellen mit Wildwuchs wechselten häufig mit den noch ordentlich bebauten Feldern. Auf den Äckern gilbte der Roggen schon leise und wogte im Wind. Über dieses Gelände hin schob sich die Knabenschar. Der Himmel war bewölkt und die Luft trübe. Über dem Questenberg, dem Häselriether Berg, ballte es sich schwarz und unheimlich. Ruckweise griffen Windstöße ins Buschwerk und schüttelten es mit ungestümer Faust. Sandwirbel flogen auf und fuhren den Knaben ins Gesicht. Im Wald war es geisterhaft still. So still, dass die Knaben ihre Herzen klopfen hörten. Und sie klopften stark in dem geheimnisvollen Halbdunkel. Der Wald schob hier einen Ausläufer vor, der westlich vom Buchweg einen breiten Streifen vom Tannenhochwald bildete. Bald war dieser Waldgürtel durchschritten, und schon wurde es licht im Vordergrund; der Buchweg zeigte seinen fahlen Sand. Zwischen zwei Tannen am Wegrand sah man das mit Steinen beschwerte moosbedeckte Bretterdach der Hütte des Bätz.
Die Schar stand. „Drauf!", flüsterte der lange Stöff und nickte Lorz mit einem frechen Grinsen zu.
„Halt!", sagte da aber der und schüttelte den Kopf. „Ist genug. Jetzt gehen wir zur Krackenhütte und zünden uns dort ein Lagerfeuer an."
„Was?", schrie Stöff, und auch der Aushecker des Plans, der kleine Michel, trotzt Lorz herausfordernd gegenüber. „Jetzt

sollen wir zurückzucken? Wo alles so weit ist? Wo der Bätz gerade heute beim Beck Scheller Holz hackt? Wo weit und breit kein Mensch zu sehen ist? Die Hütte muss dran glauben!"

„Das muss sie nicht, Stöff", versetzte Lorz und hielt den Langen am Ärmel zurück. „Wir haben unser Vergnügen gehabt, und damit ist's gut. Die Hütte bleibt unberührt. Ich bin kein Einbrecher!"

„Hahaha", lachte Stöff ärgerlich, „das ist gut. Du bist mir ein schöner Hauptmann. Er hat uns dazu angestiftet und alles mit uns beredet und uns hierher gebracht, und jetzt fällt ihm das Herz in die Hosen. Kein Einbrecher willst du sein? Wir sind auch keine Einbrecher, wir sind der ‚Helle Haufen', und wer da nicht mittut, der ist ganz einfach feige!"

Im nächsten Augenblick saß ihm Lorzens Hand an der Gurgel. Es gab eine wüste Balgerei. Der Stöff schlug und biss und trat um sich, Lorz aber hatte ihn fest bei den Oberarmen gepackt und stemmte die Füße krampfhaft, die Zähne zusammenbeißend, gegen den Erdboden. Er ließ nicht locker und ruhte nicht, bis der Stöff das Gleichgewicht verlor und auf den Waldboden hinpurzelte. Lorz setzte ihm das Knie auf die Brust und gab seinen Gegner nicht eher frei, bis dieser zähneknirschend und Gift und Galle speiend Abbitte geleistet hatte. Die übrigen hatten nicht die geringste Miene gemacht, sich in den Kampf einzumischen. Ein Teil war überrascht und unwillig gewesen, als Lorz das Unternehmen störte, den anderen war indes von vornherein etwas bänglich zumute gewesen, und so war ihnen jetzt ein Stein vom Herzen gefallen. Beiden Teilen war durch den Zweikampf Lorz Schüßlers mit dem langen Stöff etwas Neues geboten, und dieses hatte nicht weniger Reiz als es das Aufbrechen und Berauben der Bätz'schen Bude gehabt haben würde. Das Abenteuerhafte war in jedem Falle gewahrt, denn schon der Zug durch Wald und Feld, das Geheimnisvolle der Vorbereitungen und die Gefühle, die die Beteiligten dabei beseelt hatten, waren des Reizes voll, und mit dem jetzigen Ringkampf war auch ein würdiger Abschluss des Unternehmens erreicht. So griff niemand in das Ringen ein. Es war den Buben nichts als ein willkommenes Schauspiel, an dem sie sich ergötzten. Höchstens, dass der eine oder andere Zuruf erscholl, je nachdem der Rufer mehr zu Lorz oder zu Stöff neigte. Als der Kampf aus war, erhob sich Stöff hinkend und sich den langen Leib befühlend. Einen hasserfüllten Blick warf er Lorz zu und zischte ihn wütend an: „Das ist dir nicht geschenkt. Wir treffen uns noch ein andermal." Dann stolperte er über den Buchweg davon und der Stadt zu. Einige wenige schlossen sich ihm an. Die anderen schwatzten noch eine Weile zusammen, scheuchten ein Eichhorn auf und verfolgten es, und plötzlich war Lorz Schüßler allein. Er spie aus und war wieder einmal höchst unzufrieden mit sich und aller Welt. Da lag die Hütte vor ihm. Es wäre doch in der Tat ein gelungener Spaß gewesen, dem alten Bätz in seiner Abwesenheit einen Besuch zu machen.

Was es nur gewesen sein mochte, was Lorz im letzten Augenblick davon abgehalten hatte! Er wusste es nicht. Er war auch weit davon entfernt, die Ruhe des Gewissens nach einer guten Tat zu empfinden. So saß er lange und grübelte. Als es dunkler und dunkler wurde von schwarzen Wolken, sah er auf einmal wie erschreckt mit weit aufgerissenen Augen zum Himmel auf. Da traf ihn auch schon das losprasselnde Regenwetter, während ein heftiger Windstoß durch die Äste pfiff. Lorz kroch unter eine große Tanne, die ihre Äste bis auf die Erde herabhängen ließ. Erst unter der leidenschaftlichen Musik des Windrauschens und des hart klopfenden Regens wurde er ruhiger und fühlte sich in der

Höhlung der dicken Wurzeln, wo er sich zusammengekauert hatte, behaglich.

Seit diesem Tag zog er sich völlig von seinen Kameraden zurück und fing an, stärker in sich hinein zu hören.

So oft er Zeit fand, ging er zum Tor hinaus und wanderte über das Land. An Bächen und Teichen konnte er halbe Tage lang liegen und dem Getier des Wassers zusehen, während seine Gedanken ganz woanders schweiften. Am liebsten streckte er sich auf dem Sandberg in der warmen Sonne aus, den Wald im Rücken und die Stadt vor sich. Da sah er in die Wolken und lag so unbeweglich, dass die großen grünen und braunen Eidechsen über ihn hinwegkrochen. Über der Stadt standen der Stadtberg und der Krautberg. Zu ihnen hinüber spann Lorz eine goldene Brücke und legte sie immer weiter und weiter, bis zu den Alpenbergen, die sich ganz im Süden erheben sollten. Abseits von allen Wegen wusste er eine Mulde, rings von Heidekraut eingerahmt und ganz mit duftenden Kräutern, Steinklee und Thymian, erfüllt. Die hatte er sich wohnlich gemacht und studierte dort seinen Donat.*
Noch lieber aber las er das Buch vom Doktor Faust. Seine Muße war aus dem Kriegerischen ins Idyllische verwandelt. Nur in seinem Inneren ging es nach wie vor stürmisch zu, denn er begann, über Gott und die Welt, über Schicksal und Menschheit nachzudenken und die Antworten, die er auf seine vielen Fragen vom Magister und vom Vater erhalten hatte, in seinem Gehirn umher zu wälzen, ohne sie alle verdauen zu können. Auch die Weltbegebenheiten begannen seinen Geist zu beschäftigen. Es ging unruhig zu an allen Orten. Fliegende Blätter und die Erzählungen von Reisenden brachten die Kunde davon auch nach Hildburg-

---

* Aelius Donatus (um 320–380), römischer Grammatiker und Rhetoriklehrer

hausen, und Lorz hatte manches davon aufgeschnappt. Es gärte allerorten. Die Katholiken und die Protestanten lagen in Hader, und der Riss, der durch das deutsche Volk ging, wurde schärfer und schärfer. Trotz der Briefe und Zusicherungen des Kaisers Rudolph II. im fernen Wien. Vielleicht auch gerade deswegen, wer konnte das genau wissen? Die Hildburghäuser waren strenge Protestanten. Auch in Lorz Schüßlers väterlichem Hause fielen harte und unbeugsame Worte über die Papisten. Anders war es bei dem weltweisen Suetorius. Er schaute von seiner hohen Warte mit ruhigem Lächeln in das Gezänk, und Lorzens kritischer Geist neigte bald dazu, dem Magister mehr Recht zu geben als dem Vater. Er lehnte sich innerlich gegen die Unduldsamkeit auf und fand auch auf der Seite der Protestanten Fehler und Irrtümer und so sehr er, wie es ihm beigebracht worden war, Martin Luther als den großen Gottesmann achtete und ehrte, konnte er sich nicht dazu verstehen, die Katholiken ihres Glaubens wegen zu hassen und zu verdammen. Mit solchen Dingen beschäftigte sich schon früher sein Geist. Das gab ihm eine Freiheit und Überlegenheit über seine Kameraden, die fortan ferner und ferner von ihm rückten, sodass er seine früheren Bekanntschaften fast nur noch in der Schule sah.
Was ihn außerdem noch erfüllte, das war ein ausgedehnter Ehrgeiz. Er vermeinte, höheren Sinnes zu sein als die in ihren engen Kreis beschränkten Hildburghäuser. Auf der Brücke, die er sich über die Berge des Südens baute, sah er sich ziehen als Helden, auf sonnenweißem Rosse, glorreich, von Ruhm umstrahlt gen Hildburghausen daherkommen; aus der Stadt zogen sie ihm entgegen in langem Zuge, mit Feierkleidern, Palmen und Lorbeer in den Händen. Heraus wollte er aus der Kleinlichkeit und die weite Welt aufsuchen, wo ein Kerl wie er es leicht zu etwas anderem bringen könne, als wenn er hinter des Vaters Webstühlen säße und

die Gesellen meisterte. War er doch in des Magisters Schule primus omnium, war er doch starken Leibes, weit über seine Jahre entwickelt, und von unerschrockener Seele.

Lorz spann sich in diesen Traum hinein mit einer Leidenschaft, die den Vater erschreckt hätte, wenn er davon etwas hätte ahnen können. Vorläufig freilich gab sich der Knabe nur mit der Ausgestaltung seiner Fantasiegebilde zufrieden. Das wurde ihm zum unentbehrlichen Genuss, und wenn ein Regentag ihn daran hinderte, vor das Tor zu traben und seinen Traumwinkel auf dem Sandberg aufzusuchen, so sah er mit verlangender Sehnsucht durchs Fenster, ob die Sonne noch nicht wieder scheine. Doch hatte sein Sehnen nach einigen Tagen noch einen anderen Grund. Es war da etwas geschehen, etwas Tatsächliches, was ihn aufgewühlt und ganz neue, ungekannte Empfindungen in ihm geweckt hatte.

An einem der letzten Nachmittage hatte er sich, ermüdet von der Wärme des Tages, lang ausgestreckt in den berauschend duftenden Gundermann gelegt und im Schatten des Gebüsches eines tiefen Schlafes genossen. Als er erwachte, sah er zwei glänzende, schwarze Augen auf sich gerichtet, die ihn freimütig anlachten. Es war eine kleine Dirne mit bloßen Füßen und in einem zerrissenen erdfarbenen Kittel, bräunlichen Angesichts, mit feingebildetem Näschen und herben Zügen, die nichts mehr von der Weichheit des Kindes an sich hatten. Die schwarzen Haare trug sie lose, und der Wind ließ sie lustig flattern, nur um die Stirn hatte sie ein grünes Band gebunden, und von derselben Farbe war auch der Gürtel um ihr Gewand. Lorz wurde über ihr andauerndes Anstarren unwillig und sagte unwirsch: „Was willst du hier Taternkind? Schere dich fort oder ich hole den Büttel!" Die Kleine ließ sich dadurch nicht aus ihrer Heiterkeit bringen. Sanft erwiderte sie: „Nicht doch, Lorz, schicke mich

nicht fort. Sieh, ich habe dir auch ein Körbchen Erdbeeren mitgebracht."
„Woher weißt du, wie ich heiße?", fragte er verwundert, „und wo hast du die Erdbeeren gestohlen?"
„O, ich kenne dich schon lange. Ich habe dich oft hier gesehen, und deinen Namen zu erfahren, war nicht schwer. Die Erdbeeren sind nicht gestohlen, sie sind aus dem Wald."
Lorz war durstig, und als das Mädchen ihm eine Handvoll der Früchte hinhielt, besann er sich nur eine kleine Weile, dann griff er zu.
„Wie heißt du?", fragte er dann.
„Nenne mich Etelka!", bat sie.
„Das ist ein ungarischer Name", wandte Lorz ein.
„Ja, Großmutter ist aus Ungarn gekommen und erzählt auch viel davon. Jetzt hausen wir seit Wochen da oben im Wald", sie zeigte nach Norden, „und ich kenne schon die ganze Umgegend. Dir habe ich schon mehrere Tage Gesellschaft geleistet, ohne dass du davon wusstest. Die Büsche da drüben am Teich verbargen mich dir."
Lorz fühlte sich unbehaglich, und als die kleine Zigeunerin beim Zureichen weiterer Beeren auf einmal seine Hand festhielt, schleuderte er diese so heftig beiseite, dass die gelben Münzen ihres Armbandes klingelten. Etelka lachte ein trillerndes, girrendes Lachen, sodass ihre scharfen schneeweißen Zähne lange zwischen den vollen roten Lippen zu sehen waren und kniff die Augen halb zu. Sie ergriff Lorzens Hand abermals und hielt sie diesmal mit beiden Händen fest.
„Lass los, du schwarze Katz'!", schrie ihr Lorz ins Gesicht, doch sie drückte immer fester, und als Lorz sich mit einem Ruck befreien wollte, riss er die ganze neben ihm kniende Gestalt um, dass sie über seine halboffene Brust fiel. Weitere Gegenwehr wagte er nicht. Als er den geschmeidigen, warm-kühlen Mädchenkörper an dem seinen fühlte, atmete

er zitternd und schwer. Im nächsten Augenblick hatte die Kleine ihre Arme um seinen Nacken geschlungen und die Lippen auf die seinen gedrückt. Als er den Kopf zur Seite wandte, um weiteren Angriffen zu entgehen, lachte sie wieder belustigt auf und zwang ihn abermals, ihre Zärtlichkeiten zu erdulden. Der Junge kam sich grässlich gedemütigt vor, und doch vermochte er es nicht über sich, heftig gegen die Attentäterin zu werden. Es wachte im Dunkel etwas in ihm auf, was er bisher nicht gekannt hatte, und dieses Geheimnisvolle bezwang ihn.

„Genug, du albernes Ding", würgte er schließlich heiser hervor. Etelka kicherte zufrieden.

„So muss man es mit euch machen. Ihr Deutschen seid alle viel zu tölpelhaft und schwerfällig. Aber deswegen gefällst du mir und sollst meine erste Liebe sein. Bei uns sind die Burschen anders, und wenn ich nächstes Jahr heirate, dann könnte ich, wenn ich wollte, schon ganz gut jetzt erfahren, um was es geht. Sie nennen mich das Eichhörnchen, weil ich schlau mein Nest immer auf der Angreifseite zubaue. Doch das verstehst du noch gar nicht. Ihr seid eben in allem viel jünger als unsereins. Gerade das lockt mich."

Sie ließ Lorz los, streckte sich neben ihm aus und naschte von den übriggebliebenen Erdbeeren, auch Lorz ab und zu eine Beere in den Mund schiebend. Lorz fühlte dem Mädchen gegenüber nichts mehr von dem Widerwillen, der ihm von den Sintleuten, den Kaltschmieden, beigebracht worden war. Das hier war doch ein Mensch wie andere, freilich ganz unterschiedlich von den Mädchen in der Stadt, aber doch ein ganz richtiges Mädchen. So begann er, sie auszufragen über ihr Leben, und Etelka teilte ihm davon mit, was sie für gut befand. Sie sang das Lob der Freiheit und Ungebundenheit. Lorz Schüßler hörte nur zu gerne diesem Lied zu. Das wäre etwas für ihn. Aber freilich, bei den Zigeunern hätte er sich außerhalb seiner ganzen bisherigen Welt gestellt, und gerade in ihr wollte er es zu etwas bringen. Na, für den Anfang würde es wohl gehen, erst musste er einmal hier heraus, das andere würde sich dann schon finden. Etelka hatte bald heraus, was für Gedanken ihn beschäftigten, es war das für das verschlagene Ding keine schwere Aufgabe, sie nährte listig seine Hirngespinste. Sie fragte ihn aus nach seinem Leben, nach dem Tun und Treiben im väterlichen Hause, nach der Stadt und ihren Verhältnissen und allem Möglichen, immer darauf bedacht, alles gut zu behalten, was für sie und ihre Leute etwa von Nutzen sein könnte. Schließlich plauderten sie zusammen wie zwei gute Kameraden. Lorz wurde wärmer, und als sich der Himmel über dem Teich rötete, und er aufstand, um nach Hause zu gehen, drängte er das Mädchen, morgen wiederzukommen. Sie lächelte schalkhaft und schüttelte den Kopf: „Ich glaube nicht. Doch will ich es mir überlegen." Sie war zufrieden, denn nun wusste sie, dass sie ihn hatte und dass er zu ihrem Zeitvertreib zu allem fähig sein würde, was sie von ihm verlangte.

Lorz konnte am anderen Tag das Mittagessen kaum schnell genug verzehren, so sehr verlangte ihn die neue reizvolle und abenteuerliche Bekanntschaft wiederzusehen. In der Schule hatte heute der Magister Suetorius mehrmals bedenklich den Kopf über ihn geschüttelt. Als Lorz auf dem Sandberg ankam, war weit und breit kein Mensch zu sehen. Missmutig und verlangend wartete er eine Stunde nach der anderen, und gerade war er im Begriff, den Heimweg einzuschlagen, da glitt es wie eine Schlange durch das Heidekraut, richtete sich kurz vor ihm in die Höhe und flog ihm stürmisch an den Hals. Es war Etelka. Lorz wehrte heute ihren Küssen nicht nur nicht mehr, sondern er begann selbst Gefallen an dem gefährlichen Spiel zu finden. In der vergangenen Nacht hatte er den Auftritt vom Tage vorher noch einmal erlebt,

und eine bisher ungekannte, alles in ihm umkehrende Süße dabei empfunden, die jetzt durch seinen jungen Körper noch nachzitterte und mit der Herbheit seiner Jahre kämpfte. Er presste Etelka heftig an sich und schwor, mit ihr zu gehen, wohin sie wolle.
„Ei, sieh mal", sagte sie ein wenig spöttisch, „das ist ja schnell gekommen. Nun, ich werde es dir sagen, wenn es soweit ist. Dann wirst du Junker bei uns und kannst mich freien."
Heute schien es, als ob die Rollen vertauscht seien, Etelka war zurückhaltender, sah sie doch Lorz bereits in voller Glut. Man schwatzte ein Beträchtliches zusammen. Etelka hob Lorzens lateinisches Buch aus dem Gras auf und blickte hinein. „O, was bist du für ein gelehrter Herr! Wenn ich länger hier bleibe und später, wenn du mit mir kommst, dann musst du mich lesen und schreiben lehren und überhaupt alles, was du weißt."
Lorz war gern bereit dazu und hätte am liebsten gleich den Anfang damit gemacht. Den angedeuteten Mangel des Mädchens hätte er sobald wie möglich beseitigen mögen, war ihr Geständnis doch überhaupt eine gewisse Beschämung für ihn. Etelka aber hatte keine Lust, nun gar so eilig damit anzufangen, sie meinte, dafür fände sich später noch Zeit genug. Sie wusste etwas viel Besseres. Sie hatte einen Hasen mitgebracht, zog ihn ab, nahm ihn aus, trug Holz herzu, schlug Feuer und rüstete sich, den Hasen am Spieß zu braten. Für Lorz war das ein neues, anziehendes Spiel. Es war wie in einem gemeinsamen Heim, Etelka als Hausfrau waltend. So würde es also künftig sein, und das gefiel ihm ausnehmend. Während das Tier briet, kuschelte sich das Mädchen dicht an Lorz und schwatzte mit ihrer flinken Zunge über tausend Dinge, die sie wusste und die ihm verborgen gewesen waren, Dinge, die man nur erfährt,

wenn man Tag und Nacht draußen im Freien haust. Lorz fand darin neue und besondere Zusammenhänge des Lebens, zumal es für Etelka nicht die Schranke gab, die in den Städten und überhaupt in den Menschensiedlungen hierzulande für manches aufgerichtet ist. Sie sprach ohne Scheu über Sachen, die ein Mädchen aus Hildburghausen niemals in den Mund genommen hätte, aber sie waren ihr ganz geläufig und natürlich, und Lorz fühlte sich nicht im geringsten beunruhigt dadurch, denn Etelka trug sie mit großer und bezwingender Selbstverständlichkeit vor. Dennoch ging in ihm eine Umwandlung vor. Dass er das alles so ruhig anhören konnte, war bereits ein Beweis dafür. Er wurde nicht müde, immer wieder dazwischen zu fragen und sich eine Aufklärung geben zu lassen, bei der nichts mehr verborgen geblieben war.

Endlich war der Hase fertig gebraten. Etelka holte zwei große Meerrettichblätter, Lorz zog sein Messer und gab es ihr, und sie begann die Wirtin zu spielen. Das Mahl mundete dem Jungen prächtig. Auch Etelka langte kräftig zu. Heute war es Lorz noch nicht einmal eingefallen, nach der Herkunft des Hasen zu fragen. Die Überreste knotete das Mädchen in ein buntes Tuch zum Mitnehmen. Es war unversehens dämmrig geworden. Lorz meinte, es sei Zeit zum Heimgehen, aber die Zigeunerin hatte keine Eile. Sie nötigte zum Bleiben, hielt Lorzens Hand fest und streichelte sie. Er legte den Arm um ihre gelenkige, zierliche, sehnige Gestalt, zagend und unter starkem Herzklopfen, aber die ruhige Sicherheit der Dirne, ihr jetzt williges Sichgeben ließen ihn bald die natürliche Scheu des Knaben vor dem weiblichen Wesen überwinden und vergessen. Es kam wie eine süße Trunkenheit über ihn, eine wilde Freude, aber dennoch erfasste ihn zuerst noch ein großer Schreck, als Etelka plötzlich ihren Kittel über der Brust mit einem Ruck öffnete und

Lorzens Hand ergriff. Er wollte sie zurückstoßen und fliehen, alle guten Lehren, die er in Schule und Haus gehört, kamen ihm in den Sinn und ihn schauderte.
Etelka aber lachte ihr betörendes Lachen, küsste ihn, dass ihm und ihr die Lippen bluteten und warf sich mit wilder, durch nichts gebändigter Lust über ihn. Dunkler war es geworden. Im Wald schrie eine Eule, Mäuse und Kaninchen raschelten durch Laub und Gras. Lorz hatte die mahnende Stimme in sich zum Schweigen gebracht. Auch der Totenhügel seiner Mutter war aus seinem Gedächtnis verschwunden, die heiligste Stätte, die er kannte. Die Leidenschaft seiner Gefährtin hatte ihn angesteckt, und er fühlte sich mit einem Male, dass er die Grenze des Knabentums überschritten habe.
Es war völlig Nacht, als sich die beiden trennten. Etelka versicherte, dass sie den Weg sehr gut finden würde. Dürftiges Licht warf die Mondsichel.
„Weißt du auch, mein Lorz, was ich für dich getan habe?", flüsterte das Mädchen. „Wenn das die Meinen wüssten, würden sie mich Feuerspeise nennen, denn der Tod bedroht bei uns jedes Mädchen, das sich einem Manne eines anderen Volkes schenkt. Aber niemand soll es je erfahren. Und morgen, wie du mir versprochen hast, morgen kommst du wieder, und dann nehme ich dich mit mir."
Lorz wäre am liebsten gleich mit ihr auf und davon gegangen, aber sie duldete es nicht. Er sah noch, wie die flinke Gestalt gleich einem Wiesel zwischen dem Buschwerk verschwand. Dann suchte er seinen Weg nach der Stadt und hatte zu so später Stunde natürlich Schwierigkeiten, durch das Stadttor gelassen zu werden, erreichte aber dennoch schließlich die väterliche Haustür.
Er war verstört und bis in die tiefsten Tiefen aufgeregt. Es war etwas Großes geschehen, das, was seinem Leben die

Wendung geben würde; er hatte mit der ganzen bürgerlichen Wohlanständigkeit gebrochen und würde morgen mit den Zigeunern ziehen. Die alte Anne hatte auf ihn gewartet, sie wollte seinem Vater, der sich schon zur Nachtruhe zurückgezogen hatte, beruhigende Auskunft über Lorzens Rückkunft geben. Lorz gab nur kurze und verworrene Antworten und legte sich alsbald ins Bett.

Am anderen Morgen, schon bevor Lorz aus wilden Träumen erwacht war, die ihn auch in wachem Zustand noch taumeln ließen, gab es eine große Aufregung im Schüßler'schen Haus und auch in den beiden Nachbarhäusern rechts und links. Die Hühnerställe waren über Nacht aufgebrochen und alle Hühner geraubt worden. Nur die blutigen Köpfe zeugten von der Untat. Beim Nachbarn Eyring, dem Färber, war außerdem die Hoftür des Hauses aufgebrochen, und aus der Wohnstube waren goldene Schaumünzen und Erinnerungstaler gestohlen worden. Der Nachtwächter hatte, wie sich ergab, drei oder vier verdächtige Gestalten gesehen; sie wären vor ihm geflüchtet, und er hatte sie die Knappengasse hinauf verfolgt, dort waren sie über die schadhafte Stadtmauer geschlüpft und im Dunkel der Nacht verschwunden. Es waren Zigeuner gewesen. Lorz erfuhr alle Einzelheiten, noch bevor er den Gang in die Schule antrat. Ihm schauderte vor dem gestrigen Tag, vor den Träumen der Nacht und vor dem Ereignis, das man ihm eben berichtet hatte. Ihn ekelte vor sich selbst und vor dem Mädchen. Im Augenblick war ihm seine ungewollte und unbedachte Teilnahme an dem Diebstahl klar, er hatte der Zigeunerin gegenüber unbewusst den Verräter gespielt. Warum sollte die, die sich Etelka nannte, anders sein als ihre Stammesgenossen? Sie hatte seine arglos gegebenen Mitteilungen benutzt, um ihre Freunde und Verwandten über die Verhältnisse im Schüßler'schen Hause und in der Stadt zu unterrichten. Sie war vielleicht selber bei dem Diebstahl dabei gewesen! Wie ein Trunkener schwankte Lorz zur Schule, der Magister hatte heute wenig Freude an ihm. Selbst das ließ Lorz kalt und teilnahmslos, dass Suetorius heute die Namen der Schüler bekannt gab, die er bei ihrem nächsten Abgang von der Schule für die Preisverteilung durch den Rat vorgeschlagen hatte und dass dabei der Name Lorenz Schüßler an erster Stelle stand. Lorz war zu der Einsicht gekommen, seine Fluchtpläne aufgeben zu müssen. Er sah auf einmal das Feste, Solide, Ehrbare des Bürgertums und die gesicherte und rechtschaffene Laufbahn, die ein Bürgersohn eingeschlagen hatte. Nur feige wollte er nicht sein. Er wollte dem Mädchen die Wahrheit sagen und ihr seine Verachtung ins Gesicht schleudern.

Nur zu diesem Zweck ging er am Nachmittag wieder auf den Sandberg. Stunde auf Stunde verbrachte er dort im Wechsel dumpfen Brütens mit gespannter Erwartung. Doch niemand kam. Nur gegen Abend ritten zwei bewaffnete Stadtknechte aus dem Heiligen Grund daher gegen die Stadt zu. Sie waren ausgeschickt worden, das Gesindel zu fassen und gefangen einzubringen, doch kamen sie mit leeren Händen wieder. Lorz, der sie kannte, rief sie an; der eine, Heinz Gutberlet, ließ ihn auf seinem Pferd aufsitzen und erzählte ihm bei dem Heimritt, dass sie den Lagerplatz der Zigeuner leer und öde angetroffen hätten und dass alles Suchen und Streifen im Wald ohne Ergebnis gewesen sei.

Lorz war es in der nächsten Zeit, als sei er aus einem bösen Traum erwacht. Es kamen Wochen der Zerknirschung, der bittersten Reue, der er sich mit der ganzen Glut seiner jungen Jahre rückhaltlos hingab. Seine frühe Erfahrung lastete schwer auf ihm. Meinte er doch, jeder Gutgesinnte müsse ihm sein ehrenrühriges Erlebnis ansehen und mit Fingern auf ihn zeigen. Wie ein Ausgestoßener kam er sich vor.

Natürlich bestand das nur in seiner Einbildung; was aber den anderen an ihm auffiel, das war sein jetziges demütiges und bescheidenes Wesen. Es bereitete ihm eine wollüstige Selbstpeinigung, sich so schwarz und sündhaft wie nur denkbar auszumalen und für seine schweren Vergehen zu büßen. Im Haus ging er jetzt dem Vater und dem Ehrenbrecht nach Kräften an die Hand, und selbst dafür hielt er sich nicht mehr für zu gut, der Anne Wasser vom Brunnen zuzutragen, was sie aber gar nicht von ihm verlangte. Fleißig und gewissenhaft war er, aber so wortkarg und in einem fieberhaften Übereifer, dass der Vater des Öfteren den Kopf über ihn schüttelte und sich mit der Anne beriet, was wohl mit seinem Lorz sein möchte. Die Anne beruhigte den alten Schüßler: „Das sind so Stimmungen, die man in jungen Jahren hat. In seinem Zimmer hat der Lorz jetzt immer einen Psalter aufgeschlagen liegen, und wenn ich abends an seiner Tür vorbeigehe, kann ich hören, wie er Bußpsalmen liest. Es mag vielleicht einmal ganz gut und nützlich sein, wenn er jetzt einmal eine Weile in sich geht und einsieht, dass man auf die Dauer nicht so gedankenlos dahinleben kann, wie er es bisher getan hat."
Dabei beruhigte sich der Alte. Es war richtig: Lorz hatte sich mit bedeutender Inbrunst auf die Religion geworfen. Seit einigen Tagen ging er beim Superintendenten Pfränger zum „Beten" in den Konfirmandenunterricht, und da war er der eifrigsten einer. Es kam ihm aber beileibe nicht darauf an, sich vor den anderen hervorzutun, vielmehr war es ihm Herzenssache. Er versenkte sich in die Glaubenslehren und göttlichen Gebote, bereute mit Zerknirschung seine Sünden und besonders heftig die der jüngsten Zeit, vor denen ihn in einem grausamen Maße schauderte und hing frommen Gedanken über Erlösung und Vergebung nach. Daneben tat er brav und treu seine Pflicht im Hause. Seine Wanderungen

und sein Herumliegen im Felde hatte er aufgegeben. Nicht einmal am Sonntag wagte er sich vor das Tor. Ja, dann gerade war ihm am wenigstens danach zumute, denn dann würde er zu vielen Menschen begegnen, und vor Menschen hatte er in dieser merkwürdigen, eindrucksvollen Zeit eine Scheu. Lieber saß er in seinem Dachstübchen und las in der Bibel oder in seinen Schulsachen, oder er sah stundenlang verzückt zum Himmel empor und beobachtete das Spiel der Wolken. Demütig und beschämt als unverdiente Gnade nahm er am letzten Schultag die silberne Schaumünze hin, die der Rat alljährlich dem besten Schüler überreichen ließ und verwahrte sie zu Hause sofort tief in seiner Schublade, damit nicht ihr öfterer Anblick ihn wieder zur Hoffart verleiten möge. Am Konfirmationstag bat er seinen Vater mit Tränen im Auge um Verzeihung für alles das, was er ihm an Unrecht zugefügt und gelobte ein treuer und gehorsamer Sohn zu sein. Der alte Schüßler war sehr gerührt. Er sah an seinem großen Jungen mit Stolz und Freude empor und dachte mit Wehmut an das Grab auf dem Lorenzerkirchhof, mit tiefem Bedauern, dass seine Gattin diesen Tag nicht hatte erleben können. Nach dem Gottesdienst gingen Vater und Sohn zusammen zum Grab der Mutter.

Das Haus Schüßler hatte nunmehr einen Jungherrn. Es verstand sich von selber, dass Lorz später das väterliche Erbe übernehmen würde, und daher wurde er nun in aller Form angelernt, nachdem er vor geöffneter Lade bei der Innung der Tuchweber als Lehrjunge eingetragen und verpflichtet worden war. Er schaffte Tag für Tag rüstig zur Zufriedenheit des Vaters. Bei der regelmäßigen und wohltuenden Arbeit kam auch allmählich sein Frohsinn wieder. Niemand freute sich darüber mehr als Magister Suetorius, der es nicht verschmähte, ab und zu das Schüßler'sche Haus zu besuchen, um mit Vater und Sohn ein paar verständige und freundnachbarliche Worte zu wechseln. Als Lorz vor einiger Zeit den bedenklichen Hang zur Melancholie gezeigt hatte, hatte der brave Magister schwere Sorgen gehegt, doch als er nunmehr sah, wie Lorz das Leben frisch anpackte, keiner Arbeit aus dem Wege ging und dabei wieder Farbe ins Gesicht und Glanz in die Augen bekam, auch wie er sein unbekümmertes Jungenlachen durch das Haus erschallen ließ, da war der Magister wieder beruhigt und überzeugt, dass sein Lieblingsschüler seinen Weg durchs Leben machen werde.

In der Tat, Lorz lebte auf. Sein Blut rann rasch durch die Adern, sein Blick wurde frei und hell, und es schien, als gösse sich eine Wolke gesunder Nüchternheit über ihn aus. Er lernte jetzt den Begriff des Feierabends und des sonntäglichen Ruhetages schätzen. Zu diesen Zeiten ließ er auch seiner Einbildungskraft Spielraum, aber es waren nicht mehr ausschweifende Pläne, die er sich ausspann, es drehte sich dabei um die Zukunft in dem Kreise, dem er jetzt mit Bewusstsein und Willen angehörte. Zerbrochen schien die goldene Brücke. Statt ihrer führte ein derber Landweg durch die Fluren; zwar hinaus ins Weite, aber am Ende bog er sich und leitete wieder zurück ins Städtchen.

In einer solchen Stimmung schlenderte er an einem hellen Sommerabend durch das Gärtchen hinter dem Haus, wo die Kirschbäume standen. Die ersten Kirschen wurden gerade reif. Lorz bekam ein Gelüsten nach ihnen und kletterte auf einen der Bäume. Drüben auf der anderen Seite der Planke hatte der Nachbar Kob seinen Garten. Michael Kob, der Sohn, war mit Unkrautjäten beschäftigt. Michael war einige Jahre älter als Lorz; früher hatte er ihn oft betreut, dann hatte sich der Altersunterschied mehr geltend gemacht. Nachdem aber Lorz ebenfalls die Schule hinter sich hatte, war er Michael wieder nähergekommen. Lorz rief Michael an, trat auf die Planke und ließ sich in Kobs Garten nieder.

Der Nachbarsohn lud den Freund in die Laube ein. Dort gerieten beide in ein anregendes Gespräch über ihre beiderseitige Hantierung. Michael lernte bei seinem Vater als Färber; seine Hände bezeugten es deutlich genug. Krapp und Waid hatten auf ihnen ihre unvertilgbaren Spuren hinterlassen. Mit nicht wenig Stolz wies er darauf hin, dass in wenigen Wochen seine Lehrzeit zu Ende gehe, sein Bündel liege schon bereit, damit er sofort, wenn er zum Gesellen gesprochen sei, die Wanderschaft antreten könne. Bayern, das Schwabenland und Österreich waren die Ziele seiner Sehnsucht. Die beiden Freunde kramten gegenseitig ihr Wissen aus Schule und Erfahrung durch Hörensagen voreinander aus und fügten die Teilchen zu einem Bild zusammen, das freilich recht lückenhaft war.

Während sie sich also freundschaftlich über die Vorzüge von Augsburg und Nürnberg stritten, von denen sie doch wahrlich wenig genug wussten, öffnete sich die Haustür und drei junge Mägdelein kamen den Weg zwischen den Beeten daher geschritten, alle drei dunkeläugig und braun wie Michael. Sie lachten den Besuch an und nahmen gleichfalls in der Laube Platz. Elisabeth war in Lorzens Alter, die beiden anderen einige Jahre jünger, weshalb sie von der älteren Schwester ein wenig bemuttert wurden. Sie zog ein Strickzeug hervor und begann ihre Arbeit, zugleich den jüngeren Geschwistern eine Geschichte erzählend, von den nächtlicherweile kegelnden spukenden Rittern auf der Schaumburg, die auf der Heßberger Leite gestanden. Die beiden Jünglinge brachen ihr gelehrtes Gespräch ab und hörten mit Vergnügen dem Jungfräulein zu. Lorz wurde es recht traulich in der Laube. Er wandte oft den Blick der dunklen Liesbeth zu, was sie jedes Mal mit einem schalkhaften Lächeln beantwortete. Nachdem die Geschichte vorbei war, musste die Jüngste ein Brot, die Milchkanne und Becher aus dem

Hause holen. Elisabeth teilte der Gesellschaft das Abendbrot zu, weil die Mutter sich wegen einer Unpässlichkeit schon früher zu Bett begeben hatte, und Lorz musste es sich gefallen lassen, auch seinen Anteil zu erhalten. Mitgefangen, mitgehangen, scherzte Liesbeth.
Seitdem wurde Lorz ein häufiger Gast im Kob'schen Haus. Sein Vater sah diesen Umgang nicht ungern. Die beiden Familien frischten durch die Kinder das vorher ein wenig eingeschlummerte Nachbarverhältnis wieder auf, und wenn sich Lorz fröhlich und unbefangen mit Liesbeth unterhielt, so mochte es geschehen, dass Vater Schüßler und Vater Kob sich zublinzelten oder der alte Kob sein Ehegespons sanft in die Seite stieß und auf das junge Pärlein hin nickte. Es gab auch allerdings Zeiten, da Liesbeth dem Lorz reichlich fade und hausbacken vorkam; das war dann, wenn sie über ihn lachte, als er wieder begann, unter dem belebenden Hauch, der neuerdings über seinem Leben lag, an Luftschlössern zu bauen. Aber eigentlich böse konnte er ihr deswegen nicht sein, denn ihr Wesen war im Grunde genommen so kindlich und unbefangen, dass ihm alle Waffen aus der Hand glitten. Was er seiner kleinen Nachbarin gegenüber empfand, darüber gab er sich eigentlich nie Rechenschaft. Sie erschien ihm als ein unzertrennliches Zubehör seiner Werdejahre und seiner Umwelt. Haus und Garten, Straßen und Plätze der kleinen Stadt konnte er sich nicht ohne Elisabeth Kob denken. Sie war ihm ein Stück Heimat, der Heimat, in die er täglich, sich immer noch unbewusst, eine Wurzel seines Wesens nach der anderen senkte. An Michael Kob hatte sich Lorz in den letzten Wochen vor dessen Auszug eng angeschlossen. Es war damals ein Anlehnungsbedürfnis in ihm aufgewacht, das er vorher nie gefühlt, und dieses übertrug er jetzt auf Elisabeth. Im Grunde genommen nur, weil ihm ein anderer Gegenstand dafür fehlte.

Der Mittag lag glutend über der vorfränkischen Platte. Im fernen Dunst ließen sich die Berge des Maintales nur erraten. Grell beleuchtet, hart und scharf aber standen die drei seltsamen Porphyr- und Klingsteinkegel da, die plötzlich aus der Hochebene aufsprangen, der Straufhain, der Heldberg und drüben der Burgberg der Coburg. Mit unheimlicher Klarheit heben sie sich vom Himmel und vom Horizont ab, und namentlich das Gemäuer der alten Burgruine auf dem Straufhain, das sich über dem Wald emporreckte, blendete mit lauter Lichtflecken das Auge. Das Korn ließ im Wind die Halme wogen, der Ruch der Gräser und des Klees lag wohlig in der Luft, und die Grillen schrillten unausgesetzt. Der Wanderer suchte an Straßen und Feldwegen den Schatten der Obstbäume, deren Früchte in schwerer Menge sich bereits zu röten anschickten.
Der Landfahrer trug den Hut in der Hand, setzte frisch einen Schritt vor den andern und strich manchmal wie liebkosend über die ledernen Tragbänder seines Ranzens, wobei er den Wanderstock in der Lederschlaufe am Handgelenk baumeln ließ. Es war ein junger Mann mit hellen Augen und braunem Haar, in seinem Antlitz stritt sich ein feiertägliches Hochgefühl mit gespannten Mienen der Erwartung; nur selten huschte ein Schatten darüber hin, aber wenn das

doch geschah, dann blieb der Bursche wohl auch einmal einen Augenblick stehen und sah sich um. Gleich danach aber haftete sein Auge wieder an den Bergen und Burgen vor ihm, und Stock und Schritt ließ er umso rüstiger ausgreifen. Die brütende Hitze brachte den jungen Wandersmann schließlich auf den Gedanken, an geeigneter Stelle Rast zu machen, und zwar schien ihm dazu der Wald des Straufhain der beste Platz zu sein. So schwenkte er vom Weg ab, der ihn nach seinem Mittagsziel Seidingstadt führen sollte, und verfolgte den Rain zwischen den Feldern in der Richtung nach dem immer näher gerückten Berg. Zwischen den Äckern lag eine Glut wie in einem Backofen, und über das vom Wegstaub bedeckte Gesicht rann ein Bächlein Schweiß nach dem andern. Doch war dieser letzte, schlimmste Pfad nach kurzer Zeit überwunden, bald umfing der Buchenwald den Wanderer. Dieser blieb tiefaufatmend stehen, wischte sich mit der Hand über das Gesicht und stieg noch einige Schritte bergan. Dort warf er sich mit einem Seufzer der Erleichterung in das Moos und vorjährige Laub.

Er lag der Länge nach auf dem Rücken und schloss eine Weile die Augen. Als er sie wieder öffnete, flimmerte es grüngolden vor seinem Blick. Über ihm breiteten die Buchen ihre Schirme aus. Still und einsam war es im Bergwald. Die Welt lag fern. Es war dem jungen Handwerksburschen, als sei er schon jahrelang von seiner Heimat fort, und doch war er noch mitten in ihr, und erst vor wenigen Stunden zum Tor hinausgewandert. Er fühlte plötzlich die Fremde, denn wenn man aus seinem bisherigen Kreis geschieden ist, so ist es gleich, ob man tausend Meilen oder nur eine Wegstunde davon ist. Den Jüngling durchschauerte es. Es mochte aber wohl nur vom kühlen Luftzug kommen, der vom Berg herabströmend seinen erhitzten Körper traf. Nass klebte ihm das Gewand am Leib. Aus Vorsicht stand er nach einer Weile auf und begann, quer durch den Wald den Berg hinan zu klimmen. Oben würden Sonne und doch frischer Wind zugleich sein. Es ging steil bergauf. Aber, es war ihm gerade recht, dass er sich tüchtig mühen musste. Mit Wohlbehagen ließ er seine Lungen sich weiten, und Kraft und Vollgefühl blitzten ihm aus den Augen, wenn er von Zeit zu Zeit stehen blieb, um sich zu verschnaufen. Da wurde es licht vor ihm. Die Kuppe lag frei von Wind im Sonnenglanz da, und wenige Schritte vor ihm erhob sich das graue Gemäuer der Burg Strauf.

Schon klapperten die Steine der Trümmer unter seinen Füßen. Neugierig und mit einem Gefühl, das aus den Märchen- und Sagengeschichten seiner Kinderzeit stammte, umschritt er den ganzen Bezirk der ehemaligen Burg. Die meisten Mauern lagen völlig darnieder. Ein Teil war bereits der Erde gleich, andere Mauern hatten Mannshöhe oder die Hälfte davon, nur ein einzelnes großes Mauerviereck ragte noch hoch, wenn auch dachlos, auf; die Sonne schien hinein, und Bäume waren darin in die Höhe gewachsen, die Winkel waren mit Buschwerk bestanden. Eidechsen und glänzende Käfer huschten hin und her, und aus der Nische eines verschütteten Fensters lugte ein Eulenkopf herab, als der junge Handwerksbursche durch das formlose Tor trat und mit dem Fuß an die Gesteinstrümmer stieß. Er kletterte auf Mauervorsprüngen hinauf an ein Fenster, ließ sich auf dem Sims nieder und schickte einen Jauchzer über den Wald hin, der nun zu seinen Füßen lag, und über das lachende Gefilde im Ährenglanz und den Schmuck seiner Apfelbäume. Übermütig war er wieder geworden, die ernste Stimmung von vorhin war verflogen. Frohgemut packte er seinen Ranzen aus, um trotz des fehlenden Beitrunks, dessen er eigentlich sehr bedurft hätte, aus Wurst und Brot sein Mittagsmahl zu sich zu nehmen. Dabei fiel ihm ein Brieflein mit einer

Haarsträhne in die Hände. Er betrachtete es gedankenvoll, küsste es andächtig und ließ es eine Weile neben sich liegen. Doch, als er angefangen hatte zu essen, packte er es sorgfältig wieder fort.

„Der Stadtberg ist noch zu sehen", sagte er vor sich hin, indem er den Blick in die Weite schweifen ließ, „und der Krautberg auch, und da sind die Gleichberge, der Große und der Kleine, auf denen der Magister Suetorius oft umhergeklettert ist. Dort auf der anderen Seite, da ist die Fränkische Leuchte, und dahinter sind die Berge am Main. Heute Abend will ich in Bamberg sein und den Mainfluss grüßen. Also: Vorwärts den Blick und nicht mehr zurück!"

Er musste lächeln, dass er da einen Reim gefunden hatte, und ohne es zu wollen, und da ihm das Sprüchlein gefiel, so wiederholte er es laut und schickte es ein drittes Mal mit voller tönender Stimme über Ruine und Landschaft hinaus.

„Was ist los? Wer stört mir hier meinen Mittagsschlaf?", brummte es unten am Boden in der gegenüberliegenden Ecke hinter einem Busche schwarzen Holunders, und es rappelte sich dort ein Kerl hoch, der dem jungen Wandersmann nicht gerade vertrauenerweckend erschien. Seine Kleidung war wenig sauber und vielfach zerrissen und schlotterte ihm am Leib. Aus dem Schuh sah der große Zeh heraus, und der Hut hatte weder Form noch Farbe. Es war ein stämmiger, untersetzter Mensch mit verwilderten Zügen und einer geröteten Nase. Die Augen sahen etwas verquer, ihr Inhaber bemühte sich aber sichtlich, einen möglichst treuherzigen Ausdruck hineinzulegen. An den Schläfen hatte er schon graues Haar. Der junge Bursche hielt es für geraten, seinen Stock etwas zu sich heran zu ziehen, als der andere sich in die Höhe richtete und auf ihn zukam. Der Fremde lächelte auf eine sonderbare, vieldeutige Art, wobei er das linke Auge zukniff.

„Denke, wir werden uns doch nichts tun?", sagte er mit knarrender Stimme und fuhr fort: „Kunde?"
„Kunde!", erwiderte der Jüngling und konnte es nicht hindern, dass ein wenig Stolz und Freude durch den Ausruf klang.
„Kenn", sagte der alte Bursche. „Scheinst noch ziemlich grün zu sein. Ist schon mancher dem Erwin Oertlein, Schuster seines Zeichens, dankbar gewesen, dass der ihn eine Zeit lang unter seine Fittiche nahm. Schätze, du gehst nach Bamberg zu. Ist auch mein Weg, und wenn dir an Gesellschaft gelegen ist, so will ich dir gerne meine Begleitung gönnen und dir meine Erfahrung widmen. Ich kann dir sagen, sie ist nicht erst von heut' oder gestern. Doch wen haben wir denn da eigentlich?"
„Ich bin Lorenz Schüßler, des Tuchwebermeisters Schüßler in Hildburghausen Sohn", entgegnete der junge Mann.
„Aus Hilperhausen. Schau, schau", sagte der Schustergeselle. „Und hast du die Religion deines Vaters?"
Lorz, dem natürlich die Ausdrücke der wandernden Handwerksgesellen von Hause aus bekannt waren, nickte.
„Hilperhausen kenne ich sehr wohl", fuhr Erwin Oertlein fort, „habe dort anno vier in Arbeit gestanden. Bei dem Meister Sollmann auf dem Salzmarkt."
„Freilich kenne ich den Meister Sollmann und sein Haus", fiel Lorz eifrig ein, „mein Vater hat dort für sich und die Seinen alles Schuhwerk machen lassen. Sieh hier, auch diese Stiefel stammen von dort."
„Nun, das ist ja eine sehr erfreuliche Bekanntschaft. Da sind wir doch beinahe Landsleute. Junger, sei froh, dass du mich gefunden hast. Du weißt noch nicht, was in mir steckt und was du alles von mir lernen kannst. Bin ich doch gewalzt in Nord und Süd, in Ost und West. Du bist geradezu ein Glückspilz, dass du mich da aus Schutt und Moder

aufgestöbert hast, damit ich deine ersten Schritte in das freie, lustige Land des Kundenlebens behüte; denn, ohne mich zu rühmen, man kennt mich landauf, landab in jeder Penne, und da tippelt in ganz Franken, Bayern und Schwaben selten auf einer Landstraße, der nicht schon mit dem Erwin Oertlein übernachtet hätte, sei es beim Penneboos oder bei Mutter Grün. Manchem habe ich schon aus der Patsche geholfen durch meine Erfahrung und meine Kenntnis von Land und Leuten. Bei mir und durch mich kannst du das rechte Kundenleben kennenlernen, Lorz Schüßler. Darauf wollen wir einen nehmen."
Er zog eine Schnapsflasche aus der Tasche und bot sie Lorz dar. Dieser zögerte, denn es ekelte ihn vor dem nicht gerade einnehmenden Gesellen, und er wandte ein, er habe lieber erst Lust zu einem frischen Trunk Wasser, da er durch die Hitze sehr durstig geworden sei und das hitzige Getränk ihm darum schaden könnte, zum mindesten aber seinen Durst vermehren würde. „Auch gut", sagte Erwin Oertlein, „alles zu seiner Zeit", nahm selbst einen tüchtigen Hieb aus der Flasche, ihn lachend damit begründend, dass er sich im Schatten des Straufhain genügend abgekühlt habe, und sprach weiter: „Wenn du Wasser haben willst, Junger, so geh dort nur zwanzig Schritte rechts, wo die drei kleinen Tannen stehen, dort fließt ein spärlicher Quell. Doch ich will ihn dir lieber zeigen."
Lorz Schüßler hing seinen Ranzen um und nahm seinen Stock in die Hand. An der bezeichneten Stelle, eine kleine Strecke bergabwärts, rann ein dünner Wasserfaden durch Moos und Steine. Lorz wollte sich eben niederbeugen, um zu trinken, als ihn der alte Kunde warnte: „Doch nicht so eiskalt, du junges Blut! Hast du kein Gefäß zum Schöpfen bei dir?" Und als Lorz ein silbernes Becherlein hervorzog, nickte er befriedigt und riet Lorz, den Trunk erst fünf Minu-

ten in der Sonne stehen zu lassen und ihn außerdem mit einem Schuss Kirschgeist zu versetzen. Dann bat er sich selbst den Becher aus und machte sich eine wesentlich stärkere Mischung zurecht, nahm auch mit manierlichem Dank die Einladung Lorenzens an, an der Fortsetzung seiner Mahlzeit teilzunehmen. Beide lagerten sich neben dem Quell, und Erwin Oertlein widmete sich mit Hingabe dem Essen. Unter dem Kauen fragte er seinen Gefährten nach seinen Plänen, und Lorenz gab arglos Auskunft. Als er seine Absicht kundgegeben hatte, heute noch nach Bamberg zu gelangen, da schlug der alte Kunde ein misstönendes Gelächter auf. „Nach Bamberg!", rief er und klatschte sich auf den Schenkel. „Warum nicht gleich nach Nürnberg?" Junge, ich bin ein Schuster und muss mich darauf verstehen, die Siebenmeilenstiefel sind noch nicht erfunden, ansonsten hätte ich mir selber schon dergleichen gemacht. Du wirst schon noch lernen, dass man mit Bedacht besser vorwärts kommt. Wir können zufrieden sein, wenn wir heute noch Heldburg erreichen, da werde ich dich auf der Herberge einführen. Gedenke gute Gesellen dort zu treffen, und du musst uns deinen Einstand geben."

Lorz gestand sich, das ihm sein Gefährte nicht gefiel, doch musste er ihn sich vorläufig gefallen lassen, und so stiegen beide nebeneinander den Berg hinab. Die Rast, die Mahlzeit und mehr noch der Trunk hatten Lorz gutgetan, sodass er auf der wiedergewonnenen Landstraße rüstig vorwärtsschreiten konnte. Sein Begleiter schien keine Eile zu haben, vielmehr suchte er öfter mit spottendem Wort den raschen Schritt Lorzens zu hemmen und fand oft Gelegenheit, eine Ruhepause vorzuschlagen. Im Übrigen erwies er sich als ein Kauz voller Schnurren und Späße, wenngleich diese nicht immer sehr säuberlich waren und Lorz bedenklich vorkamen. Doch das mochte wohl so der Brauch reisender Handwerksgesellen

sein. An einer Biegung der Straße, wo ein Feldbrunnen nicht weit war, lieh sich der Schustergeselle Lorzens Becher aus, um sich einen Trunk Wasser zu schöpfen. Er habe eine trockene Leber. Außerdem war die Luft immer noch sehr warm, und dazu mochte das viele Reden den Durst vermehrt haben. Erwin Oertlein bog von der Straße ab nach dem Brunnen zu, während Lorz gemächlich weiter ging, in der Hoffnung, sein Gefährte würde ihn bald einholen. Da vernahm er einen lauten Schrei und fuhr herum. „Dass mich die Pest!", hörte er den Schuster toben. „Dein Becherlein, Lorz, ist hin. Es ist mir aus der Hand geglitten, und das Loch ist bodenlos." Lorz begab sich zu der Stätte des Missgeschicks und beugte sich über das Wasser. Das war trübe und undurchsichtig für das Auge, denn Erwin hatte bereits weidlich mit seinem Stecken darin herumgerührt. Da weiter nach dem Becher zu suchen, mochte wohl vergebene Mühe sein, das sah Lorz ein. Doch konnte er einem Verdacht nicht Einhalt tun, und argwöhnisch sah er den alten Burschen an. „Es war ein silberner Becher", grollte er, „und mein Vater hat ihn mir beim Abschied als Andenken gegeben."
„Lass gut sein", sagte der andere, „verloren ist verloren. Es tut mir wahrhaftig leid, doch in Heldburg will ich dir Ersatz dafür schaffen."
Lorz blieb nichts weiter übrig, als sich ins Unvermeidliche zu schicken, doch blieb er wortkarg und misstraute seinem Begleiter stark.
Als die beiden Handwerksgesellen Seidingstadt durchschritten hatten, hieß Erwin Oertlein Lorz hinter dem Dorf warten. Er selbst ging eine Strecke zurück, verschwand in einem Gebüsch, und dann sah ihn Lorz hinter den Häusern wieder auftauchen. Danach verlor er ihn aus dem Auge. Lorz wurde die Zeit lang. Er hatte gerade den Entschluss gefasst, allein weiter zu gehen, was ihm auch an sich das liebste

gewesen wäre, als Erwin mit rotem Kopf und listig grinsend wieder erschien. Sein Rock bauschte sich an einer Seite, er schlug ihn zurück und ließ Lorz eine Gans sehen, die er dort mit einem Bindfaden angebunden hatte. „Der Breitfuß kam mir gerade über den Weg", erläuterte er lachend, „er wollte mich beißen, da habe ich ihm den Hals ein wenig umgedreht, ehe er ein großes Geschrei machen konnte. Das konnte er nicht vertragen. Notwehr! Zudem hatte ich für heute noch kein Abendessen. Siehst du, Junger, so muss man es einrichten, dass einem alle Dinge zum Besten dienen."

Lorz wusste nun Bescheid über seinen Gefährten und beschloss, bei guter Gelegenheit sich seiner zu entledigen. Das führte er auch aus, als sich in einem Gehölz Erwin anschickte, die Gans zu rupfen und Holz zu einem Feuer zusammenzutragen. „Ich mag keine gestohlenen Gänse", erklärte Lorz kurz und bündig und ging seinen Weg weiter. „Gehab dich wohl!"

„Oho, feines Bürschlein", spottete ihm der Schuster nach, „wirst es schon noch lernen, wie sich ein ehrlicher Kunde durchschlagen muss. Wir sprechen uns wieder. Morgen oder übermorgen oder über Jahr und Tag." Er blieb bei seiner Gans.

Lorz war froh, den lästigen Begleiter los zu sein. Er schritt leicht und schnell fürbass und pfiff ein Lied. Die Welt war für ein junges Blut doch so schön. Der Nachmittag war weiter vorgeschritten, ein frischer Wind hatte sich aufgemacht, ein Bach rauschte neben dem Wanderer her, und die Gedanken eilten in die Ferne und in die Zukunft, die vor ihm lagen. In dem einen Punkt hatte Erwin Oertlein recht: Nach Bamberg kam er heute nicht mehr, dafür ragte jetzt der Burgberg der Heldburg dicht vor ihm auf. Die Straße führte ihn um den Berg herum, und in kurzer Zeit wandelte Lorz Schüßler durch das Tor des Städtleins Heldburg. Wohl hätte

er noch einige Stunden gehen können, aber in einer Stadt den Abend und die Nacht verbringen, schien ihm doch geratener, als aufs Ungewisse hin in den Abend hineinzugehen. Die Bauern waren misstrauisch, und es wäre nicht leicht gewesen, in einem Dorf eine Unterkunft zu finden, so fragte er sich nach der Herberge durch, durchschritt die Scharen spielender Kinder und schlug nach kurzer Zeit, als er die winkeligen Straßen hinter sich hatte, mit einem fröhlichen „Guten Abend, Gesellschaft!" mit dem Wanderstab auf den Tisch der Herberge, an dem schon mehrere Handwerksburschen saßen. Er wurde ebenso handwerksgemäß begrüßt, und nachdem er die üblichen Fragen beantwortet, eingeladen, Platz zu nehmen. Es war allerlei Volk da versammelt, und je später der Abend wurde, desto mehr trafen ein. Junge Burschen gleich ihm und auch ältere, lang gereiste Leute, die sicherlich viel erfahren hatten, wenn manche auch vielleicht nicht so viel wie sie prahlten. Der eine und der andere von ihnen erinnerte Lorz an seinen heutigen Begleiter, und als er unversehens den Namen Erwin Oertlein erwähnte, da spitzten einige der älteren die Ohren. „Erwin Oertlein? So, ist der wieder im Land?", ging die Frage über den Tisch. „Du musst wissen, das ist ein dufter Kunde. Freilich mag er sich vor der hohen Obrigkeit in Acht nehmen, denn was der alles auf dem Kerbholz hat, das möchte ich nicht tragen, obgleich ich einen breiten Buckel habe." So sagte ein derber Küfergeselle und schnitt sich dabei behaglich von seiner Wurst ab.
„Dieser Oertlein ist gefährlich für junge Leute, die sich ihm anvertrauen. Ich könnte dir da manche bedenkliche Geschichte erzählen. Sei froh, Junggeselle, dass du mit einem blauen Auge davongekommen bist. Nicht jeder hat sich bloß mit einem silbernen Becher loskaufen können", bemerkte ein sanfter Schreiner aus dem Hessischen.
„Über die Gans, junger Hildburghäuser", gröhlte aus der

Bankecke eine heisere Stimme, „da lass dir nur kein graues Haar wachsen", und andere lachten zustimmend, „du hast das noch nicht erfahren, was es auf sich hat, wenn man mit leerem Beutel und leerem Magen wandern muss. Kannst aber noch allerlei erleben, Hilperhäuser, und vielleicht wirst du später anders darüber denken."

Lorz sagte nichts, sondern versenkte sein rotes Gesicht in dem Weinkrug, der umging und gerade im gelegenen Augenblick an ihn kam. Mit gemischten Gefühlen streckte er sich dann auf die Streu nieder. Es kniff ihn etwas in der Gegend des Herzens. Aber ehe er Zeit fand, darüber nachzudenken, war der gesunde Schlaf der Jugend über ihn gekommen.

Die grauen Felstrümmer des Kösseine-Gipfels im Fichtelgebirge ragten schwarz gegen den dunkelblauen Winterhimmel. Nur auf ihren oberen Flächen und Kanten trugen sie Schnee, und auch dort war er unter den Strahlen der Mittagssonne zusammengesunken, und über die Steine rannen silberne Tropfen und zogen schwärzliche Streifen. Namentlich an der Südseite der Steinblöcke staute sich die Wärme, zurückgeworfen von den felsigen Flächen, und da der Bergwind auf der Höhe den Schnee überdies nicht hatte hoch werden lassen, sondern ihn jedes Mal weitergeweht hatte, so waren dort am Fuß der Steine grüne Moosflecken zum Vorschein gekommen, und selbst das Preiselbeerkraut streckte unbelastet seine winterharten Blätter zum Licht. An den Abhängen des Bergs freilich lag der Schnee mehr als knietief, die Tannen trugen schweren Behang, und wer des Weges unkundig war, der konnte leicht in eine Schlucht geraten, wo er bis über den Kopf im Schnee versunken wäre. Wenn sich der Verunglückte nicht herauszuarbeiten imstande war, dann mochte er wohl vor Kälte und Erschöpfung den Tod finden, vorausgesetzt, dass ihn nicht vorher bereits ein Wolf aufgespürt und zerrissen hätte. Der Ruf um Hilfe würde kaum gehört worden sein, denn das Fichtelgebirge war ein wildes Bergland. Die menschlichen Siedlungen lagen in den Tälern weit auseinander. Es musste schon zufällig ein anderer Wanderer, ein ortskundiger und wohl ausgerüsteter unterwegs sein, wenn dem Verirrten und Gestürzten Hilfe gebracht werden sollte.

Die Sonne meinte es wahrlich gut. Das empfand auch ein junger Mann, der, von Westen her kommend, den Kösseine-Gipfel eben erreichte und sich eine windgeschützte Stelle zwischen den Gesteinstrümmern, eine richtige naturgewachsene Klause, aussuchte, um sich zu ruhen und zu wärmen. Zwar fror er keineswegs, denn die gute Bewegung in frischer Winterluft hatte sein Blut rasch durch die Adern getrieben und seine Wangen gerötet, aber die Anstrengung des beschwerlichen Weges machte doch eine Ruhepause notwendig, und da war es besser, im Sonnenschein an geschützter Stelle zu sitzen, als sich irgendwo dem rauen Wind preiszugeben. Der junge Mann ließ sich auf dem Steinsitz nieder, legte den starken, langen Stock mit eiserner Spitze beiseite und löste die Schneereifen von den derben Schuhen, um sie an den Steinen abzuklopfen. Dann nahm er den Rucksack ab und holte ein halbes Brot und ein Stück Rauchfleisch hervor und begann ein einfaches, aber kräftiges Mahl zu halten. Der Schnee blendete, der Glanz ließ den Wanderer die Augen halb schließen, wobei ein Lächeln auf seine Züge trat, der Ausdruck innigen Wohlbehagens.

Es war eine sehnige, schlanke Gestalt von mittlerer Größe, er trug hohe Stiefel und war in grünlichgrauen Loden gekleidet, von demselben Stoff war auch der Hut, den der Mann jetzt auf einen Steinblock legte, um sich mit der Hand wohlig durch das braune Haar zu fahren. Die Züge zeigten Willen und Tatkraft, nur um den Mund lag es wie Weichheit, dieser Ausdruck wurde aber fast verdeckt durch den kurzen, starken Schnurrbart. Die Augen sprachen für gesammelte Kraft und Klugheit, im Hintergrund aber mochte in ihnen noch etwas schlummern, das fern von Nüchternheit war, das eher eine lebhafte Fantasie und den Hang zum Abenteuerlichen und Märchenhaften verriet. Das Gesicht war gebräunt, als ob sein Träger sich gern und viel in freier Luft bewege.

Raben strichen ab und zu über das Schneefeld, und wenn sich einer unweit des Rastenden niederließ, so warf er wohl einen Bissen Brot nach dem schwarzen Vogel und fand es erheiternd, wenn der Rabe mit kurzem, unmutigem Krächzen erst aufflog, dann aber, nachdem er das Wurfgeschoss vorsichtig beschaut, eiligst zurückkehrte, um es zu verspeisen. Als die Mahlzeit beendet war, warf die Sonne ihre Strahlen bereits schräg über den Berg her, und der Nebel in den Tälern wurde dichter. Einen kurzen prüfenden Blick sandte der junge Mann nach diesen Erscheinungen, dann ergriff er Stock und Hut auf, hing sich den Rucksack um und begann, nach der anderen Seite weiter zu wandern. Bereits gerannen die sickernden Tropfen an den Steinen wieder zu Eis, ein kalter Wind setzte stoßweise ein, und der Schnee fing an zu stäuben. Für den, der unterwegs war, wurde es Zeit, unter ein Dach zu kommen. Trotzdem beeilte sich der Wanderer nicht sonderlich und auffallend, sondern schritt nur vorsichtig weiter. Ein Weile ging sein Weg ziemlich eben, wenn er auch oft den Felsblöcken ausweichen musste, dann senkte sich das Gelände, und der starke Wanderstab bekam mehr Arbeit als vorher. Bald rauschten die Fichten über dem Haupt des Wandernden, ab und zu durchbrach ein dumpfer Prall die Stille, und dann stäubte es da und dort hell auf, wenn unter einem heftigeren Windstoß eine Fichte ihre Schneelast zum Teil abgeworfen hatte. Das behutsame Bergabsteigen, wobei alle Sehnen und Muskeln gespannt bleiben mussten und das Auge den Grund vor jedem Schritt zu prüfen hatte, machte fast noch müder als der

Aufstieg vorher. Als die blauen Schatten dunkler wurden, war ein Weg fast nicht mehr zu erkennen, aber der Wandernde musste doch ihn und seine Richtung genau wissen, denn ohne Zögern oder Überlegen schritt er vorwärts. Aus der Tiefe des Waldes gähnte nun schon schwarze Finsternis, am Himmel begannen die ersten Sterne zu flimmern. Noch eine halbe Stunde, dann würde der Mond aufgehen und den Pfad beleuchten. Der Bergwanderer empfand das Schweigen der großen Natur nicht mit Unbehagen. Manchmal stand er still, um es recht zu genießen, und mit einem Vergnügen, wie es ein Kind empfindet, das Blut in seinen Ohren singen zu hören.

Bei einer solchen Rast im Stehen horchte er auf einmal hoch auf. Es war der Ruf einer Menschenstimme vernehmbar, schwach, aber unverkennbar ein Hilferuf, da rechts vor ihm. Er beschleunigte seine Schritte und horchte dann wieder, stehenbleibend. Jetzt klang die rufende Stimme schon viel näher, und deutlich unterschied der Lauschende die Worte: „Zu Hilfe!" Der Wandernde eilte vorwärts, und als der Hilferuf seitwärts von ihm erklang, brach der junge Mann entschlossen durch das Gestrüpp. Da ihm der Schnee abseits vom Weg sogleich bis über die Knie ging, so setzte er seinen Stock vor sich hin und begann vor jedem Schritt den Boden abzutasten, denn unter dem Schnee lagen noch überall große Felsbrocken mit tiefen Löchern dazwischen. Er kam aber rasch vorwärts und rief nun auch seinerseits, um dem etwaigen Verunglückten die Hoffnung zu geben, dass Rettung nahe sei. So kam er an ein Trümmerwerk von Felsen, zwischen denen eine schwarze Schlucht gähnte. Da unten regte sich etwas. „Halloh!", rief der Hinzukommende. „Was ist mit Euch?"

„Dieses verdammte Bergland!", tönte eine kräftige Stimme herauf. „Muss mich der Böse reiten, dass ich über die Steine

klettern will, um mir den Weg abzukürzen. Müssen mir dabei beide Beine unterm Leib wegrutschen. Nun hocke ich hier unten in der eiskalten Hölle und kann den linken Fuß nicht gebrauchen, sonst hätte ich mich wohl schon wieder in die Höhe gearbeitet."
Bei dem ungewissen Dämmerlicht konnte der Hinzukommende immerhin feststellen, dass der Verunglückte bis in Brusthöhe im Schnee steckte. Das Loch war so tief, dass der Mann mit den Händen nicht bis zum Rand reichen konnte, aber diese immerhin verhältnismäßig geringe Tiefe erleichtert doch das Rettungswerk. Der Helfer legte sich der Länge nach auf den Boden, griff mit beiden Händen dem Gestürzten fest um die Handgelenke und, indem er mit Knien und Ellenbogen kräftig arbeitete und der andere mit dem gesunden Bein in den Rillen des Gesteins tüchtig nachhalf, zog der Helfer ihn nach und nach in die Höhe, sodass der Fremde, als er erst mit dem Oberkörper über dem Rand der Grube lag, sich selber auf den ebenen Boden hinaufwälzen konnte.
Es war trotzdem ein schweres Stück Arbeit gewesen, denn auf der verschneiten und vereisten Erde war nicht leicht ein Halt zu finden, und der Retter wischte sich den Schweiß von der Stirn. Bisher hatte er zu dem Verunglückten wenig gesprochen und ihm nur kurze und sachliche Weisungen gegeben. Jetzt fragte er ihn nach seinem Zustand und ob er sich wohl getraue, eine kurze Strecke zu gehen, wenn er ihn stützen würde. Der Andere riss statt der Antwort seinen Stiefel vom Fuß und befühlte den Knöchel. „Es scheint ja alles heil zu sein oder doch wenigstens nichts gebrochen. Freilich fängt der Knöchel an zu schwellen, und unter diesen Umständen wird ein weiterer Marsch wohl kaum meine Sache sein."
„Lasst sehen!", versetzte der Helfer. Er kniete nieder, zog den Strumpf ab und konnte eine lebhaft einsetzende Verfär-

bung des dick gewordenen Knöchels bemerken. Er rieb ihn kräftig mit Schnee ab, zog ein kleines Leinentuch aus dem Rucksack, faltete es zusammen und band es fest um sein Gelenk. Dann sagte er: „Der Stiefel wird wohl jetzt nicht wieder anzuziehen sein, und bis nach Marktredwitz könnt Ihr Euch im bloßen Strumpf und mit der Verrenkung nicht schleppen. Hier liegen bleiben, bis ich einen Schlitten geholt habe, könnt Ihr auch nicht. Aber ich weiß ein Obdach hier in der Nähe, bis dahin werdet Ihr Euch wohl zu gehen getrauen können. Dort wollen wir das weitere abwarten."
„Gotts Tod!", fluchte der Andere. „Das wird eine wenig angenehme Unterbrechung. Indes, ich bin Schlimmeres gewohnt. Jedenfalls habt Dank, guter Freund – oder soll ich sagen Kamerad? –, dass Ihr mich aus dem verwünschten Loch erlöst habt. Ich traue dieser Gegend nicht, denn vorhin war mir, als hörte ich schon verschiedene Male ein verdächtiges Heulen. Mein Feuerrohr aber habe ich in Bayreuth verkaufen müssen. Aber nicht wahr, Ihr seid ein Kamerad? Nach Kleidung und Aussehen möchte ich mit Sicherheit darauf schließen."
„Und doch seid Ihr im Irrtum", erwiderte der Helfer, „ich bin nur ein gewöhnlicher Tuchwebergeselle und stehe in Marktredwitz in Arbeit."
„Tragen denn hierzulande die Handwerksgesellen so martialische Schnauzbärte?", wunderte sich der Andere. „Nun, was nicht ist, kann noch werden. Ihr habt es wahrlich verdient, dass ich Euch Herr Bruder nenne. Ich bin gewiss, Euch einmal beim Volk wiederzutreffen, denn ich kann mir Euch schlechterdings nicht hinterm Webstuhl denken."
Gleich darauf ächzte er, denn der verletzte Fuß machte ihm doch mehr Beschwerden, als er zeigen wollte. Der Webergeselle fasste ihn fester unter den Arm, half ihm fürsorglich über eine kleine Anhöhe am Rand des Hochwaldes hinweg

und betrat mit ihm ein so dichtes Gewirr von Tannenstämmen, dass der inzwischen aufgegangene Mond kaum einige wenige Strahlen hindurchsenden konnte. Der Helfende musste indes den Ort genau kennen, denn er schritt mit Sicherheit vorwärts und traf nach einer Weile richtig auf einen hölzernen einstöckigen Bau, der auf einer Seite halb unter dem Schnee vergraben lag. Ein kräftiger Druck mit dem Stock sprengte die Tür.

Hohle Finsternis gähnte die beiden Ankömmlinge an, aber der Führer schlug Feuer, nachdem er seinen Gefährten auf einer Bank neben der Tür niedergelassen hatte, und entzündete auf einem einfachen aus Steinen und Lehm zusammengekitteten Herd eine Handvoll schon bereitliegender Kienspäne. Dann ging er vor die Hütte und kramte unter einem Rindendach auf der Schutzseite einen tüchtigen Arm Buchenkloben hervor, die er vor dem Herd aufhäufte und von denen er nach und nach ins Feuer legte, sodass eine starke Glut entstand. Sie strahlte bald eine behagliche Wärme aus, denn die Wände der Hütte waren gut mit Moos und Lehm gedichtet und selbst der Fußboden war nicht bloß Erde, sondern aus schmalem Stangenholz gefügt. Bei der durch das Feuer gelieferten Beleuchtung konnte man in einer Ecke einen Schragen mit Bettzeug erkennen. Die grauen und groben Kissen raschelten, als der Verunglückte sich auf Zureden des Führers auf dem Bett niederließ, sie waren anscheinend mit trockenem Laub gefüllt. Sonst enthielt die Hütte außer einem schrankähnlichen Verschlag, einigen rohen Bänken und einem einbeinigen Tisch, der im Fußboden eingerammt war, keinerlei Ausstattung.

Als das Feuer hell brannte, wandte sich der Führer wieder zu seinem Gast: „Der Förster Wildenhagen wird schön fluchen, wenn er sieht, wie wir hier in seinen Hausfrieden eingebrochen sind. Zum Glück bin ich gut Freund mit ihm und habe hier selber schon manche Nacht mit ihm zugebracht. Auch in einer Jahreszeit wie der jetzigen."

„Ihr seid mir wahrhaftig ein schnurriger Tuchmachergeselle, Herr Bruder!", lachte der Andere. „Hab ich doch mein Lebtag noch nicht gehört, dass Handwerksgesellen solchen Neigungen nachgehen. Aber das freut mich an Euch, das freut mich", und er drückte ihm warm die Hand und sah ihm herzhaft ins Gesicht.

Der Fremde mochte nur wenige Jahre älter sein als sein unfreiwilliger Gastgeber; die Kleidung verriet ihn als einen Soldaten. Als Waffen trug er einen Degen und ein kurzes Messer. Sein Gesicht war von gewinnbringender Offenheit. Man sah ihm an, dass er das Leben leicht und fröhlich nahm, und sein Gegenüber seufzte leise auf, als er zu dieser Meinung gekommen war. Denn solche Leute dünkten ihm wohl wert, dass man sie beneide. Er fuhr aber dessen ungeachtet in seinen Geschäften als Herbergswirt fort, brachte aus dem schrankähnlichen Machwerk einen Blechtopf zum Vorschein, füllte ihn draußen mit Schnee und hing ihn über das Feuer. Honig fand sich gleichfalls vor, und der Förster musste ein Mann sein, der wusste, was man zuweilen in einem einsamen Aufenthaltsort nötig hat, denn selbst eine Flasche mit Kornbranntwein gab der Schrank aus seiner tiefsten und dunkelsten Ecke von sich. Der junge Mann entnahm seinem Rucksack einen Blechbecher, den Rest seines Brotes und Fleisches und lud den Gast zur Abendmahlzeit ein. So humpelte dieser vom Bettschragen zur Bank und langte mit Dank, aber, ohne viel Federlesen zu. Nur, als ihm der Gastgeber den Becher mit dem weise gemischten warmen Getränk zuschob, wies er diesen erst zurück und lächelte fein: „Nein, Herr Bruder, so nicht. Wenn nur der einzige Becher vorhanden ist, so sei es ferne von mir, dass ich ihn nur allein benutze. Ihr müsst entschieden daran teilnehmen, wenn es Euch nicht gar zuwider ist, mit mir aus einem Becher zu trinken."

Der Andere errötete ein Weniges, wie es schien vor Vergnügen über die Höflichkeit seines Gastes, denn seine Augen lachten, hob den Becher und sprach: „So bringe ich Euch denn den Becher mit dem Wunsch, dass Ihr Euer Reiseziel in Glück erreichen und dass Euch Euer Unfall kein zu schlimmes Andenken an unser Fichtelgebirge sein möge!" Er trank, stellte den Becher auf den Tisch und setzte hinzu: „Übrigens heiße ich Lorenz Schüßler."

„Ich danke Euch, Herr Bruder, und dies ist Walter Baumgartens Trinkspruch: Mögen es die Zeiten fügen, dass Ihr der edlen Unruhe, so Euch, wie mir mein Blick und mein Gefühl sagt, im Blut sitzt, Raum geben könnet zu großen Taten. Denn glaubet mir, Ihr seid berufen, vom Webstuhl bald Urlaub zu nehmen, weil große Dinge bevorstehen."

Der Sprecher hatte das mit einer gewissen Feierlichkeit gesagt, die auf Lorz Schüßler nicht ohne Eindruck blieb. Um dieses Gefühl zu verbergen, sprang Lorz von seinem Sitz auf und machte sich am Feuer zu schaffen. Walter Baumgarten fuhr in gutmütigerem Ton fort: „Es ist so, wie ich Euch sage. Ich bin auf dem Wege ins Böhmische, teils weil ich ein guter Protestant bin, teils aber auch, weil mir dort die Fortuna zu locken scheint. Wisset Schüßler, ich bin nicht gewillt, zeitlebens im großen Haufen zu marschieren, ich suche die Gelegenheit, mich hervorzutun. Darum habe ich den Nürnbergern entsagt und mich auf die Wanderschaft begeben."

„Ihr kommt von Nürnberg?", fragte Lorz Schüßler. „Das freut mich zu hören, denn dort habe ich auch einige Jahre zugebracht, und ich kann wohl sagen, leidlich glückliche Jahre. Man hoffte dort allgemein in mir eine Zierde der Zunft zu haben, und ich war schon dabei, heimzukehren,

um das wahr zu machen, als mich eine Nachricht traf, die mich wieder aus der Bahn warf und mir meine Heimat, wo ich das väterliche Geschäft übernehmen sollte, unleidlich machte. Gegenwärtig, das muss ich Euch gestehen, lasse ich mich vom Tage treiben. Kann sein, dass ich mich in Marktredwitz für die Dauer niederlasse, des verstorbenen Meisters Witwe heimführe und mich zwischen den Bergen des Fichtelgebirges begraben lasse. Ihr wundert Euch, dass ich nicht wie ein anderer Tuchmachergeselle scheine. Nun, eigentlich bin ich schon halb und halb der Meister und führe die Handelsgeschäfte für das Haus. Darum auch bin ich viel unterwegs, auch zu Jahreszeiten wie der jetzigen. Das aber allein ist es auch, was mich aufrecht hält, denn Tag für Tag hinterm Webstuhl sitzen, das könnte ich bei dem jetzigen Zustand meines Gemüts wirklich nicht."
„Seht Ihr, Herr Bruder, dass mich meine Ahnung und Menschenkenntnis nicht betrogen hat. Seid gewiss, Ihr werdet Euch doch noch ein ganz anderes Leben aufbauen."
„Das denke ich doch nicht. Vielleicht wage ich auch nicht, darüber nachzudenken. Walter Baumgarten, Ihr wisst nicht, was Ihr tut, wenn Ihr mir meinen Frieden nehmt."
„Tue ich das? Schlage ich nicht vielmehr nur an eine nun doch einmal vorhandene Saite, und was kann ich dafür, wenn sie klingt?"
„Meinen Frieden, sagte ich. Ja und dreimal ja! Ich bin dabei, ihn mir zu erkämpfen und mir ein stilles Bürgerleben in diesen Tälern zu erarbeiten. Es kann und darf nichts anderes für mich geben. Glaubt mir, ich habe viel über mich nachgedacht. Es gab eine Zeit, da wollte ich den Himmel stürmen. Doch dazu muss man Schwingen haben, zwei gesunde Schwingen. Mir aber ist, als hätte ich nur eine, die heil ist, der zweiten fehlt es an Kraft."
„Mitnichten, Lorenz. Ihr täuscht Euch. Euch zieht nur der

Umstand hernieder, dass Ihr Euch in Eurer kleinbürgerlichen Gemütlichkeit nicht regen könnt, wie Ihr wollt. Kraft kommt aus der Zeit und mit der Zeit. Ist die günstig, dann braucht es weiter nichts, als dass man seine Lebensumstände mit eigener Hand und mit Entschlossenheit wechselt und sich in den Windstrom hineinbegibt, wo man emporgetragen wird. Das Andere kommt dann von selbst."

„Führt mich nicht in Versuchung, Baumgarten. Das sind alles Gedanken, die mir nicht neu und nicht fremd sind, aber ich glaubte sie bei mir bereits abgetan. Dann war ich schon auf dem Wege in meine Heimat und wollte dort beweisen, dass man auch im kleinen Kreise Großes wirken kann, als mich eine seltsame Nachricht traf, die ich anfänglich gar nicht glauben wollte. Mein alter Vater hat sich ein junges Weib genommen, und ich dachte es nicht, über mich bringen zu können, in das mir dadurch verleidete Vaterhaus zurückzukehren. Da blieb ich hier hängen. Eine große Gleichgültigkeit erfasste mich nach und nach. Allmählich gestaltete sich mir ein bescheidenes Ziel. Der Meister starb vor nun schon mehr als einem Jahr, die Meisterin ist mir gewogen, und wenn ich will, kann ich, wie ich schon sagte, mich jederzeit ins warme Nest setzen und darin bleiben. Dann mag in Hildburghausen, meiner Heimatstadt, geschehen, was da will."

„Und doch, Herr Bruder – ich muss bei dieser Anrede bleiben, denn Ihr sagt mir in einer merkwürdigen Weise zu, nicht bloß, weil Ihr mich aus dem Verwünsch-Loch gezogen habt, glaube ich nicht, dass dieses Ziel Euch zurzeit befriedigt, noch, dass Ihr jemals Genüge darin finden werdet. Euer ganzes Wesen spricht dagegen. Es ist, als ob ich mich selber sähe, so wie ich früher gewesen bin. Gebt Acht, dass Euch nicht eines Tages bittere Reue packt, wenn es zu spät ist."

Lorz Schüßler fuhr sich tief aufatmend mit der Hand über

die Stirn und erwiderte nichts. Er schürte das Feuer und mischte einen neuen Becher des warmen Getränks. Dann erkundigte er sich nach dem Befinden seines Gastes, und als er vernahm, dass die Schwellung des Knöchels noch stärker und schmerzhafter geworden war, redete er seinem Gast zu, sich nun einige Stunden der Nacht vorläufig ohne ihn zu behelfen. Er wolle dann frühzeitig mit einem Schlitten wieder an Ort und Stelle sein. Er half dem Verletzten in das raschelnde Bett, drückte ihm herzlich die Hand, versorgte das Feuer, dass es noch mehrere Stunden vorhalte, ergriff Rucksack und Stab und schritt, nachdem er die Tür fest angedrückt, durch die Mondnacht davon, indem er sich im Gehen mit den Spukgeistern, die der Andere in ihm aufgescheucht hatte, unterhielt.

Der Abend war doch weiter vorgerückt, als Lorz dachte. Als er Marktredwitz erreichte, schlug die Turmuhr die Mitternacht. Aus dem Fenster der Wohnstube seiner Meisterin, der Frau Mechtildis Bayerlein, schimmerte noch Licht und warf einen hellen breiten Streifen über die Straße. Die Haustür war unverschlossen. Im Flur bereits kam die Meisterin dem Heimkehrenden entgegen. Frau Mechtildis war eine rundliche Person in den besten Jahren, stattlich und stolz in Gebärde und Gehabe. Sie richtete ein Paar sehr lebhafter schwarzer Augen auf Lorenz, und in ihrem Antlitz wie in ihrer Stimme barg sich ein leichter Unwille, als sie auf den Gruß des Ankommenden erwiderte: „Ihr kommt spät, Lorz. Es ist nicht recht, dass Ihr mir solche Unruhe bereitet, denn wie leicht konnte Euch ein Unfall begegnet sein. Doch kommt noch eine kurze Weile in die warme Stube und berichtet mir, wie Euer Gang verlaufen ist."

„Es tut mir leid, Meisterin, dass Ihr Euch Sorgen gemacht habt", versetzte Schüßler. „Es ist allerdings ein Unfall im Spiele, jedoch einer, der nicht mich betroffen hat", und er schritt der Frau Bayerlein nach in die warme Stube, in der sorglich ein Imbiss auf dem Tisch aufgebaut war. Lorz aber schenkte ihm vorerst nicht die gebührende Beachtung, sondern begann alsbald zu erzählen, erst kurz, wie der geschäftliche Teil des Tages verlaufen sei und dann von der Begegnung, die er im Wald gehabt hatte. Er schlug vor, er wolle gleich zum Nachbarn Schwesinger hinübergehen, um sich dessen Pferd und Schlitten zu leihen und den Verunglückten mit Erlaubnis der Meisterin hier in seiner Kammer aufzunehmen, bis dieser wieder reisefertig sein würde. Frau Bayerlein war sogleich damit einverstanden, indem sie nicht wortreich, aber warm ihrem Bedauern über den Unfall Ausdruck verlieh, doch zweifelte sie, ob der Nachbar, jetzt, zu so ungewohnter und seltsamer Stunde Pferd und Schlitten hergeben würde. Da der Fremde in der Waldhütte verhältnismäßig gut aufgehoben sei, so habe das auch nicht viel auf sich. Und in der Tat, als Lorz bei dem Nachbarn nach vielem Klopfen erreicht hatte, dass Schwesinger sein verschlafenes und erschrockenes Gesicht aus dem Fenster steckte, da gab dieser nach einigem Verhandeln und nachdem er erfahren hatte, wo der Fremde geblieben sei, nichts anderes zu, als dass Lorz mit dem frühesten Morgen mit dem Gespann losfahren dürfe.

Also kam der wandernde Landsknecht Walter Baumgarten in das Haus der Frau Bayerlein und pflegte seinen kranken Fuß in Lorenz Schüßlers Kammer mit nicht eben viel Geduld. Nach einigen Tagen aber konnte er sich schon die Treppe hinab begeben und der Meisterin für ihre Gastfreundschaft seinen pflichtschuldigen Dank abstatten. Er kam mit einem gewissen Vorurteil zu ihr und wollte weiter nichts als einer bloßen und selbstverständlichen Höflichkeit genügen. Ihre ruhige, gelassene und sichere Freundlichkeit aber entwaffnete ihn. Er fand in der Frau Mechtildis nicht, wie er sich vorgestellt, die begehrliche alternde Frau, die um jeden Preis nach einem jungen Gesellen angelt, sondern ein in aller Ruhe ausgeglichenes Wesen, das sich genug von seiner Jugendblüte bewahrt hatte, um auch auf einen jüngeren Mann anziehend zu wirken. Er wurde schwankend in der Meinung, ob er seinem neugewonnenen Freund Lorz weiter, wie er es in den letzten Tagen fortgesetzt getan, abraten sollte, hier in Heim und Herd hinein zu freien. Ganz entschieden würde Lorz bei Frau Mechtildis wohl aufgehoben sein, denn solche beherrschten Frauen übten, dazu reichte seine Erfahrung sehr gut aus, auf leidenschaftlich bewegte und schweifenden Geistes volle Männer tiefe und einflussreiche Wirkungen aus. Es war nur die Frage, ob sich Lorz gegenwärtig nicht selbst in einer Täuschung befand, wenn er annahm, dass er dabei auf die Dauer in eine ruhige Zufriedenheit hineingleiten würde. Das eine hatte Baumgarten aus den Reden seines Freundes herausgehört, dass dessen Zuneigung zu der Frau Meisterin wohl auf einer großen Hochachtung beruhe, im Grunde aber mehr reine Freundschaft war als die innige Neigung, der man der Frau entgegenbringen soll, die man sich als Eheweib erwählt hat. Diese Erwägungen ließen Baumgarten beschließen, für die fernere Dauer seines Aufenthalts im Haus der Frau Bayerlein, Lorz nach keiner Seite hin mehr zu beeinflussen zu versuchen. Zudem würde es ihm als übler Dank vorgekommen sein, im Geheimen gegen die Meisterin aufzutreten, nachdem er ihre weitgehende Fürsorge genossen hatte. Die war in der Tat groß, denn Frau Mechtildis ließ es dem Gast an nichts fehlen, schon um Lorenz Schüßlers willen, dem er, wie sie merkte, wert geworden war. Als der Soldat sich wieder bewegen konnte, füllte er das Haus mit Sang und Klang. Er war voller Späße, und selbst die beiden trübseligen Gesellen Michel und Peter lernten in diesen Tagen das Lachen und vergaßen ihren sonst nie abreißenden Streit und die immer nagende Eifersucht. Von der Magd Susanne schon gar nicht zu reden, die manche versalzene Suppe auf den Tisch brachte und allerlei Scherze und Anspielungen über sich ergehen lassen musste. Lorz hielt sich viel im Haus auf, um dem Gast Gesellschaft zu leisten, und wenn abends alle zusammen in der Stube saßen, da wurde immer ein recht trauliches Beisammensein daraus. In diesen wenigen Tagen kamen sich, da der Gast die Zaubergabe hatte, jede Befangenheit um sich her zu zerstreuen, Frau Mechtildis und Lorz viel näher, als es sonst wohl in Jahren geschehen wäre. Einmal meinte Walter beim Hinaufsteigen in die Kammer zu Lorz, fast fürchte nunmehr er selber zu einem anderen Leben bekehrt zu werden, wenn das noch länger so gehen würde.

Es ging aber so nicht weiter, und es war auch nicht sein Ernst, denn wenige Tage darauf hatte er sein Felleisen geschnallt, das durch die Güte der Frau Meisterin wesentlich schwerer war als da er ins Haus gebracht worden war und nahm Abschied. Lorenz Schüßler begleitete ihn zum Marktflecken hinaus. Die beiden Männer sahen sich noch einmal tief in die Augen, und Lorz konnte es nicht verhindern, dass sein Blick dabei dunkel wurde.

„Leb wohl, mein Freund!", sagte er und drückte ihm die Hand.

„Nicht doch, Lorz!", rief dieser frohgelaunt und bewegt, „sondern: Auf Wiedersehen!"

Dann ging er, und Lorenz Schüßler sah ihm lange nach.

In den blühenden Gefilden Böhmens grollte es seit langem unter Tage wie von einem verhaltenen Erdbeben. Schon unter Rudolph II. war da und dort die Glut durch die Decke gebrochen und war Rauch aufgewirbelt. Der gelehrte Kaiser weilte indes lieber bei seinen Sterndeutern und Goldmachern, und wenn die Flammen und Flämmchen wieder erloschen, so war das nur, weil die Zeit noch nicht reif für den großen Ausbruch war. Keineswegs war es sein Verdienst. Auch als Kaiser Matthias die Regierung angetreten hatte, herrschte unter dem habsburgischen Zaudern, Lauern und Hinhalten ein fauler Friede. Das Feuer unter dem Boden fraß sich heimlich weiter. Nur mit Zögern und Bedenken war der Majestätsbrief, der Schutzbrief der Protestanten, erneuert worden. Matthias wollte gerne, dass man ihn in Ruhe ließ, seine Brüder aber waren voller Bewegung und hätten ihn gerne damit angesteckt. Ihnen waren die Protestanten in Böhmen schon lange ein Dorn im Auge. Böhmen sollte einen Herrn über sich haben, der mit Schärfe durchgriff. Hatte nicht der junge Ferdinand, ihr Vetter, in seinen Erblanden der alleinseligmachenden Kirche zum glänzenden Sieg verholfen. Mit Feuer und Schwert hatte er die Ketzer bekämpft und große Gloria dabei errungen. Ferdinand musste König von Böhmen werden, und er wurde es. Nun konnte er den verhassten Lutherischen den Daumen aufs Auge setzen, und alle, die vom gleichen Grimme gegen sie erfasst waren, fanden eine Stütze an ihm. Mit Hunden wurden fortan lutherische Landeseinwohner zum katholischen Gottesdienst gehetzt. Die Beerdigung wurde ihnen verweigert, keine Trau- und Taufzeugnisse mehr ausgestellt. Mit Gewalt wurde ihnen der Mund aufgerissen, damit sie das Mahl der christlichen Liebe nach katholischem Ritus empfangen sollten. Es war mit viel Mühe eine protestantische Kirche in Klostergrad erbaut worden, die wurde durch den Erzbischof niedergerissen. Es war eine lutherische Kirche in Braunau, die wurde durch den dortigen Abt geschlossen. Und die geistlichen Herren traten mit der kecken Behauptung hervor, der Majestätsbrief finde keine Anwendung auf geistliche Besitzungen. Sie blieben auch dabei, als ihnen gegenüber eingewendet wurde, auch die geistlichen Güter seien Güter des Königs und würden von den geistlichen Herren nur zu Lehen getragen.

Zwei Namen schwirrten in der böhmischen Luft, in eine Wolke von Seufzern, Klagen und Flüchen gehüllt. Das waren die der Statthalter Martinitz und Slawata. Durch ihre fanatische Richtung hatten sie ein Übergewicht über die anderen acht Statthalter erlangt und besaßen das Ohr des Kaisers, mehr noch das des Heißspornes Ferdinand. Die Saat der lutherischen Lehre aber ließ sich nicht durch plumpe und gewalttätige Füße zertreten. Es war keine weiche, widerstandslose, nachgiebige Masse, die Menge der böhmischen Protestanten, es waren unter ihnen kluge Köpfe in Menge, hochgemute Herzen in großer Zahl, mutige Durchdenker und Durchfechter der schwierigen Lage zu vielen vorhanden. Mochte der Majestätsbrief mit Widerstreben erneuert worden sein, genug, er war erneuert worden, sein Dasein war nicht zu leugnen, es stand der Name Matthias darunter, und darum bestand der Protestantentag, der am 21. Mai 1618 zusammentrat, zu Recht. Bestand zu Recht trotz der Drohung des Kaisers, er werde keinen neuen Protestantentag dulden, trotz der ungnädigen und barschen Antwort des Kaisers auf die beschwerende Eingabe der vorher von den Defensoren einberufenen Protestantenversammlung, in welcher Antwort sogar davon die Rede gewesen war, die Urheber der Unruhen vor Gericht zu stellen. Die Urheber, das sollten nämlich die protestantischen Häupter sein, nicht die katholischen Bedrücker. Wieder lagen die Namen Martinitz und Slawata auf allen Zungen als der schlimmsten unter den zehn Statthaltern. Man wollte wissen, der Brief des Kaisers sei in Prag auf dem Hradschin durch sie entstanden und dem Kaiser nach Wien nur zum Unterschreiben gesandt worden.

Der alte Graf Matthias Thurm strich zwei Tage lang bedächtig seinen kurzen grauen Vollbart, während sich in der Versammlung die bittersten Klagen und Beschwerden häuften. Am dritten Tag war die Waagschale voll. Da standen die Teilnehmer des Protestantentages wie ein Mann auf und schritten nach dem Hradschin hin, um die Statthalter Auge in Auge aufzufordern, sich zu äußern.

Es war ein schöner Maientag, und der Kriegsknecht, der an der Mauer eines Gebäudes des Hradschin auf einem Stein saß, lehnte sich wohlig zurück und legte sich schließlich, die Hände unter dem Kopf verschränkt, ganz auf den Rücken nieder. Fern unten unter dem turmreichen Hradschin toste der Lärm der Stadt als ein verworrenes Geräusch. Im Gebüsch probte eine Nachtigall ihr Lied für den Abend, wie spielerisch wiederholte sie die einzelnen Strophen und machte längere Pausen dazwischen. Auf einem Hof in der Nähe gurrten Tauben in den Sonnenschein hinein und gackerten, von Licht und Wärme lebhaft angeregt, die Hennen.

Dieser Gottesfriede aber wurde auf einmal durch laute und scheltende Stimmen, die sich hinter den offenen Fenstern des Schlosses über dem Ruhenden erhoben, unliebsam gestört. Es war drinnen ein heftiger Wortstreit ausgebrochen. Der Soldat lauschte, konnte aber nur unzusammenhängende Worte vernehmen. Deutlicher wurde ihm die Sache erst dann, als fast gleichzeitig in zwei Fenstern Köpfe und Schultern je eines Mannes erschienen. Den wild und angstvoll verzerrten Gesichtern folgten rasch und fast gleichzeitig die Körper nach, kräftige Arme und Hände, die die beiden hielten, kamen zum Vorschein; als die beiden Männer in der Luft schwebten, ließen die zupackenden Hände los, sodass die beiden Körper in die Tiefe sausten. Gleich darauf flog noch ein Dritter wie ein Federball zum Fenster heraus. Es gab ein hässliches, dumpfes Geräusch, als so die drei Leute aus einer Höhe von fast vier Manneslängen auf den Boden stürzten. Der Soldat sprang erschreckt auf. Wusste er auch, dass es in Böhmen von alters her Sitte war, missliebige Personen zum Fenster hinauszustürzen, so hatte er doch ein Beispiel dieser wenig zarten Art bisher noch nicht erlebt. Er lief zu den Gestürzten, denen die Hüte vorausgeflogen waren, und wollte ihnen seine Hilfe angedeihen lassen. Am Leben hatte der Fall den Männern, wie er sich alsbald überzeugte, nichts geschadet, denn weicher Boden hatte den Sturz gemildert, aber verletzt waren sie anscheinend doch und unfähig, sich zu erheben. Nur der dritte krabbelte mit einiger Mühe auf seine Füße und rannte dann, hustend und sich die Seite haltend, davon. Während der Soldat noch bei den beiden anderen verweilte und sich eben wandte, um Hilfe herbeizuholen, damit die Verletzten fortgeschafft werden konnten, wälzte sich schon ein Volkshaufen mit Geschrei am Schloss daher. Sie führten bereits Tragbahren mit sich, der Soldat sah, dass man ihn also hier nicht mehr brauchte.

So schlenderte er zum Portal, um zu erfahren, was es gegeben habe und wer die Hinausgeworfenen seien. Er hörte die Namen Martinitz und Slawata und des Schreibers Fabricius nennen. Niemand hielt ihn an, als er einen der Eingänge des Schlosses durchschritt und gemächlich die breite Treppe hinaufstieg. Überall standen die Gruppen zu zweien und dreien zusammen. Die meisten redeten lärmend und fuhren mit den Händen in der Luft herum. Andere sahen bedrückt aus und blickten stumm und ernst vor sich nieder. Einmal tönte ein breites Lachen durch die Halle. Da sich aber mehrere mit verweisendem Ausdruck nach dem Lacher umdrehten, verstummte dieser plötzlich und zog seine Schärpe zurecht. Es war im ganzen Schloss ein geschäftiges Zu- und Abgehen. Als der junge Soldat sich eben wenden wollte, um das Schloss wieder zu verlassen, klopfte ihm jemand von hinten auf die Schulter. Er drehte sich um und zog achtungsvoll den breiten Hut, denn vor ihm stand sein Rittmeister, der Graf Treuenbach.

„Gut, dass ich Euch hier treffe, Korporal Baumgarten. Ich habe eine Order für Euch. Die Herren brauchen dringend einen Boten, um eilige Einladungen auszutragen. Es ist das zwar eigentlich, wie ich Euch von vornherein zugestehe, keine Aufgabe für einen Soldaten, aber wenn große Dinge vorgehen, dann kann nicht alles nach der Schnur gerichtet werden. Ihr könnt Euch zudem einer guten Sache widmen. Ich weiß, Ihr seid gut lutherisch. Die Herren sind eben dabei, eine neue Regierung zu bilden. Mit den Herren Statthaltern ist es aus, ja mehr, als das, auch mit dem hohen Herrn in Wien und dem gottseligen Ferdinand. Böhmen ist in der Hand seiner eigenen protestantischen Regenten. Der Protestantentag wird sich als Landtag konstituieren, dreißig Direktoren sollen als Regierung eingesetzt werden, und da auch die katholischen Kreise, soweit sie ehrlich böhmisch sind, die Verärgerung gegen die Wiener Regierung teilen, so soll eine Reihe dieser Herren zu den ferneren Beratungen zugezogen werden. Kommt mit mir zum Grafen Thurn, dort liegt die Liste der zu Ladenden."

Der Korporal Baumgarten erklärte ohne Weiteres seine Bereitwilligkeit. Die Größe des Augenblicks war ihm sofort bewusst, und mit Feuereifer wollte er seinen bescheidenen Anteil mitwirken. So lief er an diesem denkwürdigen Tag mit gewichtigem Schritt durch viele der Gassen und Straßen des alten Prag und sagte mit Bescheidenheit und Festigkeit sein Sprüchlein auf, so ihm der Graf Thurn aufgetragen.

Kaiser Matthias überlebte diese Vorgänge kein Jahr. Mit Ferdinand, seinem Nachfolger, der sich die Bekämpfung der Ketzerei als Lebensaufgabe gestellt hatte, war keine Verständigung zu erhoffen. Sie wurde auch gar nicht angestrebt. Böhmen hatte sich von Habsburg losgesagt und ging auf die Suche nach einem neuen Monarchen. Unterdessen wurden Heere gerüstet und Schlachten geschlagen. Dreimal zitterte Wien, da Thurn bis dicht vor die Mauern der Stadt gedrungen war, das dritte Mal als Verbündeter mit Bethlen Gabor von Siebenbürgen. Mansfeld erstürmte Pilsen. Aber das Kriegsglück wechselte, und der neugewählte König von Böhmen, Mähren und Schlesien, Friedrich V. von der Pfalz, wurde Böhmens Unglück. Er entfremdete sich Edelleute und Volk, im Heer riss Zuchtlosigkeit ein. Und so kam es, dass die Tränen der Mutter des unglückseligen Winterkönigs nicht umsonst geweint worden waren, als sie ihn in Glanz und Pracht von Heidelberg nach Böhmen hatte davonreiten sehen. Es waren aber nur die ersten bitteren Tränen in der Tragödie des Böhmerlandes gewesen.

Denn solche Tränen rannen nach dem 8. November des Jahres 1620 in den Häusern von Prag wie im ganzen Lande. Kummer sprach aus dem zerfurchten Antlitz und dem verängstigten Blick der Frau des Schustermeisters Brunner in

der Kettengasse in der Altstadt, als sie im Dezemberwind über den schmutzigen Hof ihres Hauses zu einem windschiefen Schuppen schritt und die Leiter zum Boden darin emporkletterte. Da oben war ein Verschlag abgeteilt, an dessen Tür die Frau klopfte.
„Nur herein, schöne Wirtin!", rief eine heitere Stimme, die, während die Meisterin eintrat, fortfuhr: „Kenne ich doch Euren Schritt so gut wie irgendetwas. Übrigens auch die Tageszeit, denn mein Magen sagt sie mir ganz untrüglich. Hervor mit Eurem Suppentopf, Frau Meisterin, dass wir Eurer Kochkunst die ihr gebührende Ehre antun können!"
Der Sprecher sagte das mit einer Heiterkeit, die zu seiner Lage und zu seinem Obdach wenig zu passen schien. Er zeigte ein junges, einnehmendes Gesicht, mit dunklen Locken umrahmt, und auch aus der jetzigen Abgezehrtheit seiner Züge sprach ein unzerstörbarer Frohsinn. Er lag auf einer alten ausgehobenen Tür, die mit wenig Kissen und viel alten Kleidern zu einer Art Bett hergerichtet worden war. Zwei ähnliche Lager befanden sich in der anderen Ecke. Ihre Benutzer standen an der Giebelwand des Verschlags, hatten die kleine Luke geöffnet und starrten sehnsüchtig in den blaugrauen Himmel und die kahlen Bäume auf den Bergen in der Ferne. Als Frau Brunner erschien, drehten sie sich um und grüßten sie durch Kopfnicken.
„Ach, Herr Kompes", sagte die Frau, während sie aus ihrer Schürze einen dampfenden Topf wickelte, „trotz Eurer Wunde seid Ihr zu beneiden. Ich gäbe etwas darum, wenn ich das Leben so leicht nehmen könnte wie Ihr."
„Wie steht's in Prag?", fragte der eine der beiden anderen.
„Schlecht, Herr Leutnant, und immer schlimmer wird es. Die Seligmacher gehen um, und jeden Tag fürchte ich sie auch bei mir ins Haus treten zu sehen. Ach, meine Anne!", und sie schlug schluchzend die Schürze vors Gesicht.

„Tröstet Euch, Frau Brunner", versetzte der Dritte. „Ihr werdet dem Schlimmsten entgehen können, zumal wenn wir Euch erst nicht mehr zur Last fallen. Gott lohne Euch, was Ihr an uns getan habt! Unser Versteck ist bisher nicht verraten worden und wird es auch wohl in den wenigen Tagen nicht werden, die wir hier noch zuzubringen gedenken. Gestern war ich, wie Ihr wisst, wieder einmal in Eures Mannes Kleidern in der Abenddämmerung ausgegangen. Da habe ich das Letzte eingefädelt. In der Nacht zum Donnerstag liegt in der fünften Stunde der Kettengasse gegenüber an der Moldau ein Kahn. Proviant und Waffen sind dicht dabei an einem sicheren Ort. Balduin Kompes versichert, dass er sich bis dahin ganz gut auf die Beine machen könne. Er ist in den letzten Tagen schon des Öfteren aufgestanden und hat auf dem ganzen Boden sein Gangwerk versucht. Die Schulterwunde ist fast geheilt, und so hält uns nichts mehr, dass wir Euch noch länger in Gefahr zu bringen brauchten."

„Gott helfe Euch allen durch, Herr Korporal Schüßler!", entgegnete die Meisterin. „Freilich wird es auch für uns Zeit, uns davonzumachen und Haus und Heimat hinter uns zu lassen, so bitter uns auch der Schmerz darum ankommen mag. Man scheint bisher noch nicht auf uns aufmerksam geworden zu sein. Mein Mann traut aber dem alten, verkommenen Gesellen von gegenüber nicht, von dem man nicht weiß, wie er sich ernährt, und den er schon wiederholt in sehr bedenklicher Gesellschaft gesehen hat. Wenn er ihm begegnet, hat dieser Oertlein immer ein seltsam höhnisches und hämisches Lächeln im Gesicht."

„Oertlein, sagt Ihr?", bemerkte Schüßler.

„Ja, Erwin Oertlein", bestätigte die Frau.

„Der Name hat für mich einen bösen Klang. Es hängt keine gute Erinnerung für mich daran, denn ich bin diesem Kerl schon einmal begegnet", erwiderte der Korporal. „Wenn der uns hier ausspioniert, Walter, so sind wir geliefert, und unsere braven christlichen Wirte dazu. Für Geld verkauft dieser Oertlein seine arme Seele. Wir dürfen die Flucht nunmehr keinen Tag mehr aufschieben."

„Kommt, Brüder, kommt, die Suppe wird kalt!", rief es von dem sogenannten Bette her. „Diese Suppe ist ein hervorragendes Mittel zur Flucht. Schon die ersten Löffel voll haben mich überzeugt, dass Riesenkräfte darin schlummern."

„Wir haben unsere Ziege geschlachtet", seufzte Frau Brunner, „wir können sie ja doch nicht dahinten lassen, wenn wir nächste Woche unsere Straße ziehen."

„Schade, schade", bemerkte Kompes, „dass wir uns trennen müssen. Ich hatte mich schon immer so sehr auf einen Spaziergang mit Jungfer Anne gefreut."

Die beiden anderen rückten sich Holzklötze vor das Bett des Verwundeten und begannen mit diesem eifrig in dem Topf zu löffeln, während Frau Brunner gedankenvoll in den Hof hinabsah und überlegte, welches wohl die Nacht sein möchte, in der die katholischen Dragoner an ihre Haustür klopfen würden und ob sie und die Ihrigen wohl bis zur kommenden Woche noch verschont bleiben möchten. Dann sagte sie: „Wie es im Winter mit Euch hätte werden sollen, Ihr Herren, hätte ich auch wirklich nicht gewusst. Ein wahres Glück, dass wir bisher noch keine scharfe Kälte gehabt haben, so unangenehm auch jetzt schon manchmal der Wind durch die Ziegel pfeift."

„Nun, damit wären wir schon fertig geworden", wandte der unverwüstliche Kompes ein, „dann hätten wir uns einfach unten im Schuppen in das Heu und Stroh gewühlt wie ein paar Mäuse und auf den Mansfelder gewartet.

„Hätten wir lange warten können, Kamerad", erwiderte lächelnd der Leutnant Baumgarten. „Der Mansfelder ist nach der Pfalz gezogen und ebendahin wird unser Weg führen."

„Ei! An den Rhein!", fuhr Kompes auf und wischte sich den Mund. „Soll ich meinen Heimatstrom sehen! Das macht mich auf der Stelle gesund."

Frau Brunner nahm den Topf und wandte sich zum Gehen. „Grüßt Euren Eheherrn und die Jungfer Anne", sagte Schüßler, „und habt guten Mut! Wir werden uns schon durchschlagen, und wie es so vielen böhmischen Familien gelungen ist, in die protestantischen Länder zu entkommen, so wird auch Euch das möglich sein. Es werden wieder gute Tage kommen, und dann werden wir Euch besuchen und uns von dieser schlimmen Zeit als einem vergangenen bösen Spuk und schauderhaften Abenteuer erzählen."

„Das gebe Gott, Herr Korporal", erwiderte die Frau, während sie sich anschickte, die Leiter hinabzusteigen. „Ich meinerseits glaube nicht daran. Mir sagt ein unbestimmtes Gefühl, es werde jetzt erst recht noch schlimm werden. Jahre des Jammers und des Elends werden noch kommen."

Viele Wochen schon saßen die drei Kriegskameraden im Verborgenen bei dem Schustermeister Alois Brunner in der Kettengasse auf dem Schuppenboden. Es war ein erbärmliches Leben, aber es war doch noch ein Leben, und da sie jung waren, so hatten sie die Hoffnung, dass sie sich nicht lange mehr zu verstecken brauchen würden. Sie konnten sich sogar glücklich schätzen, und sie taten es auch zuweilen, denn in die Gefangenschaft des bayerischen Maximilian zu geraten, verspürten sie nicht die geringste Lust. Wie ein wüster Traum, den man sich nur mit Mühe in der Erinnerung zurechtlegen kann, lagen die Ereignisse der schweren ersten Novemberwoche hinter ihnen. Seit der fröhliche Rheinländer Kompes in dem Weinberghäuschen am Weißen Berg den Schuss in die linke Schulter davongetragen hatte, seit ihn da der Leutnant Baumgarten, mit dem er in einer Kompanie als Gemeiner gestanden, bevor die Kriegsfortune

Baumgarten auf einen höheren Posten gehoben, verteidigt, und den Kroaten, der den Verwundeten mit einem Dolch bedrohte, mit einem guten Schwertstreich niedergemacht hatte; seit dann, als die Flucht der böhmischen Armee sich nach Prag hineinwälzte, der Leutnant den Musketier durch Hilfe eines Dragoners durch das Getümmel geschleppt und dieser Dragoner sich als der vormalige Tuchmachergeselle Lorenz Schüßler zu erkennen gegeben hatte, seitdem hatte sich Schweres in Böhmen zugetragen. Als die Flucht des Winterkönigs in dem stillen Asyl in der Kettengasse bekannt geworden war, da hatte Lorenz ingrimmig mit den Zähnen geknirscht, Baumgarten heftig und verächtlich ausgespuckt und Kompes hatte einen wegwerfenden Lacher getan.

Schüßler setzte jetzt seinen Gefährten den Fluchtplan auseinander, soweit sie ihn nicht kannten. Baumgarten hatte sich übrigens ebenfalls an den Vorbereitungen beteiligt und war in Verkleidung und unter Verachtung der Gefahr oft genug in den Gassen von Prag umhergestrichen. Alles war wohlbedacht und gut vorbereitet. Alle drei, Kompes, der erklärte, schon wieder Bäume ausreißen zu können, mit inbegriffen, begannen ihre Ausrüstung zusammenzusuchen und herzurichten.

Drei Nächte später standen sie im schwankenden Kahn und waren im Begriff, eben abzustoßen, als sich im Dämmerlicht der untergehenden Mondsichel eine dunkle, zusammengeduckte Gestalt von der nächsten Hausecke löste, der drei andere größere eilfertig folgten. Es klirrten Waffen, das Mondlicht blitzte auf einer Degenscheide. „Halt, ihr lutherischen Hunde!", keuchte eine heisere, Lorz noch gut bekannte Stimme. Im Halbdunkel glommen Lunten. Zwei der kaiserlichen Soldaten legten ihre Musketen auf die Gabeln und machten sich schussfertig; der dritte und der Mann, der die Soldaten geführt, sprangen ans Ufer und langten mit mitgebrachten Haken nach dem Bord, um das Boot heranzuziehen. Baumgarten zog schnell sein Messer und schnitt das Halteseil durch. Lorz Schüßler erhob seine Muskete und schmetterte sie dem in seiner Gier auf die zu erhoffende Belohnung ins flache Uferwasser gewateten Oertlein, den er so deutlich wie einst erkannte, auf den Kopf, dass der Getroffene lautlos in den Fluten versank. Kompes durchschlug mit kräftigem Schlag des Ruders dem anderen den hölzernen Hakenstiel, sodass der Mann, der aus Leibeskräften gezogen hatte, hinterrücks zu Boden fiel. Dann hielt er den Kahn an einem Pfahl fest, Baumgarten und Schüßler sprangen wieder ans Ufer den beiden Schützen entgegen, damit ihnen diese nicht zu Verrätern werden und ihnen weiter unten am Fluss neue Hindernisse bereiten konnten. Baumgarten gewahrte mit grimmigem Behagen, wie selbstverständlich sich Lorz an das blutige Handwerk des Krieges gewöhnt hatte, denn kaum war der Schuss auf den Kahn zu losgegangen, als Lorz auch schon den Schützen überrannte und ihn mit sicherem Stoß für immer unschädlich machte. Der andere Schütze verzichtete auf den Schuss, zog seinen Hieber und fiel den Leutnant an. Es war ein wildes, verzweifeltes Fechten, aber der Leutnant war ein überlegener Gegner, obgleich ihm der andere gleich zu Beginn den Unterarm aufgeritzt hatte. In wenigen Minuten fiel auch der zweite der kaiserlichen Soldaten. Es blieb nur noch der Mann am Ufer, der sich inzwischen aufgerafft und in eiligen Sätze zu fliehen versuchte. Die drei Freunde durften aber keinen ihrer Gegner übrig lassen, deshalb war ihm Lorz alsbald auf den Fersen und stieß ihm die Faust in den Rücken, sodass der Soldat zum zweiten Mal stürzte, aufs Gesicht. Lorz wollte ihn schonen und nur knebeln und binden. Baumgarten aber ließ ihm nicht die Zeit, diese Absicht auszusprechen, vielmehr war er im Augenblick bei Lorz und spaltete dem Soldaten den

Schädel. Als ihm Lorz leise und heftig Vorwürfe machte und auch etwas von unehrenhafter Handlungsweise vernehmen ließ, erwiderte Baumgarten kalt: „Du vergisst, mein Lorz, wir sind im Krieg, und es gilt unser Leben. Auch das unserer wackeren Wirtsleute. Besser, ein Mund ist für immer stumm als nur für eine kurze Weile. Wenn man die Leute vermutlich erst am Morgen findet, sind wir schon stundenweit fort, und diese nächtliche Tat kann nur Vermutungen erwecken. Ein sprechender Mund gäbe deutliche Weisungen."
So fand sich auch Lorz ab, und nun stiegen sie ein; Kompes ließ den Pfahl los, und das Boot glitt, von vorsichtigen Ruderschlägen getrieben, die Moldau abwärts. Kaum hatten die Fahrenden die Mitte des Flusses erreicht, so fühlte der Leutnant, dass sich seine Sohlen nässten. Die Kugel des einen Schützen musste ein Loch in die Planken gerissen haben. Kompes, der alsbald die gleiche Wahrnehmung machte, riss einen Fetzen seines Hemdes ab und stopfte damit das Loch, nachdem er es nach vielem Tasten gefunden hatte.
Wenn die drei Flüchtlinge zu Anfang ihres Weges durch die Kettengasse etwas bänglich um den Ausgang ihres Unternehmens gewesen waren, das Abenteuer am Ufer hatte ihnen alle Zaghaftigkeit genommen, sie fühlten sich in ihrem Element, frisch und befreit; sie hatten an sich verspürt, dass die alte kriegerische Tatkraft und Unternehmungslust noch in ihnen wach werden konnte und nicht auf Brunners Schuppenboden geblieben war. Kompes zumal hätte zu gern ein Liedlein gepfiffen, und nur mit Mühe raffte er sich zusammen, um dieser Regung nicht nachzugeben, denn die Fahrt durch die nunmehr feindliche Stadt, die überall von kaiserlichen Soldaten wimmelte, war bedenklich. Schüßler überlegte eben, dass es doch gut gewesen war, die Begleitung des Meisters Brunner abzulehnen, der die drei Freunde gern noch zum Schiff gebracht hätte. Seine Gegenwart

bei dem nächtlichen Gefecht hätte die Lage unzweifelhaft sehr verschlechtert, und es war eine glückliche Eingebung von ihm gewesen, darauf zu bestehen, dass der sehr herzliche und innige Abschied hinter der geschlossenen Haustür vor sich ging. Die Ruder plätscherten nur leise. Das Boot schwamm mitten in der Strömung. Die Ufer an beiden Seiten waren kaum zu erkennen, und doch musste man darauf gefasst sein, dass da und dort Späher den Strom bewachten. Als die Häuser des linken Ufers schon mehr zurücktraten und seltener wurden, hielten die Fahrenden mehr auf dieses zu, um sich der Sicht vom rechten Ufer aus zu entziehen. Zustatten kam ihnen, dass der Mond jetzt noch weiter im Westen stand als zu Beginn ihrer Fahrt und dass er sich außerdem hinter einer Wolkenbank verkroch. Baumgarten hatte lange genug in Prag zugebracht, um das Fahrwasser der Moldau ziemlich genau zu kennen. Er hatte die Führung und steuerte mit Vorsicht, sodass das Boot auch an den Brücken nicht auffiel, weil er dort in die Schatten der Ufermauern lenkte. Auf der letzten Brücke aber sahen die Freunde schon von ferne eine sich scharf vom Himmel abhebende Gestalt, und zum Unglück schien in diesem Augenblick der Mond gerade durch eine Wolkenlücke. Baumgarten steuerte auf die etwas dunklere Uferseite zu. Schnell flüsterte er den beiden anderen zu, sich in die Riemen zu legen, was das Zeug hergeben wolle. Pfeilschnell schoss das Boot auf die Brücke los, aber der Posten hatte es doch bereits bemerkt und rief ein barsches Halt! Ehe er indes seine Büchse anlegen oder Beistand herbeirufen konnte, hatte Kompes sein Pistol gezogen und den neuen Feind durch einen gut gezielten Schuss niedergestreckt. Die Bootfahrer hörten ihn grässlich stöhnen und sich auf der Brücke umherwälzen, als sie darunter hindurchfuhren. Es wurde dunkler, denn der Mond war nun völlig verschwunden. Prag lag hinter ihnen.

In der ersten Morgendämmerung legten sie am linken Ufer an, schwangen sich ihre Felleisen um, ergriffen ihre Waffen und ließen das Boot treiben. In einer Sandgrube kochten sie sich ein bescheidenes Frühmahl, und dann begannen sie ihre Wanderung westwärts.
Mit großen Mühen und Gefahren war sie verbunden. Der Winter brach an und brachte bald grimmige Kälte. Aber die drei Flüchtlinge waren aller Entbehrungen und Mühseligkeiten ungeachtet guten Mutes. Pilsen vermieden sie, wie sie überhaupt größeren Orten aus dem Wege gingen. Hin und wieder fanden sie einen mitleidigen Bauern, der sie einige Tage in seiner Scheune sich ausruhen ließ und ihnen Nahrungsmittel zusteckte. Oft trafen sie andere böhmische Versprengte und erwogen dann, ob es wohl auch den Brunnersleuten gelungen sein möge, die rettende Flucht zu ergreifen und zu einem glücklichen Ende zu führen. Von Kompes mussten die beiden anderen eines Tages nicht mehr weit von der bayerischen Grenze schweren Abschied nehmen. Der nur halb Genesene konnte schließlich auch mit seinem besten Humor die körperlichen Leiden nicht mehr überwinden. Seine Wunden brachen wieder auf, und sein Befinden wurde von Tag zu Tag schlechter. In der Gegend von Plan starb er unter ihren Händen. Er sollte den Rheinstrom, auf den er sich so gefreut hatte, nicht mehr sehen. Mit einem im Feld gefundenen Spaten gruben sie dem treuen Kameraden an der Landstraße ein Grab. Viele Opfer an Menschenleben hatte ihre Flucht nun schon gekostet. Endlich ragten die Gipfel des Fichtelgebirges vor ihnen auf, und Baumgarten schlug vor, bei der Frau Mechtildis Bayerlein in Marktredwitz Quartier zu nehmen und sich einige Tage für den Weitermarsch weidlich zu stärken. Aber Lorz Schüßler schüttelte nur stumm und verbissen den Kopf. Nur die Waldhütte des Försters Wildenhagen verschmähten

sie nicht, sondern verbrachten dort einige Tage und Nächte. Beim Abzug nagelte Schüßler einen Abschiedsgruß an den Förster auf die Tischplatte. Dann ging die Reise weiter nach der Pfalz.

Die Kriegsgöttin zeigte längst das Antlitz einer Furie. Ihre Diener hatten das Menschliche abgestreift. Von Dämonen besessen führten sie den Kampf nicht nur gegen den Gegner in Waffen, sondern gegen alles, was ihnen in den Weg lief. Der Blutrausch hatte sie erfasst, sie ließen sich von der Wollust der Grausamkeit kitzeln. Brandgeruch begeisterte sie zu Orgien scheußlichster Art. Der Menschheit Genius verhüllte weinend sein Haupt. Er wollte nichts mehr sehen, nicht die nackten Leichen der Bauern auf dem Dunghaufen, nicht die der Bürger in ihren verbrannten Häusern, nicht die an Piken gespießten unschuldigen Kinder, nicht die Schmerzen und Wunden der Gemarterten, nicht die Verzweiflung der geschändeten Frauen und Jungfrauen bis zum zartesten kindlichen Mägdelein herab, nicht die Gräuel sinnloser Verwüstung, nicht die Gier nach Beute, nicht das Sodom und Gomorrha in den Kriegslagern, nicht die blindwütige Eifersucht um Ruhm und Gewinn unter denen selbst, die sich Kameraden nannten, nicht die hohnlachende Verwerfung von Treue und Glauben, nicht, wie auch der gute Kern der Besseren anfaulte und verdarb, bis kaum ein Fünklein davon übrig geblieben war. Der Menschheit Genius war geflohen, weit weg, auf einen anderen Stern oder zu unbekannten Völkern, die man mit grausiger Vermessenheit Wilde nannte, in ferne Erdteile.

Um die Religion war der Krieg begonnen worden. Da hatten Protestanten gegen Katholiken gestanden. Bald aber mischten sich höchst weltliche Dinge in die blutigen Auseinandersetzungen, wie es zu Anfang erst nur in schwachen Andeutungen der Fall gewesen war. Es ging um die Macht des Kaisers, es ging um die der Reichsfürsten. Vor den Grenzen des Reiches lauerten dazu die fremden Mächte auf den Augenblick zum Eingreifen, um an dem großen Feuer, das Deutsche unterhielten, ihr Süpplein zu kochen. Sie griffen dann auch tatsächlich ein, um Deutschland zu zerstückeln und zu schwächen. Die Fäden der Beziehungen politischer Art wurden zu einem kaum zu durchdringenden Gewirr. Kein Wunder war es da, wenn die Soldaten selber nicht mehr auf Gesinnung hielten, sondern heute dem und morgen jenem zuliefen, denn es wurde von den Heerführern nicht mehr danach gefragt, ob ihre Söldner Luther oder dem Papst anhingen. Wo die Fortune winkte, dahin liefen sie zu Scharen, wo die größere Aussicht auf Beute und Beförderung war, wo die Zucht am wenigsten streng gehandhabt wurde, wo das lockerste Leben geführt werden konnte.
Bei Wimpfen war im Mai eine Schlacht geschlagen worden, zwei Jahre nach der Flucht der drei, die sich in Prag zusammengefunden hatten. Tilly hieß der Sieger, der Markgraf von Baden-Durlach war der Unterlegene. Die kaiserlichen Soldaten glühten noch an dem Tag nach der Schlacht von Glorie und Wein. Neben einem Bauernhaus, dessen Dachstuhl zum Teil eingestürzt war und das mit seinen angekohlten Dachsparren und eingeschlagenen Fenstern und Wänden anderen unheimlich vorgekommen wäre, saß eine Gesellschaft von Reitern lärmend, trinkend und knöchelnd umher. Sie waren in ihrem Element. Der Anblick war ihnen vertraut und lieb. Es ließ sich nie behaglicher zechen als in solch einer Umgebung. Sie schwitzten weidlich. Teils

wegen der Wärme des Tages, teils wegen der großen Feuer, an denen gesotten und gebraten wurde. Überall aus dem Dorf erschollen die hellen Todesschreie der Schweine und das Brüllen der Kühe. Soldaten liefen ab und zu mit Fleischerbeilen und blutigen Messern. Andere trugen Schweinehälften auf den Schultern. Einer, der sich offenbar darauf verstand, brachte ein Melkgeschirr voll sauberer Milch, die er eben kunstgerecht in einem der Ställe gemolken hatte. Ein anderer fragte ihn lachend, wo die kleinen Kinder für die Milch seien. Im Übermut trat er gegen den Eimer, sodass die Milch in einem großen Schwall herausplatschte, worauf ihm der Melker das Gefäß mit dem Rest der Milch über den Kopf stülpte. Der Begossene riss seinen Degen heraus und wollte damit auf den anderen losgehen, aber lachend und fluchend drängten sich die Kameraden dazwischen und trennten die Kampfhähne. Ein Soldat goss mit großer Ruhe und Sachlichkeit einen Jauchekübel über ein paar noch glimmende Balken aus. Aus dem Fenster des Nachbarhauses flogen Tische, Schränke und anderes Hausgerät. Es wurde zerhackt, und mit dem Holz wurden die Kochfeuer genährt. Zwei wüste Gesellen brachten auf der Straße einen weißhaarigen Bauern und ein junges Mädchen daher. Der alte Mann konnte sich kaum von der Stelle schleppen, dazu rann ihm Blut vom Kopf. Er hatte offenbar nicht, wie die anderen Dorfbewohner, fliehen können, und seine Tochter hatte ihn nicht verlassen wollen. Aus dem finstersten Winkel eines Kellers waren sie aufgestöbert worden. Der Alte bat, während sie eben vorübergeführt worden, in herzzerreißenden Tönen, doch wenigstens seine Tochter zu schonen und sie ruhig entlaufen zu lassen. „Halt's Maul, Weißschädel!", schrie ihn der eine Reiter an. „Du bist ein Spion. Mit dir werden wir nicht lange Federlesens machen."

„Hahaha", lachte der zweite, „schöne Maulwürfe, schöne

Maulwürfe haben wir da ausgegraben. Was für ein sanftes Fellchen die da hat, gerade wie ein Maulwurf!" Und er riss dem Mädchen das Gewand von der Brust und strich mit der Hand über ihren entblößten Körper.

„Seid barmherzig und macht ein Ende mit mir und mit ihr!", winselte der Bauer verzweifelt.

„Dein Wunsch soll dir erfüllt werden", hohnlachte der eine, „aber nur für dich. Deine Kathrine soll Karriere machen und eine tüchtige Reiterdirne werden."

Das Mädchen, das bisher wie geistesabwesend vor sich hingestarrt hatte, ergriff mit Blitzesschnelle eine Dunggabel, die ans Haus gelehnt dastand und führte einen wütenden Stoß nach dem Sprecher. Er wich aber geschickt aus, riss ihr die Waffe aus der Hand, umschlang sie sich wie eine wahnsinnig Wehrende und lachte: „Prächtig! Prächtig! So etwas liebe ich. Du hast Feuer, Mädchen. Ich aber habe Erfahrung darin, wilde Katzen zu zähmen. Je wilder desto besser. Du wirst mir noch aus der Hand fressen, mein Täubchen. Das sagt dir der Jäckel aus Weilbach." Er überließ plötzlich den Alten seinem Gefährten und zerrte das Mädchen in das nächste Haus, an dessen Tür ein buckeliger Mann mit zertrümmertem Kopf in einer großen Lache von Blut und Gehirn lag.

Auf dem Hof war jetzt ein langer Tisch aufgestellt, an dem Offiziere und ältere Unteroffiziere Platz nahmen und sich von ihren Jungen auftragen ließen. In ihrer Mitte saß ein bleicher Wachtmeister, dem die Fetzen einer badischen Feldbinde noch um die Schultern hingen. Sein Nachbar griff nach ihnen, und mit einem Ruck hatte er die letzten Zeichen der Zugehörigkeit zum Feind abgerissen. „Nichts für ungut, Kamerad", sagte er gutmütig, „diese Überbleibsel müssen fallen, wenn Ihr einer der Unsrigen sein sollt. Und das wollet Ihr doch, müsst es wollen. Einen tapferen Gegner, als der Ihr Euch erwiesen habt, zu sich herüberzuziehen, ist ein ebenso großer Gewinn wie eine Viktorie im Feld. Ich bin stolz darauf, das erreicht zu haben."

„Ein gottverdammter Kerl!", krächzte vom Ende des Tisches ein dicker Rittmeister, dem vom tüchtigen Essen, von der Sonnenwärme und dem scharfen Trunk der Schweiß in Strömen über das fette Gesicht lief, „rennt mich da, der Teufel hol mich, samt meinem Gaul um, dass ich denke, Ostern und Pfingsten fallen auf einen Tag."

„Schade um Eure Leute", fiel ein unglaublich langer und dürrer Leutnant ein, „wollten aber durchaus kein Quartier haben und haben gefochten bis zuletzt wie die Bestien. Ein Glück übrigens, dass der Markgraf nicht lauter solche Dragoner hatte. Säße er sonst da, wo wir sitzen."

Der fremde Wachtmeister legte sich die Hand vor die Augen. Nur einen Augenblick lang. Sein Nachbar nötigte ihm einen Becher Wein auf und trank ihm zu.

„Ihr Herren", sagte der Wachtmeister, und es war, als würge ihn etwas in der Kehle, „wollte, ich läge da, wo meine tapferen Leute sind."

„Narrenpossen!", schrie einer, der nur ein Auge hatte und hieb mit der Faust auf den Tisch. „Was sollte das wohl helfen! Ich will's Euch nur gestehen, Herr Kamerad, wenn Euch da unter dem Koller an der linken Seite etwas zwicken sollte, bin vormalen auch drüben gewesen, beim Mansfelder nämlich. Hat mich aber bis auf den heutigen Tag nicht gereut, dass ich umgesattelt bin."

„Herr Bruder", redete auf den Fremden jetzt sein Nachbar wieder ein, ein stattlicher schöner Mann, „gebt Euch drein. Sehet, die Sonne scheint einem tapferen Reitersmann überall, und beim Tilly noch ein Weniges mehr als anderswo. Kurz und gut, Ihr gefallt mir ausnehmend, am besten aber gefielet Ihr mir, als Ihr mit der blanken Klinge wie ein Wilder

auf mich einstürmtet. Mein Pfefferfresser allein hat mich gerettet, indem er Euren Hieb auffing. Dass er dann freilich Euch nicht zu Brei zerschlug, das habt Ihr hinwiederum mir zu verdanken, denn den Hieb, den er nachmalen nach Euch führte, seht, den habe nun wieder ich aufgefangen und dem erstaunten Pfefferfresser nur ein Zeichen gegeben. Da wusste er, was er zu tun hatte. Er langte Euch einfach vom Pferd herunter und zu sich hinüber. Dem Pfefferfresser kann nämlich keiner widerstehen, wenn es allein auf die Muskeln ankommt. Lederriemen hat er auch immer bei sich, und so waret Ihr im Handumdrehen ein artig Bündlein, das man drehen und werfen konnte, wie man wollte. – Grämet Euch nicht darum", fuhr er fort, als er bemerkte, wie sich die Mienen des anderen verfinsterten, „der Pfefferfresser ist eine ehrliche Haut und treu wie Gold. – Heda! Pfefferfresser!", schrie er einem vierschrötigen schwarzen Kerl zu, der mit einer toten Gans am Hof vorbeikam, „komm hierher, Pfefferfresser und tue Bescheid auf deine Beute!"
Der Kerl kam herangestapft, grinste widerlich und trank den großen Tummler, der ihm gereicht wurde, in einem Zuge leer. Er strich sich den triefenden schwarzen Schnurrbart und entfernte sich alsbald wieder mit nachlässigem Kopfnicken.
„Ist ein Oberbayer, der Pfefferfresser", belehrte den Wachtmeister sein Nachbar. „Ich selber bin ein Franke. Die Glocken von Bamberg haben über meiner Wiege geläutet. Und Ihr, wie ich nach Eurer Sprache schätze, seid gleichfalls nicht weit davon zu Hause."
„Da habt Ihr Recht, Herr Kamerad", nahm der Wachtmeister das Wort, „und im Übrigen: Ja und dreimal Ja!" Ein jähes Rot flammte über sein Gesicht. „Ich bin willens, mit Eurem Obristen zu akkordieren. Aber nur, wenn er mir ein Schwadron gibt."

„Hoho!", lachte der Dicke, „Ihr wollet gleich einen gewaltigen Sprung tun. Ihr vergesset, dass Ihr Euch erst bei uns bewähren müsst."

„Was da!", fuhr der Nachbar des Wachmeisters auf. „Bewähren! Hat es der Herr Kamerad vielleicht daran fehlen lassen? Was andere Bewährung brauchen wir als die im Feld? Und da denke ich, ist genügend geleistet. Oder wollt Ihr, Engenbach, ein zweites Mal mit Eurem Rappen Kegelkugel spielen? Überdies werde ich unseren Freund selbst dem Obristen präsentieren. An vakanten Stellen fehlt es leider oder zum Glück seit gestern nicht. Der Obrist ist ein guter alter Bekannter von mir; was gilt's, unbesehen sagt er ja."

„Ganz sicher, Meinhard", gröhlte der Dicke, „weiß der Henker, was für ein schauderhaftes Geheimnis den Obristen mit Euch verbindet. Ihr bringt das Unglaubliche fertig. Natürlich habt Ihr für Euch selbst auch schon ein Rittmeisterpatent in der Tasche, ohne Euch erst noch lange als Leutnant herumzuplagen."

Der Lange lehnte gleichfalls eine Wette ab und meinte, man könne den neuen Kameraden Lorenz Schüßler nur gleich seiner ganz sicheren zukünftigen Stellung gemäß begrüßen. Schüßler selber aber wehrte ab. Er war gar nicht so zuversichtlich.

Dennoch ritt er am anderen Tag an der Spitze eines Reiterhaufens und ließ die roten Federn seines breiten grauen Hutes mit Genugtuung im Wind flattern. Die Ausstattung und Ausrüstung war ihm billig zu stehen gekommen, denn sein neuer Freund Meinhard hatte ihm eines der besten Beutepferde zugeschanzt, ohne einen Pfennig dafür verlangt zu haben, einen prächtigen Schecken mit rosenroten Nüstern, und für das Übrige, was zu seiner neuen Stellung gehörte, hatten Schüßlers Ersparnisse mehr als gereicht.

So war der Lorz zu den Feinden seines Glaubens übergegangen. Er fragte im Grunde nicht viel danach. Es waren außer ihm noch genug Lutherische im kaiserlichen Lager, denn danach ging es schon längst nicht mehr. Hart war er geworden. Furchen zogen sich durch sein Gesicht, und eine lauernde Wildheit glühte zuweilen in seinen Augen auf. Der Krieg hatte ihm seinen Stempel aufgedrückt.

Eine tolle Nacht war dem Tage seiner Aufnahme gefolgt. Abends war der Tross im Quartier angekommen. Der Lärm zügelloser Auftritte, Gekreisch und Gelächter durchtobten die Nacht. Tanz und Musik da und dort in den noch unverbrannten Häusern und auf den Gassen und Plätzen, und Lorz, dem das schon lange nicht mehr fremd war, war nicht spröde, sondern hatte sich eine Gesellin gewählt, von weitem und bei oberflächlicher Betrachtung sanft und unschuldig aussehend, fast wie ein Madonnenbild, aber selbst unter dem wilden Kriegsvolk ging ein böses Raunen über sie um, und als die beiden gesehen wurden, da stießen sich die anderen vielsagend mit den Ellenbogen und machten verschmitzte Gesichter. Allein, Lorz überlebte auch diese Nacht und fand sogar wider Erwarten seine Gefährtin am Morgen noch bei sich und sein Hab und Gut unversehrt. Zum Staunen aller, die sie kannten, hielt sich die Dirne fortan zu Lorz und schien sich um keinen anderen Mann mehr kümmern zu wollen. Der Rittmeister Schüßler wurde ihr aber bald überdrüssig, und nun war andererseits wieder etwas, was dieses Weib noch nicht erlebt hatte. In den letzten Jahren hatte sich Lorz nicht viele Gedanken gemacht, sondern hatte es ebenso getrieben wie die anderen, nachdem er den ersten inneren Widerstand erst einmal überwunden hatte. Einen Widerstand freilich, der weit stärker gewesen war, als es dem Anschein nach bei seinen Kameraden jemals hatte der Fall sein können. Diese Scheu wurzelte in jenem absonderlich

frühen Erlebnis mit der jungen Zigeunerin Etelka. Es hatte ihn nicht lüstern gemacht. Vielmehr fühlte er jenes Geschehen mehr als einen Vorgang, bei dem ihm Gewalt angetan worden sei, und hatte eine fast krankhafte Scheu vor allem Weiblichen daraus empfangen und bei sich genährt. Diese Scheu war es eigentlich auch gewesen, die ihn letzten Endes mit dazu bestimmt hatte, seine Meisterin in Marktredwitz bei Nacht und Nebel zu verlassen. Später freilich, da hatte er, um dem Gespött seiner Kameraden zu entgehen, nachgegeben und sich in der Haltung und Führung des Lagerlebens in nichts mehr von ihnen unterschieden. Es war nun einmal so üblich, und der war ein schlechter und verdächtiger Kerl, der da nicht mitmachte. Zuletzt hatte er Betäubung gegen ein unklares Wehren in seinem Inneren, gegen eine unbestimmte Unruhe seines Gewissens darin gefunden, und eine Zeit lang war er der Tollsten einer gewesen. Nur dahin hatte er es nie gebracht, den Ekel und Abscheu zu überwinden, wenn er die verrohte Soldateska in Städten und Dörfern die Frauen und Mädchen der Bewohner misshandeln sah, wenn er zusehen musste, wie vertierte Kriegsleute diese mit Gewalt ihren Gelüsten zwangen. Das hatte er nie mitgemacht, vielmehr seinem Unmut darüber und seiner Verachtung solcher Gesellen oft Worte gegeben, ohne freilich etwas anderes zu erreichen als allseitiges Gelächter.
Juliana hieß seine gegenwärtige Zeltgenossin. Sie führte ein Messer im Strumpfband, und wenn die geheimnisvollen Reden seiner Kameraden Wahrheit waren, so hatte dieses Messer schon mehr als einmal Arbeit bekommen und Blut gesehen, das der Treulosen und Nebenbuhlerinnen. Doch hatte man der gefürchteten Juliana niemals etwas anhaben können, denn Messer tun geräuschlos ihren Dienst, und die Nacht verbirgt manches Geheimnis. Aus alledem machte sich Lorz Schüßler nichts. Mit einem gewissen Frösteln, das

beinahe in Grauen überging, bemerkte er, wie sich Juliana immer enger an ihn schloss, wie sie sogar davon redete, ihn im Leben nie mehr zu verlassen. Das schien ihm gegen die Abrede zu gehen, und er machte ihr gegenüber eines Abends in brüsker Weise gar kein Hehl daraus. Sein Gegenüber erbleichte, tat einen hastigen Griff nach ihrem zierlichen Bein, besann sich aber kurz, ließ die Waffe stecken, warf sich vielmehr vor Lorz auf den Boden und brach in einen Strom von Tränen aus. Sie habe dies wilde, ungezügelte Leben satt. Wohl sei sie eine große Sünderin, wohl habe sie viele Männer gehabt, aber bis jetzt habe sie nicht das verspürt, was die Menschen Liebe nennen. Jetzt wisse sie es. Sie habe das erfahren, und das sei ihr Glück und ihr Unglück zugleich. Der Rittmeister möge sie nur gleich töten, nicht aber von sich stoßen.

Lorz war peinlich berührt. Die Seele, die sich da ihm enthüllte, war also nicht so verworfen, wie er gedacht. Sie war einer großen und der Keim der Veredelung in sich tragenden Leidenschaft fähig. Er konnte sich aber andererseits keine Gewalt antun und vermochte es nicht, unehrlich gegen sie zu sein. Sollte er sich etwa mit ihr kopulieren* lassen? Das dünkte ihm lächerlich und gefährlich. So sprach er der Aufgeregten und ganz Maßlosen gut zu, und Juliana schien wirklich wieder zur Vernunft zu kommen. Sie löste die Arme, die sie flehend aufwärts um seinen Hals geschlungen hatte, sie trocknete ihre Tränen, mischte ihm einen Becher gewürzten Weines und sang ihm schließlich, nun schon wieder leise lächelnd, zum Lautenspiel vor. Nur, dass sie die frechen Liedlein, die sie sonst vorzog, unterschlug und Weisen spielte und sang, wie sie seit alters her im Volke umgehen. Lorz betrachtete sie eigentlich erst jetzt zum ersten Male

---

* trauen, verheiraten (d. Hrsg.)

aufmerksamer. Gewiss, sie war ein edles Gefäß und dass sie durch den Schmutz gezogen und mit schlechtem Inhalt gefüllt war, das war vielleicht nicht einmal ihre Schuld, sondern die derer, die sie zu dem gemacht hatten, was sie war. Sie war einst Kind, sie war Jungfrau gewesen, sie schien aus gutem Hause zu stammen und eine sorgfältigere Erziehung genossen zu haben als die meisten der Soldatenweiber und Lagerdirnen. Es musste doch eigentlich irgendwo in ihr ein Bodensatz des früheren reinen Inhalts zurückgeblieben sein.
Lorz wurde im Laufe des Abends nachdenklicher und nachdenklicher. Wo hatte er doch diese Lieder zuletzt gehört? Die Fichtelberge stiegen vor seinem Geiste auf, die Gesellenstube in Nürnberg, die bunte lustige und wehmütige Landstraße, Burgen, Täler, Flüsse, grüne Ebenen, Maibäume, Wintertannen, ein Hof und ein Garten und ein Mägdelein, das kaum die Kinderschuhe vertreten hatte.
Er stürzte den Becher Wein hinab, strich sich über die Stirn und zog sich auf sein Lager zurück.
Am anderen Morgen lag Juliana tot an seiner Seite. Dort, wo die langen und dichten schwarzen Haare auf den Boden fluteten, lag eine kleine leere Phiole. Lorz Schüßler duldete nicht, dass die Steckenknechte die Tote am Weg verscharrten. Er ritt ins nächste Dorf, wo inmitten der verstörten und geängstigten Bewohner, soweit sie noch da waren und soweit sie noch ein Unterkommen besaßen, der Pastor unerschüttert ausgeharrt hatte. Mit ihm hatte er eine lange und ernste Unterredung, ganz als Bittender und gar nicht als der befehlende Herr Rittmeister im roten Rock, an deren Schluss er es erreichte, dass die verstorbene Juliana von Weidenbrück in geweihter Erde bestattet werden durfte, wenn auch ohne priesterlichen Segen. Aber nach dem fragte der Rittmeister Schüßler schon nicht mehr viel. Auch der zweite Platz im Zelt blieb nur wenige Tage leer.

„Es ist ein Jammer!", sagte Frau Ridderbusch wohl schon zum zehnten Male, während sie in der weiten Halle des Untergeschosses den letzten Koffer packte und bedeutsam den alten Wolfgang ansah, der einen anderen Koffer mit Riemen verschnürte. „Ich sage, es ist ein Jammer, dass das alles so auseinanderfallen muss. Das alte gute Haus!"
„Dreihundert Jahre sind unsere Waren nach Flandern gegangen", brummte Wolfgang zustimmend. „Dreihundert Jahre. Und auch während des Krieges noch. Anno 23 habe ich selber noch den Zug geführt und trotz des tollen Christians sicher an Ort und Stelle gebracht. Seine Völker hatten ihre gierigen Klauen schon an die Wagen gelegt, als mir der Herzog in den Weg lief. Eure Fürstliche Gnaden, sagte ich freimütig und unerschrocken zu ihm, wir sind Braunschweiger und Eure Fürstliche Gnaden werden und wollen nimmermehr das himmelschreiende Unrecht zugeben, dass Braunschweiger Gut durch Soldaten geraubt werde, deren Feldherr selbst den Namen Braunschweig trägt. Da sah er mich verwundert, und, wie es schien, etwas spöttisch an, meinte kurz, da sich die Stadt seinem Bruder nicht unterwerfe, so sehe er eigentlich nicht ein, was sie von einem Feind unterscheide, wandte dann aber doch sein junges Antlitz zur Seite und winkte seinen Leuten mit der Hand, sie sollten mich

ziehen lassen. Das war kurz vor dem schlimmen Treffen bei Stadtlohn."

Frau Ridderbusch setzte ihre behäbige Fülle auf einen Koffer und trocknete sich das rote Gesicht. „Na, nun schickt das Haus Duwensee keine Waren mehr nach Flandern, denn die Fahrt, die Ihr eben erwähnt habt, Wolfgang, war die letzte. Seitdem haben wir uns hier so durchgehungert und schlecht und recht von den Vorräten gezehrt. Mehr schlecht als recht. Immer gab es nur Geld aufzubringen, um die Stadt von Truppen freizukaufen. Das Letzte wurde aus den Bürgern herausgezogen, und was sich dazu noch aus dem verödeten Land ringsum hier in der Stadt für ein Gesindel zusammengezogen hat, das nichts tut, als uns auf dem Beutel zu liegen, das weiß der Himmel."

„Diese Drangsale waren es ja auch", fiel Wolfgang ein, „was unserem seligen Herrn so schwer aufgelegen hat. Immer grübeln, wie es zu bessern wäre, immer neue Anstrengungen machen, um aus dem Elend herauszukommen, und zuletzt war es doch für die Katz. Glaubt mir, Ridderbuschen, ich habe ihn oftmals in später Nachtstunde in seiner Schreibstube seufzen hören und ihm zureden müssen, dass er sich endlich zur Ruhe begebe. Dort habe ich ihn auch an jenem schrecklichen Abend vor sechs Wochen gefunden, als er sich ganz still und unbemerkt aus der Welt auf und davon gemacht hatte. Der Kummer hatte ihm das Herz abgedrückt."

Frau Ridderbusch wischte sich eine Träne aus dem Auge. „Ach ja, Wolfgang", entgegnete sie, „es war ein so guter Herr, und sechzig Jahre ist noch gar kein Alter zum Sterben. Und doch müssen jetzt noch so viele jüngere Leute ins Gras beißen. Auch der Herzog Christian ist nunmehr schon seit einigen Monden tot. Gott hab' ihn selig. Er war ein so schöner, ritterlicher junger Herr. Ich habe ihn einmal in Wolfenbüttel gesehen, wo er seinen Bruder, den regierenden Herrn

besuchte. Er war wohl gewiss ein wildes Blut, aber ich glaube nicht, dass er ein schlechter Mensch war. Nur die tolle Amour zu der Winterkönigin hatte ihm den Sinn verwirrt."
„Na, wisst Ihr, Ridderbuschen", widersprach Wolfgang der Alten, „Euch sollten sie nicht hinzuziehen, wenn sie Weltgeschichte schreiben. Ob es so ganz allein die Pfalzgräfin war, das wollen wir lieber nicht so ganz fest behaupten. Schließlich ging es dem jungen Herrn um sein weltliches Bistum Halberstadt, das er durch den Kaiser zu verlieren drohte, und daher hat er zu den Waffen gegriffen, und weil er außerdem ein hitziges Gemüt war, das sich nur im Harnisch wohl fühlte."
„Fegt mir, Ihr seid ein allzu nüchtern gesinnter Mensch, Wolfgang", sagte Frau Ridderbusch und wollte eben mit Eifer den ritterlichen Sinn des Herzogs Christian weiter verteidigen, als eine Mädchenstimme von dunklem Klang durch das Treppenhaus hinunter nach Wolfgang rief.
Der Knecht erhob sich eilends und begab sich nach oben. In einem kleinen fast leeren Gemach des alten Patrizierhauses in der Breiten Straße zu Braunschweig saß eine in Trauer gekleidete junge Dame am Fenster und blickte auf die gegenüberliegenden Häuser. Sie war schlank, doch wohlgebaut und etwas über Mittelgröße. Über einer klaren Stirn türmte sich reiches, dunkelbraunes Haar, und stark zeichneten sich auch die Brauen ab. Das Gesicht war blass, in den Augen blinkten Tränenspuren. Sie fuhr sich rasch mit einem Tuch über das Gesicht und wandte sich zu dem eintretenden Wolfgang.
„Nun, Wolfgang, wie steht es?", fragte das Mädchen. „Wird der Wagen bereit sein?"
„Er wird morgen früh vor der Tür stehen, Jungfer Käthe."
Dann trat der Getreue einen Schritt vor und streckte beide Hände gegen das Mädchen aus: „Wollet Euch aber doch

lieber noch bedenken und die Reise verschieben. Arnd Wedderkopp wird gerne noch eine Weile verziehen, ehe er von seinem neuerworbenen Haus Besitz nimmt, wenn er hört, wenn Ihr es noch als Obdach braucht. Ihr könnt unmöglich zu einer solchen Zeit reisen."

„Nein, nein, es muss sein, Wolfgang", erwiderte Käthe mit Festigkeit, und im Trotz schürzte sie die ausdrucksvolle Oberlippe. „Ich will nichts von diesem Mann, keine Gefälligkeit von diesem Emporkömmling. Ich würde mich tief demütigen. Ich kann keinen Tag länger als notwendig ist, in seinem Haus bleiben, das mir nicht gehört. Außerdem habe ich Nachricht, dass Kaspar schon in Einbeck angekommen ist. Wie du weißt, reist er mir entgegen und will mich selber nach Kassel zu meiner Mutterschwester bringen."

„Großer Gott, Herr Kaspar ist auch schon unterwegs?", schrak der alte Knecht zusammen. „Hat er denn gar nicht gemerkt, wie sich jetzt gerade in der dortigen Gegend ein Gewitter zusammenzieht? Er muss ja doch mitten die Kriegsvölker geraten. Und so wird es auch Euch gehen, Jungfer Käthe. Ich stehe wohl noch meinen Mann", und er reckte seine straffe und breite Gestalt hoch, „aber was kann ein Einzelner gegen die Menge? So lange ich atmen kann, werde ich Euch beschützen als meines seligen Herrn teuerstes Vermächtnis. Was aber, wenn mich unterwegs etwas Menschliches treffen sollte, bevor Herr Kaspar zu Euch gestoßen ist?" Der treue Alte schüttelte bekümmert den Kopf. Käthe trat zu ihm und legte ihm die Hand auf den Arm, indem sie ihn fest und dankbar ansah. „Hab Gottvertrauen, Wolfgang. Wir werden sowohl durch die Scylla als auch die Charybdis kommen, und mehr als Stärke muss uns Schlauheit helfen. Du bist doch erfahren in solchen abenteuerlichen Zügen, und deshalb traue ich dir auch diesmal zu, dass du mich sicher durchbringst. In Kassel wirst du es dann

besser finden, als du es in der letzten Zeit in Braunschweig gehabt hast, alter, guter Wolfgang. Dort will ich dich recht verwöhnen. Du wirst schon sehen, ich mache dich zu meinem Hofmarschall."
Der Alte aber konnte sich noch nicht sobald beruhigen, auch durch den Scherz seiner Herrin nicht. Nach sicheren Nachrichten berichtete er, dass das Heer des Dänenkönigs von Wolfenbüttel südwärts gezogen sei, um die Gelegenheit klug zu benutzen, dass die Truppen des Friedländers bis auf einen kleinen Teil aus dem Halberstädtischen abgezogen waren. Christian wollte sich jetzt offenbar auf Tilly werfen und den Krieg aus dem niedersächsischen Kreis nach Süden, nach Franken und vielleicht nach Bayern tragen. Gerade deswegen sei die Zeit für Reisen mehr als bedenklich, denn nichts wahrscheinlicher, als dass es in den nächsten Tagen gerade in der Gegend, durch die sie reisen mussten, zu einem Zusammenstoß der Heere kommen müsse. Käthe meinte im Gegenteil, eben darum müsse sie sich mit ihrer Reise beeilen, damit sie schon an Ort und Stelle sei, wenn das Befürchtete eintrete, denn wie sie erfahren habe, zeige Tilly keine Lust, weiter nach Norden zu ziehen, und König Christian rücke nur langsam vorwärts. Außerdem habe dieser die Absicht, erst den Haufen Wallensteiner abzufangen, ehe sich dieser mit dem Tillyschen Heer vereinigen könne. Das alles nehme Zeit in Anspruch, und in der Zwischenzeit könne ein umsichtig geleiteter Reisewagen sehr gut zwischen den beiden Heeren hindurchschlüpfen.
Wolfgang sah, dass alle seine Einwendungen keinen Erfolg hatten. So verabschiedete er sich denn von seiner Herrin und wünschte ihr eine gute Nachtruhe, zum letzten Male in ihrem väterlichen Haus. Morgen mit dem Frühesten werde der Wagen vor der Tür stehen. Die Ridderbuschen sei auch schon mit dem Kofferpacken fertig. Er selber versäumte

nicht, als er nach dem üblichen abendlichen Rundgang durch das Haus in seine Kammer gegangen war, sein altes Pistol gut zu ölen und seinen letzten Vorrat an Kraut und Lot in sein Felleisen zu packen, und zwar so, dass er es im Notfall gleich zur Hand hatte.

Käthe von Duwensee war in eine wilde Zeit hineingewachsen. Stolzen und unbeugsamen Sinnes, wie sie war, wollte sie nicht in ihrer Vaterstadt bleiben, nachdem der Glanz des Hauses geschwunden war, nachdem auch der Bruder das Weiterbestehenlassen der Braunschweiger Firma aufgegeben hatte, um sich anderswo ein neues Dasein zu gründen. Kaum, dass er nach des Vaters Begräbnis wenige Tage verweilt und der Schwester ihre Pläne vorgezeichnet hatte, die übrigens mit ihren eigenen Absichten durchaus übereinstimmten. Sie konnte nicht auf das Ungewisse in Braunschweig bleiben. Freier fanden sich dort für das verarmte Mädchen nicht, und in ein Stift einkaufen wollte sich Käthe in ihrer Vaterstadt erst recht nicht. Übrigens konnte sie sich unter den Kaufmannssöhnen und den übrigen jungen Leuten in der Stadt, die ihrer Meinung nach für sie in Betracht kamen, keinen denken, dem sie ihre Hand zum Bund gereicht hätte. Nie auch hatte sie bei sich irgendeine Neigung dieser Art verspürt. Ihr Wesen war herb. Sie war verschlossen und wenig umgänglich, zurückhaltend und abwesend gewesen, und so hatte sich schon zu Lebzeiten des Vaters der frühere gesellige Kreis in dem Haus in der Breiten Straße mehr und mehr verkleinert, bis Vater und Tochter zuletzt fast ganz vereinsamt dagestanden hatten. Das drückte sie indessen wenig. Es hatte auch jeder mit sich selbst genug zu tun. Handel und Wandel lagen darnieder, und darunter litt naturgemäß auch die Geselligkeit. Der Ton im Verkehr der Menschen war überdies roh und rau geworden und stieß den feingebildeten Kaufherrn von Duwensee ab. Er als alter Patrizier konnte sich nicht da hineinfinden, er konnte auch nicht mit denen auf einer Bank sitzen, die sich durch skrupellose Geschäfte, wie sie aus der haltlos und zuchtlos gewordenen Zeit entstanden, bereichert hatten. Diese Leute trugen ihre ungeschliffenen Sitten mit einer Frechheit zur Schau, die ihn anwiderte. Seine Tochter fühlte das vielleicht noch stärker, sie schloss sich in dieser Zeit nur noch enger an ihren Vater an. Daher auch traf sie sein plötzlicher Tod wie ein erschütternder Schlag; und doch auch darin war sie seine Tochter. Sie besaß die Gabe trotz aller tiefen Bewegung des Innern den Kopf hoch zu tragen und niemanden in sich hineinblicken zu lassen. Das war das, was man Kälte und Hochmut an ihr schalt und worüber man jetzt spöttische Mienen zog, denn sie war ja doch eine Bettelprinzessin geworden.

Nun, ganz so schlimm war es damit nicht. Aus dem Verkauf des Hauses und der Einrichtung war ihr und ihrem Bruder auch nach Abzug der Verbindlichkeiten noch eine stattliche Summe zugefallen. Auch die Pferde und der Reisewagen waren ihr eigen, die am Vormittag des anderen Tages am Krug zu Ohrum hielten, wo Wolfgang vorgeschlagen hatte, eine kurze Rast zu machen, um sich nach den Umständen des weiteren Weges zu erkundigen und Nachrichten über den Stand der Truppen einzuziehen. Es war wenig, was er erfuhr, und dieses Wenige war nicht erfreulich. Man wusste, dass der Dänenkönig vor einer Reihe von Tagen aus Wolfenbüttel gezogen war, dass er den Rest der Wallensteiner, die unter dem Obristen de Four standen, im Halberstädtischen hatte schlagen wollen, um sich dann gegen Tilly zu wenden. Unheil musste sich aber an seine Fersen geheftet haben, denn der Wirt berichtete, dass gestern spät abends einige von den Dänenvölkern zurückgekommen waren und erzählt hatten, sie hätten gräuliche Märsche im Harzgebirge machen müssen, ohne dass sie auf den Feind gestoßen wären. Es sei zu vermuten, dass die Reste der Wallenstein'schen Truppen sich bereits mit Tilly vereinigt hätten, und fast fürchte man, dass nunmehr die gesamte Macht dem König Christian mit seinen übermüdeten Truppen zu groß sei, um ihr ernsthaft Widerstand leisten zu können. Es habe so den trüben Anschein, als werde der König bald wieder in Wolfenbüttel eintreffen, aber kaum als Sieger.

Käthe, die den Wagen verlassen und den Bericht des Wirts mit angehört hatte, war es im Augenblick klar, was diese Nachricht zu bedeuten hatte. Sie wechselte die Farbe, aber nur für die Dauer eines Blitzes, denn als Wolfgang fragte, ob er nicht doch den Wagen wenden solle, schüttelte sie stumm und mit zusammengepressten Lippen den Kopf. Da seufzte der Alte und fügte sich, indem er nach seinem Pistol fühlte. Der wurde in der Tat bedenklich genug. Bald einzeln, bald zu zweien oder dreien kamen hin und wieder Soldaten von der dänisch-niedersächsischen Armee die Landstraße daher, Flüchtige, Leichtverwundete oder mit Aufträgen Reisende, erschöpft, vom Sonnenbrand ausgedörrt, beschmutzt und bestaubt und mit beschädigten Kleidern und Waffen. Einzelne sangen und johlten in großer Gleichgültigkeit, sie waren offenbar betrunken. Wenn Wolfgang solch ungute Gesellen von weitem erspähte, und er hatte trotz seines Alters scharfe Augen, so lenkte er den Wagen, wenn es irgend ging, vom Weg ab in den Wald hinein, bis die Gefahr vorüber war. Manchmal war das freilich nicht möglich. Da wurde der Wagen als eine verwunderliche Erscheinung in solchen Zeitläuften von den Kriegsknechten denn angehalten, angegafft, und der Führer scharf nach dem Woher und Wohin befragt. Dann log Wolfgang dreist, er reise im höheren Auftrag zum König, und der Anblick einer Dame im Inneren des Wagens, und zwar anscheinend einer

vornehmen Dame, schien das zu bestätigen; oder wo das nicht verfangen wollte, und es sich vielleicht nur um einen einzelnen allzu dreisten Marodebruder handelte, da zog der alte Knecht seine Schusswaffe, und diese Entschlossenheit zum Widerstand blieb nicht ohne die gewünschte Wirkung. Nur einen verwegenen und verzweifelten Kerl, der laut prahlte, die hohen Herren brauchten es nicht besser zu haben als ein ehrlicher Musketier, und Miene machte, in den Wagen einzubrechen, war Wolfgang zum Entsetzen Käthes genötigt, mit großer Kaltblütigkeit vor den Kopf zu schießen, dass der unflätige Mensch der Länge nach auf die Landstraße fiel und sein Blut sich mit Staub mischte. Wolfgang rollte ihn rasch und ohne Scheu in den Straßengraben und deckte ihn mit Strauchwerk zu.
Es war ein heißer Tag, dieser 27. August des Jahres 1626, voll Grillengezirp und Lerchenlaut. Den Frieden aber, den die Natur entbot, hatten die Menschen nicht. Am Weg lag zerbrochenes Kriegsgerät, in den Dörfern, durch die der Wagen fuhr, waren schwarze Brandstätten, obgleich das Kriegsvolk, das da durchgezogen, eigentlich nicht der Feind war. Dem Landmann war jeder Soldat der Feind. Wolfgang trieb die Pferde zur Eile an. In Seesen gedachte man, über Nacht zu bleiben, und zwischen Seesen und Einbeck wollte man den jungen Kaspar von Duwensee treffen, wenn er sich überhaupt, was inzwischen unwahrscheinlich geworden war, von Einbeck fortbegeben hatte. So kam man nach Lutter am Barenberge. Nicht ferne mehr blaute der Harz. Das anmutige Städtlein in den idyllischen Vorbergen des Gebirges glich einem aufgestörten Ameisenhaufen. Wilde Gerüchte vom Rückzug des dänisch-niedersächsischen Heeres gingen um. Hinter Seesen sollte es zu schweren Zusammenstößen gekommen sein; in der Nacht hatte Geschützdonner die Bewohner aufgeschreckt. Wolfgang riet noch einmal zur

Umkehr oder wenigstens zu einem anderen Reiseweg. Käthe aber blieb dabei, erst noch bis Seesen zu fahren, da könne man dann sehen, was weiter werden würde. Vielleicht, dass man dort den Sturm an sich vorbeibrausen lassen könne. Dieser letztere Grund schien auch für Wolfgang etwas für sich zu haben, und so fuhr man weiter.

Der Wagen kam aber nicht mehr weit. Kaum war das Gefährt zum Tor von Lutter hinausgerollt, so kamen ganze Kolonnen von Kriegsvolk die Straße daher. Drohende Rufe wurden gegen den Wagen laut, die Befehlshaber forderten, dass er umkehre, und Wolfgang musste seine ganze Keckheit aufbieten, um das Märlein von der Botschaft an den König durchzuhalten. Langsam nur kam man vorwärts, und endlich stockte die Fahrt. Die Straße war durch Geschütze gesperrt. Dort an der Seite aber erhob sich ein einzeln liegendes Gehöft: Die Pöbbekenmühle. Wolfgang kannte sie von früher her sehr wohl und lenkte jetzt den Wagen dorthin.

„Jungfer Käthe", rief er in den Wagen, „ich fürchte, wir werden hier wider unseren Willen Aufenthalt nehmen müssen. Gebe Gott, dass wir mit unserem Willen überhaupt wieder von hier fortkommen. Indes die Mühle bietet einen nicht zu verachtenden Schutz." Mittlerweile waren sie an der Mühle angekommen. Käthe, die nun doch blass geworden war, stieg aus und sah sich verwirrt um. Wolfgang schirrte rasch die Pferde ab, brachte sie in den leeren Stall und schob den Wagen in einen Schuppen. Hühner gackerten noch auf dem Hof, aber nicht mehr lange. Eins nach dem andern wurde von den vorbeiziehenden Soldaten ergriffen und ihm der Hals umgedreht. Die Hummecke lief an dem stillstehenden Mühlrad vorbei. Das Haus machte einen unbewohnten Eindruck, und in der Tat, als Wolfgang und Käthe es betrachteten und einen Raum nach dem andern durchschritten, da war keine Menschenseele mehr zu finden.

Mit kundigem Blick öffnete Wolfgang eine Falltür und wies in den Keller: „Wenn es nötig sein sollte, müssen wir uns hier drin nach einer Zuflucht umsehen. Augenblicklich tut es anscheinend noch nicht not. Kommt in die Wohnstube und macht es Euch bequem. Es könnte sein, dass wir hier unser Nachtlager aufschlagen müssen."
Er packte die Essvorräte aus, und Käthe machte sich trotz der gefährlichen Lage mit dem frischen Hunger der Jugend darüber her. Auch ein Trunk Wasser, den ihr Wolfgang mit Wein mischte, fand sich. Draußen zogen noch immer Regimenter auf Regimenter heran. Alle Nebenwege waren von Soldaten erfüllt, und Reiter und Fußvolk zogen vielfach auch querfeldein, wo es nötig war, der Artillerie die Straße zu überlassen. Plötzlich wurde die Tür aufgerissen, ein Offizier polterte mit einer Schar Musketiere in die Stube und verwunderte sich nicht wenig, dort noch Bewohner und dazu dem Anschein nach ruhig bei der Mahlzeit zu finden. „Reitet Euch der Böse?", schrie er ohne Rücksicht auf die Anwesenheit einer Dame zu nehmen. „Macht, dass Ihr hier fortkommt! Seit drei Tagen ist der Tilly hinter uns her. Der König will sich ihm heute stellen, und Ihr sitzt mitten drinnen im Pulverfass, oder doch wenigstens zwischen den zwei mahlenden Steinen, und keinem Korn ergeht es in solcher Lage gut, noch weniger aber lebendigen Menschen."
„So zeigt uns doch einen Weg", meinte Wolfgang mit großer Ruhe. „Herzlich gerne würden wir uns von hier fortbegeben. Wir sind friedliche Reisende und wider unseren Willen und unsere Erwartungen in das Kriegsgetümmel geraten."
„So müsst Ihr auslöffeln, was Ihr Euch eingebrockt habt!" Und schon war die Flasche Wein vom Tisch verschwunden, und auch über den Esskorb hatten sich die Kriegsknechte ungeladen hergemacht. Wolfgang meinte, nun sei es wahrhaftig Zeit, in den Keller zu flüchten, und wirklich war es

keinen Augenblick zu spät, denn kaum hatte sich die Falltür über den beiden Flüchtlingen geschlossen, so brach eine schreckliche Salve von Gewehrfeuer los.

Man konnte hören, wie die Kugeln im Gebälk und Mauerwerk einschlugen. Über den Köpfen der beiden im Keller begann es jetzt auch zu krachen. Die Besatzung musste sich inzwischen auch verstärkt haben, denn Wolfgang und Käthe vernahmen eilende schwere Schritte und ein heftiges Gepolter über sich. Die Verteidiger rückten offenbar den Hausrat an die Fenster, um sich gegen die feindlichen Schüsse zu decken. Einmal geschah ein furchtbarer Schlag. Wahrscheinlich hatte eine Stückkugel eingeschlagen und schien eine ganze Hausecke weggerissen zu haben, denn vor dem einen Kellerloch, das Wolfgang vorsichtig als Ausguck benutzte, prasselte Schutt nieder und versperrte fast die Aussicht, wurde aber zugleich auch ein gewisser Schutz vor den umherirrenden Kugeln. Trotzdem geschah es, dass Wolfgang einmal zurückfuhr. Seine rechte Hand, mit der er sich am Fensterrahmen festgehalten, blutete. Er versicherte der erschrockenen Käthe indes, es sei ohne Belang und berichtete, da er trotz seiner Verwundung den Ausguck beibehielt, weiter, was er erspähen konnte.

Der Trupp dänischer Soldaten, der sich in der Mühle festgesetzt hatte, war dort auf dem Marsch nach Lutter zu hängen geblieben. Wie er, so hatten da und dort, hinter Büschen, Bäumen und Bodenwellen einzelne Abteilungen Halt gemacht, und dadurch war der Rückmarsch Christians zum Stehen gekommen. Nur auf einem Flügel, wo Tilly seine Reiterei eingesetzt hatte, wichen die Dänen und Niedersachsen, jedoch zunächst nicht lange. Das Beharren der erwähnten einzelnen Abteilungen auf der ganzen Linie wirkte ermutigend auf die weiter zurück liegenden Truppen. Die Hörner bliesen, die Luft erscholl von Kommandorufen, und

Christians Infanterie ging im Zentrum, rechts und links von der Pöbbekenmühle durch die sumpfigen Wiesen zum Angriff vor und drängte den Gegner zurück. Wolfgang konnte sie bald von dem einen, bald von dem anderen Kellerloch aus deutlich sehen. Sie hoben beim Weiterschreiten die Beine aus dem morastigen Grund hoch auf, die Gabeln ihrer Musketen sanken beim Aufstellen tief ein. Die Soldaten glitschten da und dort aus, sie fluchten wild und arbeiteten mit roten Gesichtern im Schweiße ihres Angesichts, und sie arbeiteten sich wirklich vorwärts. Da und dort sank einer im hohen Grase um, um nie wieder aufzustehen, aber die Reihen rückten nach vorne, dorthin, wo der Feind stand. Jetzt polterte auch die Besatzung der Mühle los und schloss sich den übrigen an, und immer neue Reihen kamen hinter den Anrückenden her. Es war ein wüster Lärm, ein Höllensabbat von wilden Rufen, Jammerlauten, anfeuernden Schreien und Schießen, dass die Kellermauern zu zittern schienen. Schon waren auch die Nachzügler dem Gesichtsfeld Wolfgangs entschwunden, als er rechts und links in hohen Säulen Schlamm und Wasser aufspritzen sah, und schon wurde wieder das Haus von einer einschlagenden Geschützkugel erschüttert, dass Käthe angstvoll den Arm des Getreuen packte und ihn aus der Nähe der Falltür fortzog, denn es war, als solle die Tür einbrechen unter dem auf sie niedersausenden Hagel von Balken, Steinen und Dachziegeln.

„Habt keine Bange, Jungfer Käthe", berichtete der Getreue, „die Mauern und die Decke sind dick und stark, und so sind wir in leidlichem Schutz. Einmal wird sich doch dieses Gewitter ausgetobt haben, und dann werden wir uns mit Gottes Hilfe, der uns auch hier schützt, auf die Weiterreise begeben können. Wann das freilich sein wird und mit welchen Mitteln, das mag der Himmel wissen, denn für die sichere Erhaltung unserer Pferde und unseres Wagens würde ich keinen roten Heller geben. Werden wir uns eben nach einer anderen Reisegelegenheit umsehen müssen." Er bot ihr einen Becher Wein, den er trotz der einen gestohlenen Flasche vorsorglich mitgenommen hatte und führte Käthe in eine Kellerecke, wo er ihr auf einigen Bunden Stroh einen Sitz zurecht machte. Dann begab er sich, nachdem er seine Wunde, einen Fleischriss, mit einem Tuchfetzen umwickelt hatte, wieder auf seinen Posten. Die Geschützkugeln schlugen fortdauernd auf beiden Seiten ein. Die vorgehende Infanterie Christians musste durch eine gut versteckt gewesene Batterie überrascht worden sein. Außerdem waren es, wie er beobachtet hatte, in der Hauptsache junge und unerfahrene Leute, die noch nicht daran gewöhnt waren, einem solchen Geschützangriff in Ruhe standzuhalten und auf die gefahrbringenden Feuerschlünde entschlossen loszugehen. Schon sah er die Musketiere zurückfluten. Sie hasteten, sie sprangen verzweifelt, sie fielen jetzt in Massen, und keiner kümmerte sich um den anderen. Regimenterweise sah er sie sich durch die Wiesen an der Hummecke rückwärts arbeiten. Scharen zogen dicht an der Pöppekenmühle vorbei, doch fragte keiner mehr nach der Mühle, sie strebten eilig rückwärts, dorthin, wo Lutter lag, dort mochten sie wohl die Möglichkeit eines Widerstandes erhoffen. Andere Scharen stießen mit wildem Jauchzen hinter ihnen her: Ligistisches Fußvolk, die Kaiserlichen. Es entstand ein wildes Handgemenge. Schwerter wurden geschwungen, Piken gestoßen, Gewehrkolben sausten auf die Köpfe nieder, über die sich verzweiflungsvolle Hände hoben. Auf der anderen Seite sah Wolfgang, wie Christians Reiterei vorstieß, um die Flucht des Fußvolkes aufzuhalten, sie überschritt den zweiten Hummecke-Übergang, hatte aber nicht mit dem Sumpf gerechnet, denn als sie von ligistischen Reitern angegriffen wurde und weichen musste, geriet sie in den Morast und

wurde kläglich aufgerieben. Es war ein schreckliches Beispiel, und Wolfgang war froh, dass Käthe nicht die geringste Neugier zeigte, dergleichen zu sehen. Sie saß ganz still, nur zuweilen drang ein leises Schluchzen durch das Getöse des Kampfes, und im Dämmerlicht des Kellers sah Wolfgang ihre beiden feinen bleichen Hände vor ihrem Angesicht. Dann trafen wieder Gebetsworte sein Ohr.
Mehrere Male hatten die Eingeschlossenen Tritte über ihren Köpfen vernommen. Offenbar gingen Soldaten ab und zu, aber bei der unaufhaltsamen Gewalt des Vorstürmens des ligistischen Heeres gab es in der Mühle keinen Aufenthalt. Schon schien, als sich der Abend neigte, die Hauptmacht Tillys nach Lutter weitergezogen zu sein, als sich auf dem Weg nach der Mühle wieder Pferdegetrappel hören ließ. Rufe wurden laut, Türen geworfen, und nach einer Weile rappelte es auch an der Falltür. Wolfgang und Käthe vernahmen, wie der Schutt fortgeräumt wurde, nachdem eine raue Stimme das Vorhandensein der Tür verkündet hatte.
„Gib acht, Michel!", schrie einer, „da unten steckt der Dänenkönig, in jeder Hand eine Kanone." Ein wildes Gelächter antwortete, dann wurde die Tür gehoben, und wieder rief eine Stimme: „Licht her!" Der Schein einer Fackel fiel ins Gewölbe. Ihr Träger stapfte die Treppe herab. „Hol mich der und jener!", rief er aus und spannte den Hahn seiner Pistole. „Da sitzen zwei saubere Füchse. Hoho, Schätzlein, das hätte ich heute Morgen nicht gedacht, dass ich mich zur Nacht noch so wohl betten würde." Und wieder schlug er eine wüste Lache an.
Da stand aber dann hinter ihm auf der Kellertreppe eine manierliche Gestalt, offenbar ein Offizier, und fragte: „Was gibt's da, Michel?"
„Spione, Rittmeister, und ich wollte gerade …"
„Ach was da, Spione! Die Herrschaften sehen mir nicht

gerade so aus. Sie müssen ein heißes Bad durchgemacht haben, wenn sie die ganze Bataille über da drin gesteckt haben. Mein Fräulein sind offenbar die Eigentümerin des Reisewagens oben im Schuppen? Nun, ich muss sagen, ich würde mir angenehmere Zeiten zum Reisen wählen. Die Pferde sind übrigens beide hin. Eine Kugel hat das eine zerrissen, den Rappen scheint ein Balken erschlagen zu haben. Doch will das Fräulein diesen ungastlichen Raum nicht verlassen? Es wird sich doch oben noch ein Plätzchen für Sie finden."
„Mein Herr", sagte Käthe bleich, aber mit fester Stimme, „wir sind in der Tat harmlose Reisende und wieder Verhoffen in diese schreckliche Lage gekommen. Ich bitte Euch bei Eurer Ehre, sich meiner anzunehmen und mir Euren Schutz angedeihen zu lassen."
„Die Mademoiselle kann versichert sein, dass ihr in meiner Gegenwart kein Haar gekrümmt wird. Vertraut Euch nur ruhig meinem Schutz an. – Platz da, Michel", wandte er sich rückwärts an den Kriegsknecht, „dass die Dame die Treppe hinaufsteigen kann!"
Der Kerl grinste ein Weniges, machte aber gehorsam Platz, und der Rittmeister half Käthe ritterlich aus dem Keller. Wolfgang stieg hinter ihr her, nun doch aufatmend, denn das verfluchte Knacken des Pistolenhahnes hatte ihm unbehaglich in den Ohren geklungen.
„Michel", sagte der Rittmeister im Hof, „du und deine beiden Kameraden, ihr richtet euch im Schuppen ein. Die Dame wird die noch leidlich gut erhaltene Oberstube beziehen. Für ihre Sicherheit mache ich euch verantwortlich. – Wollet nun aber vorerst", das war wieder an Käthe gerichtet, „Euch ein wenig erholen und mich glücklich machen, wenn ich Euch dabei Gesellschaft leisten darf."
In der unteren Stube, in der ein Gefach der Wand ausgeschlagen war, welchen Schaden man aber schon durch das

Davorstellen eines Schrankes verhüllt hatte, brannte bereits ein Feuer im Kamin, und darüber röstete ein Huhn. Der Rittmeister lud Käthe und ihren Begleiter, den er ihren Haushofmeister nannte, ein, ihm die Gunst zu erweisen, an seinem einfachen Abendessen teilzunehmen und, so es genehm, bei einem Gespräch die überstandenen Schrecken zu vergessen. Er habe den Befehl, bis morgen früh in der Mühle zu bleiben. Der Auftrag sei ihm erst wenig willkommen gewesen, aber jetzt, – und er verneigte sich verbindlich gegen Käthe –, danke er dem Geschick und seinen Oberen, dass er dieses Los gezogen, so gerne er auch erst willens gewesen wäre, die Verfolgung des Feindes weiter mit zu betreiben, um dem Tag seinen richtigen Abschluss zu geben.

„Wird noch heiß hergehen in Lutter heute", meinte er. „König Christians Völker, so jung sie in der Kriegskunst sind, sie haben sich wacker gewehrt und werden den Unsrigen noch hart zu schaffen machen."

„Gnade Gott dem Städtlein Lutter!", rief Käthe mit bebender Stimme aus und zeigte aus dem Fenster. Durch dieses fiel von Norden her durch die Abenddämmerung ein feuriger Schein. Der Rittmeister zuckte die Achseln. „Müsset verzeihen, mein Fräulein, wenn ein alter Kriegsknecht nicht mehr imstande ist, viel Mitleid aufzubringen. Habe leider dergleichen Sicht schon zu oft gehabt, als dass es mich noch sehr alterieren könnte. Und doch, wenn ich länger hinsehe, so fürchte ich, ich fange an mit Eurem Gefühl zu fühlen, und das stände mir schlecht an."

„O, soweit bringt also dies grässliche Handwerk den Menschen, dass er sich seiner besseren Regungen schämt!", rief Käthe aus und faltete die Hände vor der Brust. Wolfgang erschrak ob dieser Rede; der Rittmeister aber schien sie wider das Erwarten des Alten nicht mit Zürnen aufzunehmen, und wenn Käthe nicht gewusst hätte, dass das Rot auf seinen

Wangen nicht vom brennenden Lutter widergestrahlt wäre, so hätte sie meinen können, es hätte andere Ursache.

Der Offizier zuckte indes die Achseln und lud zum Sitzen. Es fand sich trotz der Zerstörung in der Mühle noch das und jenes leidliche Stück Geschirr. Mit Höflichkeit machte der Rittmeister den Wirt und erkundigte sich ohne Aufdringlichkeit nach dem Woher und Wohin seiner Gäste. Michel hatte inzwischen Bettlaken vor die Fenster gehängt, so dass der unheimliche Schein von draußen abgesperrt war. In zwei Leuchtern brannten große Wachskerzen, wie sie in Kirchen zu finden sind. Ein erfrischender Hauch ging nach dem heißen Tag durch die Stube, und wenn nicht zuweilen ein Verwundeter in der Nähe geklagt hätte, so wäre dieses abenteuerliche Abendessen in der verlassenen und zerschossenen Mühle wie ein romantisches Idyll erschienen. Die Kerzen warfen im Luftzug zitternde Lichtflecke auf das Gesicht des Offiziers, der sich als der Rittmeister Schüßler vom Dragonerregiment Graf Münsterberg zu erkennen gegeben hatte. Er war braun und kühn und trug auf der Stirn eine rötliche Narbe. Käthe konnte, als sie ihn beobachtete, um den Mund einen Zug leiser Müdigkeit erkennen. In Widerspruch mit den vorhin gehörten Äußerungen schien dieser Zug zu stehen, dass der Rittmeister um jeden Preis gern heute noch mit gegen Lutter gezogen wäre. Wohl leuchtete sein Auge im Feuer der Nachwirkung des aufregenden Tages, aber je länger Käthe ihn ansah, desto milder schien diese Glut zu werden, und die Stimme des Mannes entbehrte nicht des angenehmen Wohllautes, der Vertrauen einflößte und menschliche Eigenschaften auch hinter der rauen Außenseite des Kriegers vermuten ließ. Er vermied es im Laufe des Gesprächs nach Möglichkeit, kriegerische Dinge zu berühren, fast als sei es ihm selber eine Wohltat über Anderes zu reden. Er sprach das auch ganz offen aus.

Wolfgang saß in einer Ecke und war etwas eingenickt, nachdem seine Menschenkenntnis ihn überzeugt, dass für seine Schutzbefohlene augenblicklich keine Gefahr zu befürchten sei. In zartfühlender Weise fragt der Rittmeister Käthe von Duwensee nach ihren Lebensumständen. Dann, als sei es ihm Bedürfnis, fing er selber von sich an zu erzählen. Als ob die Traulichkeit des Ortes und des Beisammenseins mit einer edlen Frau ihm die Zunge löse und wecke, was sonst in ihm schlief, überraschte er sich plötzlich dabei, wie er dieser ihm bisher völlig Unbekannten von seiner Heimat und von seinem Leben zu berichten begann, wie er seine innersten Gedanken und Regungen vor ihr ausbreitete, nachdem er bemerkt, wie es sie zu Anfang seiner Rede wie ein Frost geschüttelt bei der Kunde, dass er, obgleich Protestant, auf katholischer Seite mitkämpfe. Wohl hatte Käthe gehört, dass nach den vielen Kriegsjahren dergleichen schon in Menge vorgekommen, aber bisher hatte sie noch keinen Menschen kennengelernt, an dem das wahr geworden ist.

„Herr", rief sie, „wie könnt Ihr so handeln, an denen, die Eures Glaubens sind? Habt Ihr denn nie gefühlt, dass es wie ein Riss durch einen Menschen hindurchgehen muss, wenn er seiner Überzeugung zuwider handelt?"

„Mein Fräulein", erwiderte der Rittmeister und lächelte schmerzlich, „derlei Dinge sehen sich hinter Stadtmauern und in wohlbehüteten Bürgerfamilien ganz anders an als im Feldlager und draußen in der wilden Welt! Ob ich den Riss gefühlt?", und ein Zucken ging über sein Antlitz, „ich will es Euch verraten: Wohl doch, wohl doch", murmelte er. „Aber wenn das große Schicksal mit einem spielt, dann gibt es kein Wehren. Das spürt man noch viel mehr als sonst, wenn man aus der bürgerlichen Welt in jene andere Welt eingetreten ist, der ich angehöre, dieweilen zwischen diesen beiden überhaupt eine Kluft gähnt, von der man sich in

Euren Kreisen, mein Fräulein, schwer eine Vorstellung machen kann."

„Und dennoch, Herr Rittmeister, – Eure Worte zeigen, dass Ihr gewohnt seid, über Euch nachzudenken – und dennoch würde ich meinen, ein Wille würde mit Erfolg sich dagegen wehren, sich treiben zu lassen, wie es irgendwelchen unberechenbaren Umständen gefiele. Gesetzt den Fall, es wäre Euch möglich von Euren bisherigen Freunden loszukommen und Euch der protestantischen Sache zu widmen, der Ihr, wie Ihr mir berichtet, bereits einmal angehört habt, und zwar sicher in Tagen, in denen Ihr selber zufriedener mit Euch gewesen seid als jetzt."

Der Rittmeister stand auf und hob die Arme in einer hilflosen Gebärde: „Lasst ab, lasst ab, mein Fräulein von Duwensee! Wollt Ihr mich noch haltloser machen? In Jahren zähen Ringens habe ich mich eingewöhnt in den politischen Gedanken des einen großen Reiches und darin eine Entschuldigung für meinen Übertritt gefunden. Das war der Fels, an den ich mich klammerte, wenn in stiller Nacht, wie dieser, mein Herz in mir zu reden begann. Dahin habe ich mich geflüchtet, wenn es in der Schlacht gegen die ging, die meines eigenen Glaubens waren. Nicht bin ich für die ruchlose und rücksichtslose Unterdrückung des lutherischen Bekenntnisses, wie sie die Jesuiten in Wien gerne möchten und wie sie es, wo sie die Gewalt erlangt haben, auch durchführen. Da sei Gott vor, dass ich mich soweit vergäße! Aber ich halte es für ein Unheil, wenn das Reich jetzt durch die kleinen Fürsten, namentlich die Norddeutschlands, in Zwietracht und Uneinigkeit gerissen wird. Dass der lutherischen Lehre ihr Recht würde, dafür würde es von Nutzen sein, wenn sich genugsam Protestanten auf des Kaisers Seite stellten, ehrliche, feste und unerschrockene Leute, dann würde man sich mit der Zeit schon gegenseitig verstehen lernen. Und wenn der Kaiser nicht von den Jesuiten ließe, dann müsste der Reichsgedanke eben über den Kaisergedanken und die Habsburger hinweg gehen."

„Ach Gott, mein Herr Rittmeister, das alles mag wohl zu hoch für ein einfältiges Mägdelein sein, das über dergleichen Dinge noch zu wenig nachgedacht hat. Mein Gefühl aber kann ich nicht bekehren und eine Entschuldigung dafür finden, dass Angehörige meines Glaubens auf katholischer Seite fechten. Fast fürchte ich, Ihr habt bereits von den Jesuiten gelernt."

„Eure Anschauung ist begreiflich, mein Fräulein. Ich wollte auch nur den Versuch machen, mich wenigstens in etwas vor Euch zu rechtfertigen – und auch wieder einmal vor mir", setzte er mit halblauter Stimme hinzu. Eine Wolke zog über seine Stirn.

Käthe von Duwensee hatte die Schlusswendung aber doch deutlich vernommen und empfand plötzlich, dass hier einer saß, der eher des Mitleides als des Vorwurfes bedurfte. Sie wandte dem Rittmeister voll ihr Gesicht zu, und ihre Empfindungen mussten sich vollkommen klar darin widergespiegelt haben, denn der Rittmeister fuhr zusammen und murmelte: „So weit also ist es mit mir gekommen!"

Käthe stand auf und sagte: „Und nun, Herr Rittmeister, gebt mir Urlaub. Für heute kann ich nicht weiter darüber nachdenken, was aus mir werden soll. Sicher wird der morgige Tag Rat bringen. Hallo, Wolfgang, bereite dich! Mich verlangt nach diesem schweren Tag sehr nach der Nachtruhe. Doch, wo bleibst du zur Nacht?" Der Alte rappelte sich aus seiner Ecke auf, fühlte wieder nach seinem Pistol und brummte, es werde sich auf dem Flur oben vor ihrer Tür wohl eine Ecke für ein Bund Stroh finden, wo er den Tag erwarten könne; viel Schlaf habe er nicht mehr nötig.

Rittmeister Schüßler begleitete seine seltsamen Gäste bis vor die Tür, dann, als sie sich verabschiedet hatten, blieb er mitten in der Stube stehen und hörte mit einem wunderlichen Gefühl auf die leichten Schritte des weiblichen Wesens über seinem Kopf, das ihm, wie er sich gestand, das Innere nach außen gekehrt hatte. Er wollte unmutig über sich selber sein, aber es gelang ihm nicht, sich dazu zu zwingen. Die Kerzen waren heruntergebrannt. Aus dem Dunkel aber leuchteten ihm noch immer ein paar mitleidvolle Augen entgegen, und eine Stimme, in der eine ganz reine Mädchenseele lag, klang ihm noch in den Ohren. Er begab sich auf das von Michel in einer Ecke zubereitete Lager, aber der Schlaf floh ihn. Nicht, weil er nicht bei der Einnahme des Amtshauses von Lutter sein konnte. Und droben in dem oberen Stübchen ging es dem anderen Gast der Mühle nicht viel besser. Nicht, weil sie nicht wusste, wie sich ihre Weiterreise gestalten sollte, schlief Käthe von Duwensee erst ein, als bereits ein fahler Schimmer des Morgens durch die Fenster fiel. Als sie gerade im Begriff war einzuschlummern, vernahm sie noch, wie drunten ein Pferd aus dem Stall gezogen wurde und davontrabte.

Der Morgen war schon ziemlich weit vorgeschritten, und Wolfgang hatte sich schon stundenlang verwundert, als Käthe erschien und ihn fragte: „Was nun, alter Wolfgang?" Er staunte sie an. Sie strahlte mit dem ganzen frischen, stolzen, jugendlichen Gesicht, und in ihren Augen war ein Neues, etwas, was der Alte, der doch die Jungfer hatte heranwachsen sehen, bisher darin nicht wahrgenommen hatte. Es blieb ihm aber keine Zeit, darüber nachzudenken, denn der Rittmeister kam eben auf den Hof gesprengt. Er grüßte schon von weitem Käthe, und diese reichte ihm, kaum, dass er vom Pferd gesprungen, herzlich die Hand. „Nun muss es doch wohl bald an ein Abschiednehmen gehen?", fragte sie. „Wenn ich nur wüsste, wie ich weiter käme. Die Pferde sind tot, was sollen wir also mit dem Wagen? Ich sehe es schon kommen, dass wir ihn hier stehen lassen, und dass Wolfgang und ich uns zu Fuß werden bequemen müssen." Sie sagte das aber in der besten Laune und mit einem strahlenden Lächeln, als ob das alles die gleichgültigste Sache der Welt wäre, während sie gestern noch diese Umstände bedrückt hatten.

„Wenn Ihr meint, mein Fräulein", versetzte der Rittmeister Schüßler, „dass ich heute Morgen nur einen Spazierritt gemacht habe, so irrt Ihr Euch." Auch in seiner Stimme war heute hörbar ein sonniger Ton obenauf. „Vorerst ist an einen Abschied nicht zu denken, wenigstens heute noch nicht, was unsere Gesellschaft betrifft. Morgen auch noch nicht, und an das Übermorgen will ich noch nicht denken. Eigensüchtiger Mensch, der ich bin, denke ich bei dem Wort Abschied nur an den von mir und nicht von dieser mir ewig bemerkenswerten Örtlichkeit hier, die man die Pöbbekenmühle heißt. Ich hoffe, mein Fräulein von Duwensee, Ihr werdet es nicht zurückweisen, wenn ich Euch meine Begleitung anbiete, bis ich Euch wirklich in Sicherheit weiß. Mein Ritt heute Morgen galt diesem Zweck. Lutter ist über Nacht unser geworden, das Heer des Königs Christian zieht in wilder Flucht, in völliger Auflösung, weiter nordwärts. Ihm aber nachzuziehen, lassen wir uns Zeit, also kann die Armee des Grafen Tilly wohl ein paar Tage lang eines ihrer Dragonerfähnlein einem anderen Führer anvertrauen als gerade dem Rittmeister Schüßler. Dies zu erreichen, war mein erster Gang, den ich heute Morgen tat. Der Obrist brummte zwar einiges, er war mir aber von früher her einen Gefallen schuldig und konnte so jetzt seine Schuld bezahlen. Wie Ihr mich hier seht, mein Fräulein, bin ich bereits auf Urlaub und stelle mich als Ritter zu Eurer Verfügung. Mein zweiter Gang war darauf gerichtet, Euch ein Paar Reisepferde zu beschaffen. Nun, sie waren bald, und dazu wohlfeil zu haben. In einer Stunde werden sie eintreffen. Ihr müsst sie als Ersatz für den Verlust annehmen. Und nun: Seid Ihr zufrieden mit mir?"

Käthe war durch diese Botschaften aufrichtig erfreut und machte keinen Hehl daraus. Sie reichte dem Helfer abermals die Hand. Wolfgang, der daneben stand, runzelte die Brauen, denn seiner Meinung nach hielt der kaiserliche Herr Rittmeister die Hand der Jungfer Käthe ungebührlich lange fest. Die jedoch schien gar nichts dagegen einzuwenden zu haben. Da dünkte es in der Tat, hohe Zeit zu sein, von hier fortzukommen und auch den Rittmeister sobald wie möglich los zu werden.

Im Übrigen waren sowohl der Alte wie Käthe herzlich froh, die Gefahr, deren Ausmaß sie erst jetzt in seinem vollen Umfang erkannten, glücklich überstanden zu haben. Wolfgang bastelte am Wagen und besserte einige kleine Schäden aus. Der Rittmeister befahl einigen Dragonern, eine Mehlsuppe zu kochen und Brot, Butter und Fleisch zu bringen. Dann machte er den Vorschlag, das Frühstück auf einem angenehmen Rasenfleck vor dem Haus einzunehmen, und schon schleppten seine Leute einen Tisch und einige Stühle zur Stelle. Im hellen Sonnenlicht sahen die Dinge heute entschieden weit lieblicher aus als gestern. Selbst die Spuren der Schlacht hatten ihre Schrecken zum größten Teil verloren. Am lieblichsten aber erschien dem Rittmeister sein Gegenüber. Er war sehr aufgeräumt und pries sich glücklich, nun einmal einen Ritt tun zu können, wie ihm einer noch nie gefallen, lobte die angenehme Gegend, durch die sie kommen würden und fragte unter anderem Käthe auch, ob sie sich wohl getrauen würde, ein Pferd zu besteigen. Sie erwiderte heiter, dass sie sich sogar ziemlich gut auf das Reiten verstünde. Ob er wohl annehme, dass sie nun ihr ganzes Leben lang wirklich hinter den Stadtmauern eingesperrt gewesen sei? Nein, ihr Vater habe in früheren, besseren Zeiten wohl auch Landbesitz gehabt, und dort habe sie sich nach Möglichkeit getummelt und manchen wilden Ritt getan. Darüber freute sich Lorenz Schüßler ungemein und versprach, ihr unbedingt noch ein Reitpferd zu besorgen, damit sie, wenn sie des Fahrens im Wagen müde sei, sich auf einem Pferderücken Erholung verschaffen könne. Er schickte auch sofort noch einen Mann nach Lutter, und in der Tat kamen nach einer Stunde nicht nur zwei starke Füchse als Wagenpferde, sondern auch ein wohlgebauter Apfelschimmel mit Frauensattel an, sodass Käthe lebhaft befriedigt in die Hände klatschte und zum Missvergnügen Wolfgangs sogleich das Tier auf einem kurzen Spazierritt in der Nähe der Mühle erprobte, wobei sie der Rittmeister begleitete und von ihrer Reitkunst höchlichst befriedigt war. Sie kehrte indes bald zurück, und gleich darauf war der Wagen gerüstet, und die Fahrt konnte weitergehen.

Es war Käthe seltsam zumute, als sie wieder im Wagen saß und die Pferde anzogen. Erst vor zwei Tagen hatte sie sich aus Braunschweig fortbegeben, und doch lag für sie eine unendliche Zeit zwischen dem Vorgestern und dem Heute. Es war ihr, als sei sie in der Zwischenzeit um Jahre gereift, als habe sie in einem Zauberberg verweilt, wo man, wie alte Sagen melden, Jahrhunderte verschlafen und verträumen oder scheinbar einen einzigen Tag durchleben kann, der sich bei der Rückkehr in die Welt als eine Zeit von vielen Jahren ausweist. In den einen gestrigen Tag und die einzige Nacht schienen sich für sie so viele Erlebnisse zusammengedrängt zu haben, dass sie für ihr ganzes ferneres Leben davon zu zehren meinte. Es war nicht allein die schreckliche Zeit der Gefahr für Leib und Leben, es war der Mensch, der seit gestern in ihren Lebenskreis getreten war, dessen unbestimmte

Kometenbahn ihren stillen Zirkel durchschnitten hatte, sodass die Stelle des Zusammentreffens sich nie wieder würde verwischen lassen, selbst wenn sie es gewollt hätte. Ein Schauer durchlief sie, als sie in dem Augenblick, da die Pferde anzogen, blitzschnell das alles durchfühlte, ein Schauer der Furcht und der Hoffnung. War dieses Erlebnis ihr zum Guten oder zum Schlimmen? Sie wusste es nicht. Aber, als sie ihre Augen nach der Reitergestalt neben dem Wagen erhob, die sie fest und innig und mit einem ermutigenden leisen Nicken des Kopfes anblickte, da gewann sie ihre fröhliche Kinderzuversicht wieder. Sie schaute sich noch einmal rund um, als wolle sie sich ihre ganze Umgebung, die alte Mühle mit dem moosgrünen Dach, das teilweise eingestürzt war, den strohüberschütteten Hof, die weiten Wiesen, die blinkende Hummecke und die lieblichen Berge für immer einprägen. Lorenz Schüßler, der Rittmeister, musste sie verstehen, und seine Gedanken mochten wohl ähnliche Wege wie die ihrigen gehen, denn er hob sich im Sattel und tat ebenfalls einen raschen und festen Umblick und einen tiefen Atemzug. Dann ließ Wolfgang den Wagen auf die Straße rollen.

Es wurde eine wundersame Fahrt. Die Hitze der vorigen Tage war wie mit der Schlacht verglüht. Von den Harzbergen her wehte eine erfrischende Kühle. Die Landschaft lachte, die Wälder rauschten, und man hätte leicht vergessen können, in welcher grauenvollen Zeit man lebte, wenn nicht doch nur zu häufig, besonders, wenn man durch Ortschaften kam, die grausamen Spuren des Krieges sichtbar gewesen wären. Lorz Schüßler ritt neben dem Wagen her und plauderte mit Käthe, indem er sie auf diesen und jenen bemerkenswerten Punkt der Landschaft aufmerksam machte. Er musste sich in den vorhergegangenen Tagen, da er dort mit dem Heer durchgezogen war, gut umgesehen und sich eine ziemliche Kenntnis der Gegend erworben haben, und das kam ihm jetzt zustatten. Selbst Wolfgang, der hier nicht fremd war, wunderte sich über diese Kenntnisse und über manche zutreffende Bemerkung des Rittmeisters. Dieser kannte auch die meisten Richtwege, und wenn etwa ein schöner Pfad durch den Wald führte und die Landstraße abschnitt, so lud er Käthe ein, einen Ritt mit ihm zu unternehmen, und zu Wolfgangs heimlichem Missvergnügen war sie ohne Ziererei gern bereit dazu. Seinen Begleiter, den Dragoner Michel, der sonst Käthes Pferd neben dem seinen führte, ließ der Rittmeister als Schutz beim Wagen zurück. Dass eine schützende Begleitung nötig war, war erweislich genug, denn es trieben sich noch allerlei Nachzügler des Heeres in der Gegend umher, und ohne die Begleitung des Rittmeisters würden Käthe und Wolfgang sicherlich unangenehme und bedenkliche Auftritte erlebt haben, wenn nicht gar in ernstliche Gefahr geraten sein.

Käthe war es recht wunderlich ums Herz, wenn sie mit dem Rittmeister bald langsam durch den Wald streifte, bald übermütig dahinsprengte. Schüßler zog das erstere sichtlich vor. Dann wechselte er mit seiner Begleiterin Worte, die ihr und sein Herz öffneten. Lorz Schüßler vergaß den Zwiespalt seines Inneren, wie er ihn in der Pöbbekenmühle gezeigt hatte. Er war bald lustig wie ein übermütiger Knabe, bald zärtlich und aufmerksam, mehr als es ein Ritter seiner Dame gegenüber zu sein braucht, eher wie der Liebende seiner Auserwählten gegenüber. Er fühlte, wie sein besseres Selbst in ihm aufwachte, er spürte nicht mehr den nagenden Wurm, sondern wiegte sich in einer göttlich heiteren Ruhe des Gemütes, wie ihm das seit Jahren nicht mehr beschieden gewesen war. Er wollte das Gestern und das Morgen vergessen, und er vergaß es. War das Leben denn nicht doch schön? Hatte es ihn nicht auf diesen Waldpfad geführt, auf dem

das Glück blühte in brennend roten Dolden. Der Einsatz war des endlichen Gewinns wert gewesen. Blut und Tränen, Mühsal und Entbehrungen, das Gefühl der Einsamkeit und des Verlassenseins mitten im wimmelnden Menschenhaufen, die Empfindung, haltlos und steuerlos, auf einem wilden Meer zu treiben, das alles, das musste vorangehen, um ihn zu diesem Höhepunkt zu führen. Wie lange er diesen halten und einnehmen werde, darüber machte er sich in der schönen Gegenwart noch keine Gedanken. Das Vergessen lag vor ihm und hinter ihm. Endlos musste der Weg dieser grüngoldenen Dämmerung sein, endlos mussten ihn Lorz Schüßler und Käthe Duwensee durchreiten, Pferd an Pferd, Knie an Knie.
„Ihr seid schweigsam, Herr Rittmeister", sagte Käthe mit verhaltener Stimme. „Darf man fragen, was Eure Gedanken so angestrengt beschäftigt? Es muss nichts Schweres sein, denn die Falten zwischen Euren Brauen sind verschwunden, die Ihr sonst tragt."
„Ich habe mitnichten geschwiegen, mein Fräulein; ein Lied habe ich gesungen, hörbar freilich nur für den oder die, durch die die gleichen Töne schwingen."
„Dann, o dann habe ich es doch gehört!", rief Käthe aus, war aber gleich darauf rot übergossen und jagte davon, während sie sich erschreckt auf die Lippen biss. Lorz Schüßler holte tief Atem, freudige Bestürzung zuckte durch ihn. Bald hatte er die Reiterin eingeholt.
Sie hielten auf einer bergigen Waldblöße. Auf zwei Seiten ragten hohe dunkle Tannen in den Sommerhimmel. Der Wind pfiff mit einem wohligen Geräusch durch die Nadeln, das Lorz wohl kannte, aus den Tagen seiner Kindheit. Eichhörnchen keckerten und jagten sich, dass es von dürren Zweigen, Zapfen und Nadeln rieselte. Auf den beiden anderen Seiten der Lichtung standen junge Birken und Erlen,

und Büsche von ihnen waren auch über den freien Raum verstreut. Die Heide strahlte ihre lilafarbene Glut dazwischen. Moospolster leuchteten seidig. Üppig wucherte Heidelbeergesträuch. An der einen Hochwaldseite, dort, wo es bergauf ging, stand ein moosüberwachsener steinerner Trog, in dem sich durch ein vielfach zersprungenes Rohr aus grauem Holz mit traulichem Plätschern und Murmeln ein dicker Wasserstrahl ergoss. Die Sonne zitterte im Spiegel des Brunnenkastens, vielfarbige Tropfen sprühten nach allen Seiten. Es roch feucht und erfrischend. Käthe hatte einen Ruf der Überraschung ausgestoßen, als sie an diese liebliche Örtlichkeit gelangt war und war sofort vom Pferd geglitten. Auch Lorz sprang ab und ließ die Tiere weiden und sich aus dem Trog tränken. Käthe tauchte beide Hände tief in die Welle, Lorz zog einen Becher hervor, aber sie schüttelte lächelnd den Kopf: „Was soll hier das Silber? Den heiligen Quell darf nichts künstlich Geschaffenes berühren", und schon hatte sie zierlich beide Hände mit den Höhlungen zusammengepresst und ließ sie vom Strahl volllaufen. Wie eine fromme Handlung erschien es dem Zuschauenden, als sie sich darüber beugte und mit Andacht den künstlichen Trunk einsog. Der Mann konnte nichts Besseres tun, als ihrem Beispiel folgen.

Unter einer Birke ließen sie sich beide nieder, beide wildklopfenden Herzens, beide von der gleichen Sehnsucht ergriffen, und schon trafen sich ihre Blicke, als wollten sie sich nimmer loslassen und fanden sich ohne Worte ihre Hände und Lippen. Es war nur ein Augenblick seligen Vergessens, denn alsbald sprang Käthe verwirrt und erschreckt auf die Füße: „Wir müssen weiter. Mittag ist schon vorüber, und Wolfgang wird sich sorgen, wo ich geblieben sein möchte, und irgendwo auf der Landstraße warten."

Auch Lorz hatte sich erhoben. „Nein, nicht so, Käthe. Nicht

umsonst hat uns ein wildes Wetter zusammengeführt. Unsere Kameradschaft steht in den Sternen geschrieben. Du bist mein, und ich bin dein."

„Und doch", so weinte sie an seinem Hals, „wird uns der Bogen des Friedens nicht scheinen, und wenn wir ihn je sehen sollten, dann wird keiner vom anderen mehr etwas wissen. Ach, Lorz, was soll das alles? Was soll aus uns werden, sag?"

Er hielt sie fest und presste sie an sich, bis sie schwer atmete. „Was aus uns werden soll, Mädchen? Etwas Gutes. Ein Paar von Kameraden, die sich nie verlassen werden. Sei getrost, Käthe, meine Käthe, die ich mir aus der Erde ins Sonnenlicht geholt habe, dass es von ihr auf mich widerscheine. Meine Liebste, es werden sich Wege finden. Du selbst hast sie mir angedeutet. Weißt du noch? Es war erst gestern."

„War es erst gestern, Lorz, und wolltest du, was ich dir riet, wirklich tun?"

„Ja, ich will mich zu befreien suchen. Ich habe kein Gefallen mehr an diesem Leben, ich bin des kriegerischen Getriebes müde, ach so müde. Ich will meinen Stab auf die Straße setzen und nicht rasten, bis ich heimgefunden habe. Dort weiß ich ein Nest, Käthe, das wohl Raum für uns beide birgt, warm und weich, wenn auch eng und klein."

„Du guter Mensch", sagte sie und suchte in seinen Zügen, „denkst du, dass du es durchführen wirst? Sieh, ich habe so gar keinen Halt in der Welt. Du hast dir eine schwere Aufgabe übernommen, du musst mich stützen und führen. – Es ist wie ein Wunder. Ein altes Märchen ist Wirklichkeit geworden", setzte sie erschauernd für sich hinzu.

„Leicht oder nicht leicht", sagte Lorz, „genug, ich will es. Was brauche ich nach anderen Zielen nachzujagen? Das Kleinod, das ich gefunden, will ich festhalten und die schimmernden Trugsterne verachten."

Und nun saßen sie wieder nieder und hielten sich zärtlich umfangen und gingen im Geist den ganzen Weg zurück bis zu dem Augenblick, da sich die Falltür des Kellers in der Pöbbekenmühle gehoben hatte und Lorz Schüßler und Käthe von Duwensee sich zum ersten Male gegenübergetreten waren, und der alte heilige Brunnen rauschte seine liebliche Melodie dazu, während die Sonne ihre Bahn über die Birken weiterzog.

Die beiden seligen Menschenkinder schraken erst auf, als sie bemerkten, dass der Brunnen und ihr Lagerplatz im Schatten lagen, während dort vorher heller Sonnenschein gewesen war. Die Zeit hatte nicht stillgestanden, es war den beiden nur so vorgekommen. Widerwillig darüber, dass die Welt rief, erhob sich Lorz Schüßler und lockte die Pferde. Noch einen Trunk aus dem Quell, und dann flogen die beiden Reiter durch den verträumten Wald dahin. Die Zweige streiften Lorz öfter als vorher Stirn und Wangen, denn sein Blick konnte sich nicht von der geliebten Gestalt an seiner Seite losreißen. Endlich schimmerte der weiße Streifen der Landstraße vor ihnen im Sonnenbrand. Dort hielt richtig Wolfgang mit dem Wagen und wartete auf die Säumigen. Er brauchte seine Augen und sein Nachdenken nicht übermäßig anzustrengen, um zu erkennen, was sich inzwischen zugetragen hatte. Ein Seufzer und ein verstohlenes Kopfschütteln gab Ausdruck, dass er davon überzeugt war, wie seine Befürchtungen leider eingetroffen waren. Umso mehr musste er sich beeilen, mit Käthe an Ort und Stelle zu kommen, damit diese mehr als bedenkliche Tändelei ihr Ende erreiche.

Es war bereits stark dämmrig, als der Wagen, in dem Käthe sittsam wieder Platz genommen hatte, in Einbeck einrollte und vor dem Haus zur Sonne hielt, wo Wolfgang den jungen Kaspar von Duwensee vermutete. Und da kam er auch

bereits die steinerne Treppe vor dem Haus herunter und flog der Schwester in die Arme, die er nach der Nachricht von der Schlacht bei Lutter am Barenberge kaum heil und gesund wiederzusehen gehofft hatte. Er hatte angenommen, sie sei in Braunschweig geblieben und würde warten, bis er dort einträfe. Sein Erstaunen war natürlich groß, als er vernahm, dass Käthe mitten durch die Schlacht gezogen war, nicht minder aber auch seine Dankbarkeit gegen ihren Retter und Beschützer. Lorz Schüßler fand vom ersten Augenblick an großes Wohlgefallen an dem frischen offenherzigen Jüngling, der in einer geradezu überraschenden Weise seiner Schwester glich. Als sich die ganze Gesellschaft hinlänglich über alle Fährnisse und ihre glückliche Überwindung ausgesprochen hatte, und nachdem Käthe dann zur Ruhe gekommen war, saß Lorz mit Kaspar noch eine Stunde bei einer Flasche Wein beisammen.
Lorz Schüßler machte kein Hehl aus seiner Neigung für Käthe und fand für seine Pläne und Absichten Kaspars Zustimmung. Er wollte seinen Abschied vom kaiserlichen Heer nehmen und sich in die fränkische Heimat zurückziehen. Das Erste fand Kaspars ungeteilten Beifall, das Zweite fand er vernünftig, aber für ihn selber, so meinte er, würde ein solcher Entschluss viel zu vernünftig sein. Wenn er in der Haut des Rittmeisters steckte, so würde er ganz einfach zu den Protestanten übergehen. Denn so viel Kriegserfahrung, wie sie der Rittmeister Schüßler haben müsse, dürfe man doch nicht hinter Stadtmauern vergraben, sondern müsse sie zum Vorteil der protestantischen Sache nützen. Er selber, so vertraute er dem Rittmeister an, sei drauf und dran, Heeresdienst zu nehmen, weil für den Kaufmann ja doch schlechte Zeiten seien. Schade, dass der tolle Christian von Braunschweig verblichen sei. Das wäre sein Mann gewesen. Lorz machte den Versuch, dem Jungen seine Absicht

auszureden, aber es gelang ihm nicht; auch gedachte er seiner eigenen jungen Jahre, als ihn der Zauber des kriegerischen Lebens gelockt hatte, und so schwieg er schließlich und hörte nur noch lächelnd und mit warmem Herzen den stürmischen Begeisterungsausbrüchen Käthes Bruder zu.

Einen Tag noch verweilten alle zusammen in der Stadt, dann fuhren Käthe und Kaspar ab, und der Rittmeister mit seinem Michel wandte sich nach der anderen Seite, um zum Heer zurückzukehren und dort seine Verabschiedung einzuleiten. Es zuckte ein seltsames Weh durch Lorz, als er zum letzten Male einen Blick in das reine Mädchenantlitz warf, über das langsam zwei Tränen rollten. Regen peitschte durch die Straßen, als Lorz davonritt, und der Sturm pfiff ihm ins Gesicht und bog die Tannen an der Berglehne. Wieder nahmen die Wälder ihn auf. Er tauchte in sie ein, aber nicht wie vordem als beherrschender Schwimmer, der aus der Flut unter ihm sein Wohlbehagen schöpft, sondern dieser regennasse, triefende, schlüpfrige, sturmheulende Wald legte sich wie eine Beklemmung auf seine Brust. Lorz beobachtete an sich mit Erstaunen, wie er im Geheimen den Wunsch hegte, wieder auf offenes Land zu gelangen, und doch war er früher dem Wald auch im wildesten Wetter nicht ausgewichen. Er zwang auch diesmal sein unbewusstes Gefühl unter den Willen seines Verstandes. Er hätte wohl den Wald vermeiden können, wenn er gewollt hätte, aber einmal noch musste er an jene Stelle zurückkehren, die für ihn geheiligt war. Er musste den Brunnen noch einmal rauschen hören und sich ein Birkenblatt von dem Baum, unter dem Käthe

geruht, auf das Herz legen. Das war es, was ihn vorwärts trieb, und war auch der Platz durch das Wetter verwandelt, für ihn konnten kein Sturm und kein Regen die Sonne auslöschen, die ihm dort aufgegangen war.
Schon lenkte er in den leicht wieder erkennbaren Pfad ein, den er mit Käthe von Duwensee dahergekommen, schon sah er um die nächsten Baumstämme die Lichtung, und schon glaubte er durch das Tosen des Sturmes den Brunnen murmeln zu hören, da tat es einen schweren Schlag neben ihm. Es war ein Schuss aus nächster Nähe gewesen. Sich umwendend, sah Lorz, wie der Dragoner Michel vom Pferd stürzte und aufs Gesicht mitten in eine große Regenlache fiel. Er rührte sich nicht mehr. Fünf, sechs, sieben wilde Gestalten, zerlumpt und mit geschwärzten Gesichtern sprangen hinter den Bäumen hervor, jeder reichlich bewaffnet. Ein baumlanger Mensch, dessen große gelbe Schneidezähne fahl in der Waldesdämmerung leuchteten, wie er den Mund aufriss, brüllte dem Rittmeister zu: „Ergib dich, Mann, sonst geht es um dein Leben!"
„Wahr lieber das deine, du Schurke!", rief ihm Lorz entgegen und drückte ab, sodass sich der lange Mensch in seinem Blut wälzte. Ehe Lorz aber zum Säbel greifen konnte, pfiff eine Leine durch die Luft, eine Schlinge legte sich ihm um beide Arme, zog sich fest zu, und ohne dass er Zeit gehabt hätte, an weiteren Widerstand zu denken, war er vom Pferd gerissen, hatte sich die ganze Bande auf ihn geworfen und ihm Hände und Füße gefesselt.
Unter einer Eiche an der Seite hatte ein breitgewachsener Mann gestanden und unbeweglich dem ganzen Vorfall zugesehen. Er trug die Tracht eines Soldaten, aber ohne Feldbinde oder irgendein Abzeichen, und auf dem Kopf einen kleinen grünen Hut mit roter Feder. Sein Gesicht war geschwärzt wie das der anderen, außerdem war er von

einem dicht wuchernden dunklen Vollbart beschattet. Dieser Mann trat jetzt herzu, und als ihn die anderen fragten, während sie auf den gefesselten Rittmeister deuteten, wohin sie diesen bringen sollten, sagte er mit einer volltönenden tiefen Stimme: „In die Höhle." So wurde Lorz von einigen dieser Burschen wie ein Sack seitwärts vom Pfad fortgeschleppt und durch das nasse Gesträuch geschleift. Als er dabei mit dem Rock an einem Baumstumpf hängen blieb, grollte der Anführer: „Gotts Tod, ihr Faulpelze! Hebt ihn doch hoch! Es ist euch wohl gleichgültig, wie ihr mit meinem neuen Gewand umgeht?" Darauf nahmen sich die Träger mehr in Acht. Am Bergabhang, es musste nicht weit von dem Waldbrunnen sein, den Lorz nur zu gut kannte, befand sich eine geräumige Höhle. Sie war mit einer Tür von geflochtenem Strauchwerk verschlossen, im Innern war sie trocken und warm. Dorthin wurde Lorz gebracht und in einem Winkel niedergelegt, nachdem man ihm die Taschen geleert hatte. Bald darauf kamen noch einige von der Bande und brachten die Habseligkeiten des unglücklichen Michel mit. Die Pferde mussten unten im Wald untergebracht worden sein. Zunächst kümmerte sich niemand um Lorz. Die Räuber, deren Zahl sich inzwischen vermehrt hatte, sodass es etwa zwanzig Leute waren, zündeten ein Feuer an und begannen zu sieden und zu schmoren, worauf sie eine Mahlzeit hielten. Mehrere gingen dann fort, einige legten sich in die Winkel der Höhle, um zu schlafen, wieder andere schoben sich als Posten an die Tür, und nur der Hauptmann blieb auf einem Holzklotz am Feuer sitzen.

„Klaus, Drewes! Bringt mal den Mann da her!", rief er zweien seiner Leute zu, und diese beeilten sich, Lorz vor ihn zu schleppen. Sie legten ihn am Feuer nieder.

„Ihr seid ein Tillyscher Offizier", sagte der Bärtige, „ich kenne Euch. Ihr seht, Ihr seid in unserer Gewalt. Wir spielen

hier dasselbe Spiel, das jetzt alle großen Herren treiben. Nur dass wir am Ende weniger dabei gewinnen als sie, jedoch, wir brauchen auch nicht so viel. Wir sind beträchtlich bescheidenere Leute. Die Sache ist nun die, lieber Herr", und er legte vertraulich und gemütlich dem Rittmeister, dem auf einen Wink des Hauptmanns die Fesseln abgenommen worden waren, die rechte Hand aufs Knie, „Ihr werdet einen sicheren Boten nach Eurem Quartier schicken. Ich habe hier einen sehr ehrlich aussehenden Mann, der sich in allen Lagen zu helfen weiß, meinen lieben Hans Possenreide, ja, den dort, der unter dem Wandbrett schnarcht. Den selbigen werdet Ihr genau unterrichten, was er zu tun hat, damit ihm das Eurige, oder doch wenigstens ein erkleckliches Teil davon, sagen wir mal tausend Taler, ausgehändigt wird. Könnet das Geld auch von guten Freunden leihen lassen. Werdet besagtem Hans Possenreide auch alles schwarz auf weiß mitgeben, damit er keine Beschwerde davon hat und ihm nichts Unliebes widerfährt. Nun sagt: Wie stellt Ihr Euch dazu?"
Lorz sah den Sprecher nur mit stummer Verachtung an und erwiderte nichts. Als jener, wieder in aller Ruhe und Sachlichkeit, seinen Spruch abermals hergebetet hatte, breit und ölig, diesmal aber schon mit einem bösen Grinsen um die Mundwinkel, da versetzte Lorz mit schneidender Kälte: „Du hast selbst gesagt, ich sei Tillyscher Offizier. Meinst du, dass ein solcher mit einem Galgenvogel, wie du einer bist, paktiert?" Und er drehte sein Gesicht fort.
„Er ist noch nicht gar. Legt ihn wieder hin", befahl der Räuberhauptmann ganz sanft, und gleich darauf lag Lorz wieder gebunden in seinem Winkel, wo sich niemand um ihn kümmerte. Die Nacht verging. Die Raubgesellen gingen ab und zu. Mancher brachte etwas mit, mancher kam mit leeren Händen. Branntwein wurde mäßig ausgegeben und vom Hauptmann selbst unter Obhut gehalten. Der Hauptmann

schien in großer Achtung zu stehen, so kameradschaftlich auch der Ton war, den er den Leuten gegenüber anschlug und den sie gegen ihn gebrauchten. Am anderen Tag wurde Lorz abermals vor den breiten Mann gebracht. Jetzt hatte dieser aber bereits eine rauere Weise. Barsch und streng stellte er wieder das Verlangen vom Tage vorher und drohte Lorz, bei einer ferneren Weigerung erschießen zu lassen. „Du kennst mich als einen Tillyschen Offizier!" Das war das Einzige, was Lorz entgegnete. Danach wurde er wieder in seine Ecke gelegt. Er litt bereits stark unter Hunger und Durst, aber ihn dadurch leiden zu lassen, gehörte offenbar zum Plan der Räuberbande, um ihn mürbe zu machen. Da Lorz das durchschaute, so biss er die Zähne zusammen und verschmähte es, etwa um einen Trunk Wasser zu bitten. Am Nachmittag schien die Geduld des Hauptmanns erschöpft und die Methode des Gleichmuts aufgegeben. Als ihm Lorz abermals auf sein Drängen entgegnete, er habe nichts mit ihm zu verhandeln und ihn einen entlaufenen Trossbuben nannte, da sagte der Anführer: „Wir wollen den stolzen Patron lüften. Der Aufenthalt in der Höhle ist nicht geeignet, ihm den Verstand zu klären. Frische Waldluft ist ein besseres Mittel und wirkt Wunder."

Lorz wurde völlig entkleidet. Dann packten ihn trotz seines heftigen Widerstandes die Räuber, stopften einen Knebel in seinen Mund und banden ihm Arme und Beine erneut zusammen. Die Fesseln schlangen sie um zwei Tannenbäume, die sich gegenüberstanden, sodass Lorz zwischen den Stämmen ausgespannt hing, eine Lage, deren ausgesuchte Qual ihm bald so heftig fühlbar wurde, dass sich ihm die Gedanken verwirrten und er ein dumpfes Stöhnen ausstieß. Eine milde Ohnmacht umfing nach einiger Zeit seine Sinne. Abwechselnd traf Sonnenbrand und Regen seinen Körper. Die Marter des Durstes, des Hungers und des unerträglichen

Zustandes seiner Lage wurden noch vermehrt durch die Stiche der Mücken und die reichlichen Bisse der roten Waldameisen. Als er nach einem erneuten Ohnmachtsanfall wieder zu sich gekommen war, stand abermals der Hauptmann neben ihm und stellte die Frage, ob er sich eines Besseren besonnen habe und seinen ungesunden Starrsinn aufgeben wolle. Lorz biss die Zähne heftig auf den Knebel und schüttelte kraftlos, aber mit starker Willensanstrengung den Kopf. So kam die Nacht. Der Gefangene wurde, obgleich er sich keineswegs aus eigener Kraft hätte befreien können, von einem der Räuber bewacht. Die Nacht war für den armen Gemarterten grässlich. Es wurde empfindlich kalt. Feuchte Nebel zogen aus dem Grund auf, und Lorzens Körper zitterte vor Frost. Wieder vergingen ihm die Sinne.
Plötzlich wurde er durch einen wüsten Lärm aufgeschreckt. Es rief und schrie in der Nacht, vor der Höhle und in der Höhle. Fackeln flammten, Schüsse fielen und ein wildes Handgemenge war im Gange. Dann wurden dem Gefangenen die Fesseln durchschnitten, und Lorz, der Hände und Füße nicht mehr regen konnte, wurde von einigen Männern auf ein Heulager gebettet und mit einem groben Mantel zugedeckt. „Wasser!", stöhnte er matt. Bald darauf wurde ihm ein Gefäß an die Lippen gehalten. Er trank und fühlte, wie neues Leben ihm in den Adern rann. Als er soweit wieder zu sich gekommen war, dass er bemerken konnte, was um ihn her vorging, sah er beim Schein des hereinbrechenden Frührotes den breiten Hauptmann mit einer furchtbaren Schädelwunde am Boden liegen und um ihn wohl ein Dutzend der übrigen Räuber, gleichfalls tot. Die Bauern der Umgegend, die schon lange unter den Gewalttaten der Bande des schwarzen Rischbieter geseufzt hatten, hatten ganze Arbeit gemacht und ihren mit Klugheit und Geschick vorbereiteten Überfall mit gutem Erfolg durchgeführt. Nur

wenige der Räuberbande waren im Schutz der Nacht entkommen. Lorz wurde auf eine Tragbahre gelegt und ins nächste Dorf gebracht. Die Bauern gaben ihm auch seine Kleidung, die sie mit anderen Sachen in der Höhle erbeutet hatten, zurück. Mehrere Tage freilich musste Lorz in großer Schwäche in einem Kuhstall liegen, dann nahm er dankbar Abschied von seinen Rettern. Sein Pferd war nicht aufzufinden gewesen. Offenbar hatten es die Räuber ebenso wie das Tier des Dragoners Michel bereits verkauft. Also musste Lorz seinen Weg zu Fuß fortsetzen.
Es wurde eine mühsame und beschwerliche Wanderung. Da auch sein Geld fort war, das er bei sich getragen hatte, so zog er nicht viel anders wie ein Landstreicher weiter. Tagelang wanderte er auf diese Art durch das Land, und da er natürlich nur schlecht vorwärts kam, so wurden schließlich Wochen daraus. Das kaiserliche Heer war inzwischen nach Norden gezogen. Erst in Lüneburg traf der Rittmeister sein altes Regiment wieder und wurde wie ein Totgeglaubter begrüßt.
Er sah krank und verfallen aus. Als er mit seinem Obersten über seinen Abschied verhandelte, begegnete er keinen allzu großen Schwierigkeiten, obgleich Graf Münsterberg an sich sehr bedauerte, einen so tüchtigen Offizier verlieren zu müssen. Er sprach die Hoffnung aus, den Rittmeister Schüßler, wenn er wieder bei Kräften sei und seinen Sinn gewandelt haben werde, wiederzusehen. Jederzeit würde er ihn mit offenen Armen aufnehmen. Lorz Schüßler aber fühlte sich als gebrochener Mann. Die Ereignisse der letzten Zeit waren von tiefem Einfluss auf ihn gewesen. Er wollte wahrhaftig vom Soldatenleben nichts mehr wissen, und so zog er eines Tages wieder den Weg zurück, den er zuletzt gekommen war.
Es war aber doch ein seltsames Ding, so mit einem Male

außerhalb des großen Verbandes zu stehen, dem er jahrelang angehört hatte. Etwas wie ein Schmerz darüber ließ sich nicht ganz unterdrücken. Mehr aber fast noch als diesen merkte Lorz eine große Neugierde auf das, was nun kommen würde. Lorz Schüßler hatte wieder einmal einen entscheidenden Strich durch sein Leben gezogen, ohne zu wissen, was auf der anderen Seite stehen würde. Er dachte nur zwei Dinge: Die Heimat und Käthe von Duwensee. Er verflocht sie fort und fort, bis sie ihm zu einem einheitlichen Begriff geworden waren. Es waren zwei Hälften eines Ganzen, und dass er auf dem Weg war, sie zu vereinigen, das ließ ihn seinen hinfälligen Zustand vergessen, in dem er sich noch immer befand. Zwar hatte er nicht nötig, wie auf dem Hinweg nach Lüneburg, zu Fuß zu wandern. Er hatte sich einiges erspart aus Sold und Beute, er hatte seine Ausrüstung verkauft und sich aus dem Erlös ein Reitpferd beschafft, aber er fühlte doch, dass ihn ein Tagesritt jetzt viel mehr ermüdete, als es früher möglich gewesen war. Die Misshandlung durch die Bande des schwarzen Rischbieter machte ihre Folgen noch geltend. Die Knochen und Gelenke schmerzten ihn, oft sank er auf dem Pferd ganz in sich zusammen und musste sich mit Gewalt wieder hochreißen, damit er nicht den ihm Begegnenden wie ein Häuflein Unglück vorkomme. Dazu war viel kaltes und nasses Wetter, und auch gegen dieses war er empfindlicher geworden. Manchmal stöhnte er laut über die Pein seines Körpers, und oft wusste er abends in der Herberge nicht, wie er liegen sollte, damit er den Schmerz weniger fühlte. Dennoch kam er verhältnismäßig gut durch die Heide und durch die braunschweigisch-lüneburgischen Lande, kam auch glücklich am Harz vorbei, und als das Eichsfeld vor ihm lag, da stand vor seinem Geist bereits Kassel. Dort wollte er die Geliebte aufsuchen und sie von da in die Heimat nehmen. In

der Heimat, dort würde Gesundung blühen, da wollte er ein neuer Mensch werden und sich ein neues Glück gründen, so gut es die Zeiten erlauben würden. Das Eichsfeld sollte Lorz Schüßler aber noch eine gute Weile behalten. Als er dort in der Herberge eines Städtchens eines Morgens vom Lager aufstehen wollte, fiel er schwer wieder zurück. Ungeheurer Schmerz durchtobte ihn. Die Glieder waren ihm wie gelähmt, er konnte sie nicht regen. Der herbeigerufene Wirt machte ein bedenkliches Gesicht und meinte, der Herr tue am besten, sich ins Spital bringen zu lassen. So ließ sich denn Lorz Schüßler ins Spital schaffen. Es war ein gräulicher Ort. Lorz wusste nicht, was ihn mehr mit Entsetzen erfüllen sollte, die unglaublichen Leiden der Insassen oder der unwissende rohe Mensch, der sich dort Arzt nennen ließ. Er begann, Lorz mit viel Eifer und herzlichem Ungeschick mit allen möglichen Salben einzureiben, ohne dass sich ein Erfolg verspüren ließ. Die Ersparnisse Lorzens mussten bei einem langen Aufenthalt an diesem Ort zu Ende gehen, und er sah im Geist schon den Augenblick kommen, von dem ab er sich behandeln lassen musste, wie er den sogenannten Arzt und seine beiden schmierigen Gehilfen die Armeleuteschaft dieses Spitals behandeln ließ, die sich glücklich pries, wenn der Tod kam, um sie aus dieser letzten irdischen Marter, die sich Spital nannte, zu erlösen. Endlich, nach vielen Wochen erst, merkte Lorz, dass die Schmerzen nachließen, und die Kräfte langsam wieder kamen. Er konnte sich bereits wieder, wenn auch mühselig, von seinem Lager erheben.
Als er glaubte, dass er sich genug gekräftigt habe, die Weiterreise aufzunehmen, griff er nach seinem Stock, hing sich das Felleisen um, das nur noch wenige Goldstücke und geringe Andenkendinge enthielt und wanderte mit großer Ungeduld zum Tor hinaus. Schwer humpelte er über das Pflaster, aber er hoffte, draußen im frischen Wind der Landstraße würde

es wohl besser gehen. Und es ging besser. Er erholte sich von Tag zu Tag und begann nicht mehr zu bedauern, dass er sein Pferd hatte verkaufen müssen. Es erwachte auf einmal der alte Handwerksbursche wieder in ihm, und eines Tages ertappte er sich dabei, wie er eines der alten lustigen Handwerkerlieder in die blaue Oktoberluft hinaus sang.
So fand er sich denn nach einiger Zeit in Kassel und fragte sich nach dem Haus von Käthens Tante durch. Es war ein einfaches kleines Gebäude aus roten Ziegelsteinen und mit braungestrichenen Balken. Lorz Schüßler öffnete die Haustür und stieß im Flur auf einen hohläugigen alten Mann, der dabei war, eine neue Glasscheibe in einen großen Schrank einzusetzen. Auf Lorzens Frage nach einer Frau Bielstein erwiderte der Alte mit heiserer Stimme: „Frau Bielstein? Da kommt Ihr zu spät, lieber Herr. Jetzt bin ich der Eigentümer dieses Hauses, denn die Frau Bielstein hat vor drei Wochen das Zeitliche gesegnet."
„Und Käthe?", stieß Lorz erschreckt hervor. „Es wohnte doch eine Nichte bei der Frau, sie war erst vor noch nicht langer Zeit aus Braunschweig gekommen."
„Ach, du lieber Gott!", sagte der andere. „Das Fräulein. Ja, was mit dem Fräulein ist, das weiß ich nicht. Das wird jedenfalls kein Mensch in ganz Kassel wissen. Sie hat mir das Haus verkauft; ein sehr hübsches, sehr stattliches Fräulein, aber traurig, sehr traurig. Mir hat sie leidgetan, aber seht, lieber Herr, unsereiner hat mit sich selber genug zu tun. Also, als ich vorige Woche hier einzog, da war das Fräulein nicht mehr da. Ganz einfach nicht mehr da. Weiter weiß ich nichts. Die Nachbarn hatten sie am Tag zuvor noch gesehen, aber keiner wusste, wo sie geblieben war."
Lorz griff sich nach dem Herzen und rang nach Atem. Er sank dann auf einen Schemel, der im Flur stand und wurde leichenblass. Der Alte humpelte in die Küche und holte ein

Glas Wasser. Lorz trank, dankte und verabschiedete sich. Er sah bald ein, dass es keinen Zweck habe, in Kassel weiter nach Käthe zu forschen. Er machte zwar den Versuch, aber die Nachbarn wussten, wie der Alte vorhergesagt hatte, von dem Verbleiben der Jungfrau nichts. Früher würde Lorz gegen dieses widrige Geschick getobt und gewütet haben, in seinem jetzigen Zustand befiel ihn nur eine große Traurigkeit. Es war ihm eben wieder einmal ein Weg verschüttet. Er hatte nun nur noch den andern zu gehen, und den ging er jetzt. Ging ihn wie ein Nachtwandler oder wie der Kranke, den die Sehnsucht nach der Heilquelle treibt.

Wieder nahm ihn die Landstraße auf. Aus dem Hessischen kam er ins Thüringische. Als er nach vielen mühevollen Tagen, nach mancherlei Beschwerden, die ihm sein leidend gewordenes Herz machte, in die Gegend von Eisenach kam und auf einem großen Stein an der Straße sein kärgliches Mittagbrot aß, gesellte sich ein alter Kauz zu ihm. Dessen Gesicht war von Narben wie von Leidenschaften zerrissen, und auf dem Kopf hatte er nicht ein einziges Haar mehr. Der Sprache und dem Aussehen nach musste er ein Tscheche sein, denn das Deutsche ging ihm etwas schwer von der Zunge, und aus einigen besonderen Ausdrücken, die Lorz selber von Böhmen und auch aus dem Heer her kannte, schloss er auf seine Landsmannschaft. Der Fremde nannte sich Ottokar Zelenka, hatte einen alten Soldatenrock an und humpelte auf einem steifen Bein umher. Mit der feinen Nase des alten Landsknechts hatte er sofort herausgefunden, welcher Art der andere war, den er da auf dem Stein angetroffen hatte. Die Unterwürfigkeit, die der alte Bursche zur Schau trug, belustigte Lorenz Schüßler mehr, als sie ihn abstieß. Er begann, sich mit dem Böhmen zu unterhalten. Ganz natürlich war es, dass sie mancherlei gemeinsame Erinnerungen hatten, denn Zelenka war bei vielen kriegerischen

Aktionen dabei gewesen, die auch Lorz nicht fremd waren. In seinem trostbedürftigen und sehnsüchtigen Zustand war ihm überdies zu dieser Zeit jeder Mensch willkommen, der sich nur irgendwie mit ihm beschäftigte, und deshalb tat ihm das Gespräch mit dem Böhmen wohl. Man speiste zusammen, und nachher hatte Lorz nichts dagegen, dass sich Zelenka ihm anschloss. Es wanderte sich besser zu zweien. Man kam dabei doch ab und zu etwas von den quälenden Gedanken ab. Außerdem erwies sich der Alte willfährig zu allen Diensten, und als Lorz ihn erst einmal in seine Schranken zurückgewiesen hatte, da Zelenka vertraulicher zu werden begann, als es sich nach Lorzens Meinung schickte, da hielt jener dann ganz von selbst den gebührenden Abstand ein und war in der Folge betulich wie ein Ohrwurm. Im Übrigen war er keine Ausnahmeerscheinung. Abgedankte Soldaten liefen in ungezählter Menge auf den Landstraßen herum und bildeten eine nicht geringe Gefahr, denn das ungebundene Leben, an das sie gewöhnt waren, übertrugen sie ohne Weiteres auch auf die bürgerlichen Verhältnisse und kannten keine Scheu vor fremdem Eigentum. Zelenka tat also desgleichen und nahm unterwegs mit, was er brauchen konnte. Er machte sich sogar anheischig, für Lorz mit zu stehlen, sodass dieser erst ein Machtwort sprechen musste, um ihn daran zu hindern. Zelenka war ebenfalls auf dem Weg in seine Heimat. Was er indes dort anfangen wollte, das war nicht aus ihm herauszubekommen. Offenbar gedachte er, da er dort weder Eigentum noch Verwandte hatte, ein Leben auf anderer Kosten zu führen, und das dünkte ihm dort leichter zu sein als in Deutschland. Die Vorbildung hatte er ja im Heer erlangt.
Diese beiden so ungleichen und doch in manchem wieder ähnlichen Gefährten zogen also weiter durch das Land. Langsam, aber sicher näherte sich Lorz bekanntem Boden.

In das Gebirge kam er, als schon Frost einsetzte; er sah die Bergkuppen vom ersten Schnee überglänzt. Die thüringischen Wälder rauschten um ihn. Tröstlich und freundlich trotz der unwirtlichen, späten Jahreszeit. Die Bäche brausten durch das Gestein. Da und dort wirbelten blaue Rauchfähnchen aus den Tälern und Gründen auf, wo noch Siedlungen standen, die von Menschen bewohnt waren. Manche Häuser, zuweilen ganze Dörfer, waren freilich tot und verlassen. Der Rennsteig bildete viele Stunden lang den Weg der beiden Wanderer. Durch Lorzens Brust zog eine hohe Freude und ließ sein angegriffenes Herz heftiger klopfen, als er fürchtete, dass es gut für ihn sein möchte.
Eines Tages fand er sich in Schleusingen, und nun war es nur noch ein Spaziergang bis zu dem alten lieben Nest an der Werra. Über Berg und Tal ging es weiter. Jetzt war er schon im Stadtwald von Hildburghausen. Er kannte den Pfad nur zu gut: Es war der Buchweg, und auf einmal schimmerten Dächer und Türme und Häuser durch die Stämme. Vor ihm lag die Stadt seiner Kindheit, seine Heimat, die Ruhestatt, die er sich nach dem wilden Leben da draußen erwählt hatte; die ihn wieder zu sich gezogen hatte mit unwiderstehlicher Macht; die immer in ihm gelebt, auch wenn er nicht daran gedacht hatte. Es zuckte doch in seinem Gesicht. Hinter einer Tanne wischte er sich das Feuchte aus den Augen, damit es Otto Zelenka nicht sähe. Da stand auch die Hütte des alten Bätz, aber es waren nur noch die Ruinen einer Hütte. Ein paar umgesunkene Pfosten, ein paar halbvermorschte Bretter. Dann tat sich das Tor auf, und Lorz Schüßler hielt seinen ärmlichen Einzug in seine Vaterstadt. Nicht über die goldene Brücke von den Bergen des Südens her. Er kam von der entgegengesetzten Seite, und deshalb musste er auch auf einem gewöhnlichen Wanderpfad mit zerrissenen Stiefeln und einem gar so leichten Felleisen daherkommen.

Die beiden ehemaligen Soldaten, der alte und der jüngere, erregten kein sonderliches Aufsehen, als sie durch die Lorz wohlbekannten Gassen schritten. Offenbar war man inzwischen auch hier an derartige Erscheinungen gewöhnt. Mehrere Leute begegneten Lorz, die er, wenn sie auch gealtert waren, doch noch gut erkannte, aber er war ihnen fremd, und das war ganz natürlich. Ebenso war es begreiflich, dass ihn vor dem Haus am Oberen Tor der alte Mann, der vor der Tür stand, sehr förmlich und höflich begrüßte, als Lorz ihn anredete und nach dem Meister Schüßler fragte. Er habe ihm etwas von einem Bekannten zu bestellen. Obwohl bei diesen Worten eine ängstliche Spannung in die Züge des alten Schüßler trat.

Der Meister war sehr hinfällig geworden. Schnee lag auf seinem Haupt, und die Glieder waren klapprig. Er musste sich an der Wand entlang tasten, als er den Gast und dessen Begleiter in die Stube führte. Dort war Anne, die treue, alte Anne. Ihr Blick war schärfer als der des Meisters Schüßler, denn kaum hatte sie nach der Tür gesehen, so schrie sie auf: „Lorz! Gott im hohen Himmel sei Dank, unser Lorz ist endlich heimgekommen!" Schluchzend nahm sie ihn in die Arme, wie sie es einst mit dem kleinen Jungen getan hatte. Der alte Meister zitterte und musste sich setzen. „Was sagst du, Anne? Das da – das wäre – das ist – unser Lorz? Ja, ist es denn möglich! Junge, was hast du uns für Schmerzen gemacht? Aber dass du nur wieder da bist!" Es rannen ihm unaufhaltsam die Tränen über die eingesunkenen Wangen, während er die Hand Lorzens ergriff und nicht wieder loslassen wollte.

„Ja, Vater, Ja, Anne – das bin ich. Einmal musste ich doch wieder nach Hause kommen. Und einen Gast habe ich auch mitgebracht. Hier diesen Otto Zelenka. Behandelt ihn gut. Wir sind zusammen gereist. Ja, Vater, das bist du also, das

bist du wahrhaftig, und das ist unser Haus, das ist noch ganz die alte Stube von einst." Die Bewegung übermannte ihn doch, und er musste sich mit der Hand nach der Brust greifen. Es war nur gut, dass er zu Hause war. Mit dem Kriegspielen wäre es doch gar nicht mehr möglich gewesen. „Vater", sagte er dann mit einer leichten Verlegenheit, „was ist denn aber? Bist du denn so allein? Wo ist denn die – wo ist denn deine Frau?"
Der Alte wendete sich ab. „Ach, Lorz, ich weiß, dass ich dir damals wehgetan habe, aber ich wollte nach deinem Abzug noch einmal das Glück in mein Haus locken. Es ist mir nicht gelungen, oder doch wenigstens nur auf eine sehr kurze Zeit. Die gute Renate! Wenn du erst erfahren haben wirst, wie alles zugegangen ist, wirst du milder über mich denken. Nun liegt sie schon acht Jahre auf dem Lorenzerkirchhof. Hast du denn aber niemals eine Nachricht aus Hildburghausen erhalten?"
„Nie, Vater, nie. Einmal traf ich einen, der war aus Häselrieth, und einmal kam ich mit einem Eisfelder zusammen, die wussten aber nichts von dir und kannten überhaupt nur ganz wenige Hildburghäuser. Nun bleibe ich aber hier, Vater, und gehe nicht wieder fort."
„Lorz, du kommst gerade noch zur rechten Zeit. Sieh, mit meinen alten Knochen geht es nicht mehr. Ich kann nicht mehr schaffen. Du wirst die ganze Geschichte wieder in Gang bringen. Wenn dann erst wieder alle Webstühle klappern und rumpeln, dann will ich gern meine müden Augen schließen."
„Nicht so, Vater, wir wollen doch erst noch ordentlich etwas voneinander haben. Du glaubst gar nicht, was ich alles zu erzählen habe."
„Ich glaub's, ich glaub's, Lorz. Ach, was haben wir doch hier in all den Jahren erlebt. Da habe ich immer und immer

an dich gedacht, und die Anne vielleicht noch mehr." Die Anne, die keinen Blick von Lorz ließ, nickte heftig.
So war Lorz Schüßler daheim. Er schlief in der oberen Stube wie einst und war der Meister, schon bevor der alte Schüßler wenige Monate nach der Rückkehr des Sohnes die Augen für immer geschlossen hatte.

Der Mond scheint in Hildburghausen genau so sanft und lyrisch wie überall auf dem Erdenrund, und das hat er auch schon in jenen Tagen getan. Daher kam es, dass eines Abends Lorz Schüßler dem alten Kuppler und dem Drang seines eigenen Blutes erlag und im Holundergebüsch an der Stadtmauer Elisabeth Kob in den Armen hielt, obwohl er beim Einzug in die Stadt und schon lange vorher an seine kleine heimliche Braut, die er in der Heimat gelassen hatte, nicht gedacht hatte. Nun war er wieder mit ihr zusammen gekommen, aber, als er ihr Herz an seinem schlagen hörte, schloss er die Augen und dachte doch an eine ganz andere, und darin lag Unheil. Im Rosenmond führte er die ehemalige Nachbarin in sein Haus. Die Kobs wohnten schon längere Zeit nicht mehr neben den Schüßlers. Die Geschwister Kob hatten nach dem Tod ihrer Eltern das Haus verkauft, Elisabeth war mit ihrem Bruder Michael zusammengezogen, die anderen Geschwister hatten sich nach auswärts verheiratet. Liesbeth hatte immer auf Lorz Schüßler gewartet; in treuer Liebe redete sie sich das in sentimentaler Weise ein. In Wahrheit war es aber wohl so gewesen, dass sich kein Freier für sie gefunden hatte. Sie trat Lorz nun in voller Reife entgegen, und Lorz, in dem sich das Gefühl festsetzte, dass er hier eine gewisse Schuld auf sich geladen, fühlte mit den anderen Erinnerungen, die auf Schritt und Tritt auf ihn einstürmten, auch diese eine immer lebhafter und lebendiger auf sich einwirken. Zudem: Zwischen dem Lorz Schüßler in Hildburghausen und dem, der einst da draußen gewesen war, stand jetzt die Mauer. Jenseits dieser lagen die zwölf Jahre. Es kam ganz wie von selbst, dass er da wieder anknüpfte, wo er das Band aus der Hand gelassen hatte. Wurde er doch erst jetzt zum Sohn seiner Stadt. Wurde es durch das Gespräch der Nachbarn, durch die Verquickung seiner persönlichen Notwendigkeiten mit dem Gemeinsamen, durch das Geräusch der Webstühle, durch das Schaffen in seinem Gewerbe und das Nachdenken, wie ihm in diesen schlechten Zeiten aufzuhelfen sei, durch den abendlichen Trunk im Schlundhaus, durch das Geläut des Acht-Uhr-Glöckchens, durch sonntägliche Gänge in Wald und Flur, durch das Poltern mistbeladener Schubkarren in den Herbstnächten und durch ihr machtvolles Umstürzen auf der Straße. So fand er auch den Weg zurück zu Elisabeth Kob und glaubte endgültig und gewaltsam abgeschlossen zu haben zwischen sich und der Fremde. Er wollte es, wollte sich selber dazu zwingen. Ein anderer Mann war es, der noch im vorigen Jahr durch die Wälder des Vorharzes geritten war, ein anderer, der nun ein Jahr nach seiner Hochzeit ein kleines Mägdelein auf seinen Armen wiegte.

Warum aber strich er sich doch zuweilen über die Stirn, wie um etwas fortzuscheuchen, was dahinter wider seinen Willen ein eigenes Leben führte? Das geschah sogar, wenn er seine Frau in seinen Armen hielt. Aber auch, wenn er sie in der Küche schelten hörte, oder wenn sie mit ihm haderte. Denn eine Bitterkeit war doch in den zwölf Jahren in ihr aufgestanden und gewachsen. Mit eifersüchtigen Reden kam sie immer und immer wieder auf das vermutete Tun und Treiben ihres Mannes in der Fremde zurück. Sie hatte inzwischen genugsam selber gesehen, wie es beim Kriegsvolk zuging, denn auch ihre Stadt war inzwischen nicht verschont geblieben. Sie bedachte nicht das Unkluge ihres Tuns, dass sie, statt sorgsam ein wohltuendes Vergessen zu pflegen, immer wieder von Neuem die Wunden aufriss, dass sie bluteten.

So war es mit Lorz Schüßler bestellt, als er in der Nacht nach der Ratssitzung in schweren Träumen lag.

Als Lorz Schüßler erwachte, wunderte er sich darüber, wie leicht und frei ihm zumute war. Alles Bedrückende und Gedrückte der letzten Tage, die Unruhe, die ihm erst noch der gestrige Tag gebracht, waren von ihm abgefallen. Selbst die Ereignisses des Traumes spukten nicht mehr in ihm nach oder doch wenigstens nur die angenehmen. Er sprang mit beiden Füßen aus dem Bett und kleidete sich unter Pfeifen und Singen an, sodass Anne verwundert den Kopf zur Tür hereinsteckte. Sie konnte ihren einstigen Jungen und nunmehrigen Herrn nicht begreifen, als er mit fröhlicher Stimme und allerlei Scherzen das Frühmahl forderte. Doch kam sie bald auf die erfreuliche Vermutung, es habe sich die hässliche Sache mit Frau Liesbeth wieder zugezogen, und das sei es, was Lorz so aufheitere. Die treue Seele hatte zwar keine zu große Zuneigung zu Lorzens Frau erlangen können, denn sie fühlte sich natürlich durch sie in die Ecke geschoben und als ein fast unnützes Stück Hausrat betrachtet, aber um der Erhaltung des Hausfriedens willen, war es ihr doch höchst zuwider gewesen, als die Frau das Haus verlassen hatte. Als Lorz die ganz unbewusst über ihn gekommene übermütige Stimmung bemerkte, dachte er ein wenig nach, woher sie doch eigentlich stammen möge. Er konnte keinen eigentlichen und rechten Grund dafür finden, wenn es nicht der war, dass er nun entschlossen war, den Staub seiner Vaterstadt von den Füßen zu schütteln und das Leben wieder aufzunehmen, wo es sich ihm von der bewegtesten Seite gezeigt hatte. Da erinnerte er sich auch des Briefes wieder, den er noch in der Tasche trug, und obgleich er in der ersten halben Stunde nach dem Aufstehen wahrhaftig nicht mehr an das Schreiben der Käthe von Duwensee gedacht hatte, so musste es doch der bloße Besitz des Briefes gewesen sein, was seine Stimmung so gehoben hatte, selbst wenn seine Gedanken gar nicht bei der Tatsache des Briefes verweilt hatten. War er doch, obgleich der Hauptanstoß, doch nur eine Einzelheit im Ganzen. Es sollte so sein. Der Fingerzeige waren so viele und so deutliche gewesen. Ein zweites Mal würde sich ihm die Gelegenheit nicht wieder so bieten. War Käthe erst einmal wieder in die weite Welt gezogen, so konnte er die Hoffnung begraben, sie jemals im Leben wieder zu sehen. Sie war dann für ihn immer verloren. Jetzt würden ihm die paar Hildburghäuser Jahre eben nur ein Zwischenspiel gewesen sein. Weib und Kinder verlassen? Bah, es war für sie gesorgt. Er hatte ein ganz anderes Recht, und dessen Waagschale ging in die Tiefe. Er musste sein Schicksal erfüllen; dieses Schicksal saß jetzt in Coburg und wartete auf ihn. Keinerlei Abschiedsstimmung durfte ihn befallen. Die Heimat hatte ihn enttäuscht. Das leere Leben neben der kleinlichen Frau, die Kinder, die sie zu sich zog und die ihm oft grauenerregend fremd vorgekommen waren, das Zischeln und Belauern durch die Nachbarn, das widerliche Bürgergezänk und die Eifersucht der Ratsgenossen, das war nicht das Leben für einen Lorenz Schüßler. Der gehörte in andere Umgebungen, dessen warteten höhere Aufgaben, und wenn er dereinst aus dem Leben gehen sollte, so

sollte es unter Trommelschlag und Musketengekrach sein.
„Kein schön'rer Tod ist auf der Welt,
als wer vorm Feind hinscheid't!",
sang er vor sich hin. Käthe würde sein Kamerad sein, wie es Elisabeth nie hätte sein können. Diese war ihm immer ein verschlossenes Buch gewesen und ihre eigenen Wege gegangen. Flüsterte jemand ein grobes Wort in sein Ohr? Er verzog spöttisch den Mund und scheuchte den Gedanken an einen solchen Ausdruck von sich wie eine Fliege vom Tisch. Wenn die Ehe tatsächlich nicht mehr bestand, dann konnte dieses Wort nicht seine ungeschlachte Sprache dazwischen reden. Im Heer würde man über ihn lachen, wenn er je mit so hausbackenen und angesäuerten Ideen heranrücken wollte. Auch Käthe würde gewiss kein Hindernis sehen. Er überdachte die Jahre, die zwischen ihrem damaligen Verschwinden und dem Heute lagen. Sie war beim Heer wohl schon seit der Zeit, da sie ihm entschlüpft war. Sie hatte sicher viel gesehen und erlebt. Auch wohl an sich selber manches erfahren, worüber man hier im Städtlein die Nasen rümpfen würde. Sie würde nicht mehr das scheue, bis dahin wohlbehütete Mägdelein sein … Eine leichte Röte lief ihm doch über die Stirn, und zwischen den Brauen zeigte sich die Falte. Aber da hieb er auch schon mit der Faust auf den Tisch: „Messe ich mit dem Maß der Spießbürger, die ihren Katechismus sauber gelernt haben? Mag sie jetzt sein, wie sie will, mir gilt es gleich! Sie ist dennoch mein, mein geblieben." Er holte den Brief hervor und vertiefte sich erneut darin: „Käthe. Lass sehen: Sechs Jahre. Sie muss ein königliches Weib geworden sein, muss in der Blüte stehen, und so soll sie mir zufallen. Sie ist das, was ich jetzt brauche. Überdies, so wie ich sie kenne, kann sie sich nie weggeworfen haben. Sie hatte schon immer adeligen Sinn und ist von der Art, die unter allen Umständen auf sich hält."

Eine Ungeduld ergriff ihn, sodass er kaum den Imbiss erwarten konnte. Aber dann aß er so hastig, dass Anne besorgt ausrief: „Aber Lorz, Junge! Lass dir doch Zeit. Der Tag ist noch lang."
„Wer weiß, Anne, wer weiß?", erwiderte er mit vollen Backen kauend und mit einem so munteren Blitzen der Augen, dass sie beruhigt das Zimmer verließ. In der Werkstatt hielt sich Lorz nur eine kurze Weile auf, beschränkte sich darauf, die nötigen Anweisungen zu geben und sich berichten zu lassen, was am Tag vorher geschaffen worden war. Dann holte er einen derben Stock aus dem Winkel und ging aus dem Haus. Es litt ihn heute nicht daheim. Im Gehen kamen ihm immer die besten Gedanken, und heute hatte er noch so viel zu überlegen und sich Zukunftsbilder auszumalen, dass er die mannigfachen Störungen in seinem Haus oder in der Stadt unbedingt vermeiden musste.
Er ging mit federnden Schritten, den Stock scharf und hart aufsetzend einen Feldweg, der nach dem Krautberg führte. Es war ein herrlicher Tag. Der Herbst zeigte sich zwischen den Werrabergen und im fränkischen Vorland in einer blendenden und doch erfrischenden Schönheit. Die Sonne stand an einem wolkenlosen, tiefblauen Himmel über dem Stirnberg. Ein sanfter Wind brachte die ganze Kühle der Wälder mit, die er durchstreift hatte. Leise flatterte da und dort ein gelbes Blatt zu Boden. Noch waren es nur einzelne; in seiner großen Masse zeigte sich noch alles Laub sommergrün. Seine ganze Herrlichkeit offenbarte der Herbstmorgen aber erst, als Lorz auf dem Berg stand und sich unter einer großen Buche niederließ. Lorz Schüßler war nicht der Mann, der so von der Bewegtheit seines Inneren beherrscht worden wäre, dass die Natur ohne Eindruck auf ihn geblieben wäre. Er schloss die Augen und ließ sich behaglich und zufrieden den Bergwind durch das Haar streichen. Das tat wohl. Als

er sich umsah, nahm er einen tiefen Atemzug und ließ den Blick weit in die Runde schweifen. Der blaue Tag führte ihm die Heimat in lachender Schöne vor. Noch nicht in den blauen Farben des Mittags, sondern in den verschämten, silbern-bläulichen Schleiern des Herbstvormittags. In den Tiefen der Täler und Gründe wurden sie gewoben und von dort sachte, ganz sachte emporgezogen, bis sie zarter und zarter wurden und sich in Luft auflösten, nachdem sie Bäume, Bergkuppen, Häuser und Gestein bald durchsichtig verhüllt, bald zwischen den durchbrochenen Stellen des Schleiers umso heller und deutlicher hatten hervortreten lassen. Es grüßten von Norden her in ruhiger Bläue die Berge des Thüringer Waldes, über die Lorz Schüßler vor sechs Jahren daher gewandert war. Im Nordwesten schoben sich die Berge der Werra einer vor den anderen. Es standen wuchtig und fest in ihrer dunklen abgerundeten Massigkeit die beiden Gleichberge, der Kleine mit seiner spitzeren Kuppe, der Große mit dem etwas gestreckten Rücken. Die Werra blitzte. Freundlicher Schornsteinrauch kräuselte sich über den Häusern der Stadt, deren Dächerrot warm und weich Ergänzung und Gegensatz zum Grün der Flur schuf. Ganz nahe unter den Füßen hatte Lorz das Dorf Birkenfeld, wie aus einer Spielzeugschachtel aufgebaut.
Die Heimat bot sich Lorz Schüßler in ihrer Wärme dar. Aus tief leuchtenden Augen strahlte sie ihn an. Buntes Laub hatte sie sich in Kränzen um Haupt und Schultern gewunden, und in der Hand hielt sie eine Schale und bot dem Sohn, der wilde Gedanken hinter seiner Stirn wälzte, zu trinken. Er sah den Trank, er nahm ihn und stürzte ihn gierig hinunter. Der Trank verbrannte ihm das Herz, er aber, der Trinkende, zwang sich, es nicht merken zu lassen. Mit Leidenschaft stieß er vielmehr zwischen den Zähnen hervor: „Was soll das alles? Was soll mir das?"

Die Heimat wohnte aber auch hinter den Mauern der Stadt da unten, wo die Schüßlers seit Jahrhunderten gelebt hatten und tüchtige Bürger gewesen waren; sie wohnte in dem Haus am Oberen Tor, sie hauste in jedem Heimwesen, wo der Arbeit gepflegt, wo heimische Sitte und Art erhalten wurde, sie lebte in den alten Straßen und Plätzen, in der Laurentiuskirche und im Rathaus, in hundert und tausend Zeichen und Bildern, die nur in dieser Stadt und diesem Tal zu eigen waren, und von alledem lebte ein Stück von dem Manne, der jetzt da oben am Berg lag. Was er je gedacht und gefühlt, das war mit ihnen verbunden. Und abermals trank er hastig und sehnend und tat sich doch wieder Gewalt an, wie um seinen Widerstand zu erproben, obwohl ihm der Trank das Herz verbrannte und fragte: „Was soll das alles? Was soll mir das?" Da entsetzte sich die Heimat über seine Verhärtung und deckte das Antlitz mit der Hand. Dennoch lag nicht hoffnungslose Verzweiflung in ihren Blicken, als sie Lorz Schüßler nachsah, der über den Berg gestiegen war und nun das vorfränkische Land vor sich hatte. Sie hatte viel besser und deutlicher als er selber das Zittern gespürt, das durch einige Fäden seines Inneren gegangen war.
Er wunderte sich anfänglich, als er bemerkte, wie alle Wege mit Leuten erfüllt waren. Es war doch nicht Jahrmarkt in Hildburghausen? Die Menschen strebten offenbar in großer Hast der Stadt zu. Es fiel ihm bald ein, dass das doch nicht anders sein könne. Trieb doch jedes Heer einen Schwall von Flüchtlingen vor sich her, und da die Kaiserlichen in die Gegend von Coburg und Heldburg eingerückt waren, so war der Zug der Flüchtigen eine ganz natürlicherweise einsetzende Erscheinung. Hatte er doch selber dergleichen oft und oft erlebt. Als er über den Bergrücken niedergestiegen war und in die Hochebene kam, fluteten schon die geängstigten Leute in Scharen an ihm vorbei. Männer und Frauen

in allen Lebensaltern, große und kleine Kinder, Greise, die sich kaum noch schleppen konnten, Kranke auf Karren, dazwischen brüllendes Vieh. Die Blicke der meisten Dahinziehenden waren starr geradeaus gerichtet, dem Ziel zu, das ihr Leben retten sollte und das Wenige, das sie von daheim hatten mitschleppen können. Andere unterhielten sich ganz gemütlich, als ginge es wie sonst zum Schweinemarkt, mit ihren Nachbarn. Manche zeigten offen die dem Menschen in der persönlichen Gefahr meist eigene Rücksichtslosigkeit und waren ganz und gar nur auf sich und das Ihrige bedacht, mochten dabei auch andere zu Schaden kommen. Das waren die, die rücksichtslos drängten und schoben, schimpften und skandalierten, wenn ihnen ein Hindernis in den Weg kam oder sie wegen eines anderen Flüchtlings vor ihnen, der nicht so schnell wie sie von der Stelle kam, zu einer Verzögerung ihrer Eile genötigt wurden. Es fehlte nicht viel, so wäre es, während Lorz zuschaute, an manchen Stellen zu Schlägereien gekommen. Mit einem Gemisch von Ekel, Mitleid und Grauen betrachtete Lorz Schüßler dieses wüste und wilde Treiben, während er seinen Weg fortsetzte. Immer neue Scharen kamen ihm entgegen, bald Einzelne, bald ganze Dorfschaften, alle aus der Umgebung von Heldburg. Schwer schleppte sich, aus trüben Augen blickend, ein stämmiger, untersetzter Mann mit gerötetem, bartlosem Gesicht heran. Seine Züge waren, obwohl derb, doch weniger bäuerisch als die der anderen. Er ging barhäuptig, und seine Kleidung sah wunderlich und übel aus. Zu einem groben Kittel trug er eine kurze, lederne Hose, die über und über mit Wagenschmiere besudelt war. Darunter zeigte er je einen grünen und einen weißen Strumpf. Aus den harten und derbfaltigen Schuhen sahen die Zehen heraus. Das Schuhwerk musste ihn höllisch kneifen, denn oft blieb er stehen, verzog schmerzlich das Gesicht und zog pfeifend die Luft ein. Bei einer solchen Erholungspause traf diesen Mann Lorz Schüßler und redete ihn an, um Näheres aus der bedrohten Gegend zu erfahren. Schlimmes war es, was der Ratsherr zu hören bekam. Freilich stand auch diesem Flüchtling, dem Mann mit den zweierlei Strümpfen, sein eigenes Missgeschick am nächsten, und er versäumte nicht, um Mitleid zu erwecken, ein Langes und Breites davon zu erzählen. Aus seinen eigenen Erfahrungen konnte man aber auf die der anderen schließen. Da hörte Lorz Schüßler denn von dem Manne, der sich Martin Bötzinger nannte und Pfarrer in Poppenhausen war, wie die Soldaten ihm und seinem Weibe übel mitgespielt, wie sie ihn misshandelt, ihm Mistjauche in den Hals gegossen und wie sie nach ihm fahndeten, als er in seiner Todesnot vor ihnen in den Fluss unter die Brücke geflüchtet war. Das Zutrauen zur Menschheit hatte bei dem Poppenhäuser Pfarrer offenbar einen starken Stoß erlitten. Vorher freilich musste es in einem Maße vorhanden gewesen sein, das sich nicht gut mit der allgemeinen Lebensklugheit vertrug, denn er berichtete, wie freundlich und von Herzen entgegenkommend er den ersten Soldaten begegnet sei, die in sein Haus gekommen, er habe sie mit aufrichtiger Freude in aller Christlichkeit als liebe Gäste empfangen, aber üblen Dank geerntet, denn sie hätten ihm nicht allein alles, was mitnehmenswert war, gestohlen, sondern ihn so entsetzlich behandelt, dass er zu seinem Schwiegervater nach Heldburg geflohen war. Dort war er allerdings aus dem Regen in die Traufe gekommen. In seiner großen allgemeinen Not schien aber der Pfarrer seine kleineren Nöte nicht aufgehen zu lassen, denn er verfehlte nicht, sich wortreich über seinen unschönen Aufzug zu beklagen. Da er den wüsten Soldaten im bloßen Hemde entronnen, so habe er erst unterwegs Kleidung zusammengefochten und sie nehmen müssen, wie sie eben geboten wurde. Vor allem störten ihm seine zweifarbigen Strümpfe und dass er keine Kopfbedeckung habe. Indes, in Hildburghausen hoffe er, seine äußere Erscheinung zu verbessern, damit er würdig und, seiner Stellung entsprechend, auftreten könne. Lorz Schüßler nannte nunmehr seinen Namen und gab dem wackeren Bötzinger die Wohnung seines Schwagers Michael Kob an. Dort werde er gewisslich Unterstützung finden. Zugleich griff er in die Tasche und bat um der christlichen Liebe willen sein Gegenüber, ihm einen Taler verehren zu dürfen. Martin Bötzinger griff eifrig und dankbar danach, schüttelte dem Helfer gerührt die Hand und setzte seinen mühseligen Weg fort, den anderen Flüchtlingen nach, die ihn inzwischen überholt hatten, und mit den ferneren Bedrängten, die weiter nach und nach hinter ihm kamen.

Viele zogen noch Lorz entgegen, als er nach der anderen Seite weiterschritt, und die eben geschauten Bilder wiederholten sich noch oft. Der Wanderer, der nach Süden zog, anscheinend dem Löwen in den Rachen, erregte die Verwunderung und das Staunen der Flüchtigen. Manche von ihnen glaubten, ihn warnen zu müssen und schrien ihm mit lebhaften Handbewegungen und schreckhaften Mienen einiges zu. Lorz aber ging unbeirrt weiter. Nun lagen die Berge zwischen ihm und der Stadt. Es ging ein Gefühl der Befreiung, des Losgelöstseins, durch ihn. Er glaubte mit jenen armen Verfolgten, mit den erschreckten und das kommende Unheil fürchtenden Bürgern da unten nichts mehr gemein zu haben. Es war aber dennoch, als müsse er sich immer und immer wieder vorsagen, dass das so sei, damit er diesen Gedanken erst in sich heimisch mache. Denn, wenn er es sich auch nicht zugestehen wollte, ganz aus seinem Inneren kam ihm diese Vorstellung nicht. Da lebte vielmehr noch etwas Anderes, Beherrschendes, das es zu unterdrücken galt. Es gab Augenblicke, in denen sich Lorz als Verfolger und

Verfolgter zugleich fühlte, dann stand der Wandernde still und stöhnte, ohne es zu wissen und zu wollen und fuhr sich mit der Hand nach der Brust. Lorz war ärgerlich auf sich selbst. Die Hand krallte er um einen jungen wilden Apfelbaum und warf seinen Hut zu Boden, dass er weiß vom kalkigen Straßenstaub wurde. Gleich darauf sah sich indes der Ratsherr um, ob auch niemand diesen unbeherrschten Ausbruch bemerkt habe. Es war aber leer um ihn. Der große Schwarm der Flüchtenden war vorüber, fern von Süden her kamen nur noch einzelne Nachzügler. Tau tropfte von den Bäumen und klatschte schwer auf die Straße. Die Sonne stand schon ziemlich hoch, es begann, warm zu werden. Die Gegend hellte sich, die Nähe verlor schon die blauen Schleier, nur in den fernen Bergen hingen sie noch. Lorz hatte die Straße verlassen. Sein Fuß zerknickte die Stoppeln der Getreideäcker. Das tat dem Mann wohl, denn es erinnerte ihn an die Zeit, da er sich nicht um Weg und Steg hatte zu kümmern brauchen, wenn er nur die Richtung hielt, an die Jahre, in denen er seinen Reiterhaufen durch Saat und Brache geführt hatte, unbekümmert um die Verwüstung, die hinter ihm blieb. Wie in kindischem Spiel hob er seinen Gehstock hoch in die Luft, rief: „Drauf und dran!", stürmte im Trab gegen einen Schlehenstrauch und ließ den Stab mit Wucht in das dornige Geäst niederfallen, sodass die zart blau überhauchten Früchte, die dicht bei dicht an den Zweigen saßen, nach allen Seiten in das dürre Gras und Laub niederprasselten. Dann lächelte Lorz, pfiff sich eins und ging geruhsam weiter. Es war ein Tag, an dem man wohl vergessen kann, dass es ein Alltag ist und alles, womit man sonst an einem solchen umzugehen pflegt, alles, was auf einen drückt und einen Menschen einengt. Lorz Schüßler wollte vergessen. Was wusste er jetzt wohl noch von Hildburghausen? Nun war er schon ganz aus dem Kreis herausgetreten,

in dem er sich in den letzten sechs Jahren bewegt hatte, und wenn er auch noch einmal in die Stadt zurück musste. So galt das nur für einen Übergang, eine kurze Wartezeit von ein paar Tagen, vielleicht auch nur gar von einem einzigen Tag. Wenn es gut ging, so konnte er schon übermorgen wieder einen Pferderücken unter sich fühlen.
Plötzlich sprang der steile Kegel des Straufhain vor ihm auf. Lorz Schüßler war es, als erwache er aus einem Traum. Der Straufhain war es, was ihm heute Morgen in dämmrigen Umrissen vor der Seele gestanden hatte; er war während der ganzen Wanderung unbewusst das Ziel gewesen. Nun, da er vor ihm auftragte, war es doch, als ginge ein kurzes Erschrecken durch Lorzens Seele.
Ein unbehagliches Düster lag im dichten Wald, als ihn Lorz durchschritt und weglos den steilen Berg zu erklimmen strebte. Eine unheimliche Stille umgab den Bergsteiger. Starr und unbewegt ragten die Kronen der Bäume gegen den Himmel. Modergeruch stieg vom Boden auf. Da und dort rannen lautlos schwärzliche Wasseradern. Als ein Specht sein gespenstisches Gelächter ertönen ließ, schrak Lorz zusammen. Er stand still und horchte auf das wilde Klopfen in seiner Brust. Das Steigen fiel ihm schwer. Nur mit mehreren Ruhepausen war es ihm möglich, den Gipfel zu erreichen, wo die Ruine stand. Vorsichtig näherte er sich ihr. Es war landläufig bekannt, dass das alte Gemäuer seit längerer Zeit der Unterschlupf lichtscheuen Gesindels war. Da aber alles still blieb und menschenleer schien, so betrat Lorz den ehemaligen Burghof. Mannigfache Spuren, dass dort Menschen gehaust, fand er da. Aus einem Aschenhaufen stieg sogar noch leichter Rauch auf. Lorz Schüßler sah in allen Winkeln nach. Niemand war zu finden. Die Raubgesellen und Diebe, Zigeuner oder was es sonst sein mochte, hatten sich wohl dahin gewandt, wo für sie wahrscheinlich etwas

abfallen mochte, nach den Orten, in die die kaiserlichen Truppen eingezogen waren. So ließ er sich sorglos auf einem Mauerrest nieder und begann, seinen Plan regelrecht zu überdenken. Käthe von Duwensee – es war sonderbar, dass er auf dem ganzen Weg eigentlich am wenigsten an sie gedacht hatte, und das fiel ihm jetzt mit einem ärgerlichen Erröten selber auf – sie musste ja doch schnelle Antwort auf ihren Brief haben. Oder war gar keine Antwort nötig? Würde eine solche sie überhaupt noch erreichen? Sollte er sich lieber nicht selber aufmachen und nach Coburg gehen, während sie möglicherweise schon auf dem Weg nach Hildburghausen war? Er konnte zu keinem Entschluss kommen. Stattdessen geriet er wiederum ins Träumen. Er sah die herrliche Gestalt jenes Weibes deutlich vor sich, sah, wie sie neben ihm durch die Wälder ritt und hörte das Glucksen und Murmeln des Waldbrunnens. Er fühlte auch aufs Neue den Schmerz von damals, als er einsehen musste, dass sie für ihn verloren gewesen war. Nun aber kam sie wieder. Ein Windhauch strich durch die Ruine. Steine und Geröll rieselten von einer Mauer. Blendend lag die Sonne auf dem hellgrauen Gestein.

Lorz Schüßler sprang beunruhigt auf und begann, auf und ab zu schreiten und, was sonst nicht seine Art war, ein Selbstgespräch zu führen, untermischt mit Ausrufen an die ferne und nun wieder nahegerückte Geliebte. Zärtliche Worte waren es, Anklagen an das Schicksal und leidenschaftliche Ausmalungen der Zukunft. So brachte er wohl eine Stunde zu. Erst als er sich noch einmal den Brief Käthes laut vorgelesen hatte, sah er nach dem Stand der Sonne und wandte sich zum Gehen.

Doch blieb er vorerst abermals stehen, als fiele es ihm schwer, wieder dahin zurückzukehren, wo er sich in Fesseln fühlte, nachdem er sich schon einen halben Tag lang eingebildet hatte, in die Freiheit, wie er sie sich dachte, zurückgekehrt zu sein. Er sah hinaus ins Land. In der Heldburger Gegend stiegen an mehreren Stellen Rauchwolken auf, sie schoben sich am Horizont hoch und verdunkelten mehr und mehr den Himmel.

Aber im Westen ballte sich auch Regengewölk, es breitete sich aus und zog vor die Sonne. Der Wind hatte sich gedreht. Als er die Landschaft so düster und drohend verändert sah, befiel den Mann auf der Bergeshöhe eine seltsame Beklemmung. Es war ihm, als ginge ein fahles Licht von dem unheimlichen Gemäuer der Ruine aus. Scharf traten die Fränkische Leuchte und die Coburg hervor. Lorz Schüßler machte, als er sich nach der Coburg umdrehte, überrascht eine plötzliche Handbewegung. Grüßend, sehnend oder abwehrend, er wusste es selber nicht. Aber noch ein anderes als die scheinbare Greifnähe der Burg setzte ihn in Verwunderung. Seitwärts von ihm schimmerte es aus kurzer Entfernung rot aus dem Gras, wie ein Kopftuch oder dergleichen, er hatte das unbehagliche Gefühl, dass ihn ein Paar scharfe Augen wohl schon eine ganze Weile beobachtet haben mussten.

Seinen Stock fest ergreifend, schritt er auf die Erscheinung zu. Ein Weib richtete sich bei seinem Näherkommen in sitzende Stellung auf, ein Zigeunerweib, schlank und geschmeidig von Körper noch unter der zerlumpten Kleidung, das Gesicht aber von Runzeln durchzogen, obgleich die Fremde noch nicht alt sein mochte. Den Blick ihrer schwarzen, glitzernden, an giftige Waldbeeren erinnernden Augen hielt sie fest auf den Ankommenden gerichtet. Als er ihr näher kam, nickte sie ihm vertraulich zu und brach in ein misstönendes Kichern aus, indem sie die flachen Hände zusammenklappte. Angewidert von der Erscheinung wollte Lorz vorübergehen.

„Ich wusste, dass mein Liebster noch einmal kommen würde", stieß die Zigeunerin jetzt heiser hervor, „ich wusste es, dass er heute auf dem Berg der Fledermäuse und Füchse sein würde, darum bin ich hier geblieben, als die anderen fort zum reich gedeckten Tische zogen. Und er ist wirklich gekommen, wirklich, bevor ihn und mich die schwarze Grube aufnimmt."

„Was redest du da für einen Unsinn, Weib!", fuhr Lorz sie an. „Was kümmerst du Vogelscheuche mich, was geht mich dein sauberer Liebster an? Warum sitzt du hier und hast mich belauert?"

Das Weib kicherte von Neuem auf eine Lorz höchst widerwärtige Weise und verzog das gelbe Gesicht zu einer spöttischen Grimasse: „Sauberer Liebster! Hihihi. Wohl ist mein Liebster noch sauber, ich aber, ich muss es dulden, dass man mich eine Vogelscheuche nennt. Je nun, die Weiber unserer Leute reifen früh und welken früh. Meinen Liebsten aber hatte ich einstmals von einer anderen Art erwählt, und damals war ich noch glatt und jung."

„Lass mich mit deinem Gewäsch zufrieden!", versetzte der Ratsherr barsch und war im Begriff, nun wirklich weiter zu gehen.

„Lorz Schüßler!", rief sie hinter ihm drein, „bleib doch noch einen Augenblick; ich weiß, dass es das letzte Mal ist, dass wir zusammenkommen. Denn in deinem Auge steht zu lesen, dass du nicht wieder die Blätter fallen siehst."

Lorz fuhr heftig herum. „Was ist das? Woher kennst du mich?"

„Sollte Euch doch wohl kennen, lieber Herr, schöner Herr. Sollte doch wohl meinen Liebsten noch kennen, den ich einst in meinen Armen hielt. Hab's nicht vergessen, ist es auch noch so lange her. Dort drüben, in der Heide, im warmen weichen Sand; ist es auch lange, lange her."

„Wer bist du, Weib?", rief Lorz.
„Sie heißen mich jetzt Eichkatzenmutter. Früher aber nanntest du mich Etelka."
Lorenz Schüßler trat einen Schritt zurück und wurde blass. „Ist es möglich? Du bist Etelka, die Zigeunerdirne, die …"
„Ja, mein schöner, mein immer noch stattlicher Lorz, ich bin Etelka. Ich weiß, dass du mich niemals ganz vergessen hattest. O, bleibe bei mir, eine kleine Weile nur, denn ich werde dich nimmermehr wiedersehen. Fürchte nichts, mein Blut ist wie das Wasser, das dort rinnt. Trage auch keine Sorge, dass meine Leute jetzt kommen könnten. Die sitzen in der vollen Speisekammer und haben kein Verlangen nach dem kahlen Nest."
Lorz Schüßler fühlte eine sonderbare Bewegung in sich aufsteigen, er trat vor die Zigeunerin hin und setzte sich auf einen Baumstamm ihr gegenüber. „Du bist Etelka?", wiederholte er tonlos. „Was willst du hier, und was soll diese Begegnung? Was scheuchst du lange zur Ruhe gegangene Gespenster aus dem Grab?"
„Ich habe dir gesagt, Lorz, dass ich dich noch einmal sehen wollte. Kann dich das erschrecken? Kann es den Mann betrüben, wenn er an den Knaben zurückdenkt? Und noch dazu, wenn sich dieser Knabe nichts vorzuwerfen hat?"
Das Wort verwirrte ihn, aber er setzte der einschmeichelnden Rede Kälte entgegen. „So also siehst du die Sache an, Weib? Nun überdies, das ist alles so lange her. Es hat keinen Zweck, sage ich dir, das Begrabene wieder ans Tageslicht zu reißen. Lass es ruhen. Vielleicht auch war das alles für mich eine Notwendigkeit. Wer weiß es, wie es von dort bestimmt wird, wie die Lose über uns fallen sollen? Über jenem Zusammentreffen sind die Wellen dahingeglitten, viele, viele Wellen. Sie haben Sand und Geröll darüber gelegt. Nichts ist mehr zu sehen. Wozu also noch jetzt davon reden?"

„Recht hast du, Lorz Schüßler, und wohl hast du von den Losen gesprochen. Gerade damit muss es aber auch zusammenhängen, dass du mich noch einmal auf deinem Wege findest und dass wir hier sitzen wie alte Bekannte und Freunde, du, der ehrengeachtete Ratsherr und ich, das verachtete Zigeunerweib."
„Ehrengeachteter Ratsherr", sprach Lorz Schüßler gedankenvoll nach.
Das Weib kicherte abermals, dann sah es ihm voll ins Gesicht und sprach: „Höre, Lorz Schüßler, ich weiß mehr von dir als du denkst, und vielleicht bist du mir einmal für die kurze Unterredung dankbar. Ich sehe einen Falken, der an jedem Ständer mit einer Schlinge befestigt ist. Die Schlingen sind bunte Bänder, sie tragen Edelsteine und vielerlei Schmuck und Zierat, und der Falke tut, wenn er gesehen wird, als sei er stolz darauf. Manchmal aber, wenn ihn niemand sieht, dann wendet er sein Auge in den weiten Himmel über sich und flucht der Haft, in der man ihn hält. Gerne möchte er die Bänder zerreißen, die Schwingen regen, sich emporheben über die Auen, in ferne Lande fliegen, sein eigener Herr sein und die wilde Falkin suchen, von der seine Seele träumt und die früher einmal an seiner Seite geflogen ist."
„Ei, du weißt ja gar viel", stieß Lorz heraus. Es sollte spottend klingen, aber das feine Ohr der Zigeunerin hörte einen bebenden Ton heraus.
Das Weib fuhr fort, während sie die Augen mit der Hand verhüllte: „Armer Falke! Freue dich deiner Fesseln. Denn die freie Luft ist nicht mehr dein Reich. Das hast du für immer verloren. Tief im Herzen sitzt dir eine Wunde, von der du nimmermehr genesen wirst. Wenn du im Käfig stirbst, dann werden viele Tränen auf dich fallen, und Ehren wird man auf dich häufen. Was sie da unten Ehren nennen. Würdest du aber deine Fesseln zerreißen, so würde dich der

nächste Nordsturm lähmen, und du würdest dein Grab unbeachtet im nächsten Graben finden. Rote Füße würden mit Spott über dich hinschreiten und dein stolzes Federkleid höhnend zertreten. Deine Falkin aber würde nur eine ach so kurze Zeit unter Ängsten und Kümmernissen dein gewesen sein, denn viele andere Falken haben schon lange ihre scharfen Lichter auf sie gerichtet. Wohl dir, Falke, dass du nicht kannst, wie du willst. Bleibe, wo du bist und halte dir deinen Käfig warm. Glaube mir, es ist das Beste, was du tun kannst."

Die Zigeunerin nahm die Hand von den Augen und starrte Lorz mit einem wissenden Blick an. Der Ratsherr wandte sich wie im Ärger halb ab und polterte: „Weibergewäsch! Verlangst du im Ernst, ich soll etwas darauf geben?"

„Je nun", sagte die Zigeunerin gleichmütig, „das könnt Ihr halten, wie Ihr wollt, Herr Ratsherr. Eins sage ich Euch aber noch: Ihr werdet an mich denken, wenn das Feuer über der Stadt da unten steht, ohne sie zu verbrennen", sie ergriff plötzlich seine Hand und sah aufmerksam die Linien der inneren Fläche an, „und wenn nächstes Jahr das Korn anfangen wird zu gilben, dann ist es Zeit, Lorz Schüßler, Euer Haus zu bestellen."

„Unsinn!", wollte Lorz entgegnen, aber vor dem feierlichen Ton der Rede des Weibes erstarb ihm das Wort im Mund. „Wenn du so viel weißt, Etelka", sagte er nach einer Weile, „so ist dir sicher nicht nur das Ferne, sondern auch das Nahe bekannt. Ich bin auf einer Wanderung, um mich im Land ein wenig danach umzusehen, was meiner Stadt bevorstehen mag, und du kannst mir wohl einen Fingerzeig geben. Aus alter Freundschaft", fügte er lächelnd hinzu.

„Ich komme aus Coburg", erwiderte die Fremde, „und da ist bereits ein rüstiges Packen im Gange. Die Geier des Südens ziehen gegen den Löwen von Mitternacht."

„Gegen den Schwedenkönig", stimmte Schüßler bei, „nun, er ist ein wackerer Gegner und ein menschlicher Herr. Ich habe ihn seinerzeit auf der Bertholdsburg in Schleusingen gesehen. – Aber, was hast du in Coburg sonst noch bemerkt?"

„Ei, ein schönes Fräulein, mein Lorz, ein Fräulein, das seinen Liebsten sucht, den Liebsten, der sie vergessen hat."

„Du hast Käthe von Duwensee gesehen?"

„Ja, so heißt sie ja wohl, und ich habe erfahren, dass sie nach einem gewissen Lorz Schüßler forschte. Ich kam zufällig dazu, um ihr Aufschlüsse geben zu können, denn ich, müsst Ihr wissen, hatte Euch niemals aus dem Auge verloren, auch wenn Ihr nichts davon gewusst oder auch nur geahnt hattet. Als sie erfuhr, dass besagter Lorenz Schüßler, Ratsherr von Hildburghausen, seit Jahren wohlehrbarer Ehemann sei, da hat sie einen lauten Schrei getan und ist auf ihr Ruhebett niedergesunken, das Gesicht in beiden Händen. Doch hat sie sich gleich darauf das Antlitz gewaschen, und ich habe ihr gegen ein Goldstück versprechen müssen, dass ich nichts von ihrer Gemütsbewegung bemerkt haben wolle."

„Es war nicht zu vermeiden", murmelte Lorz Schüßler, „doch hätte es sie nicht so unvorbereitet treffen sollen, und die Kunde davon hätte auf eine andere Art zu ihr gelangen müssen. Indes, einmal musste sie es ja doch erfahren, und sie ist verständig genug, um einzusehen, dass sie mir keinen Vorwurf daraus machen kann, dass das alles so gekommen ist, wie es jetzt ist."

Er lenkte das Gespräch von diesem Gegenstand ab, weil er ein inneres Grauen und Widerstreben fühlte, mit der Zigeunerin noch weiter über Käthe von Duwensee zu reden: „Und die Truppen?"

„Viele sind es, Herr", sagte die Zigeunerin, „und die Söhne des Teufels sind darunter. Wehe der Stadt, wo die sich

niederlassen! Geht nach Hause und vergrabt Euer Silbergeschirr und mauert Eure Weiber und Töchter ein."
„Nun, nichtsdestoweniger habe Dank, Etelka", sagte Lorz mit einer plötzlichen Weichheit. „Ich muss dich verlassen. Was du mir gesagt hast, ist wertvoll für mich gewesen."
Er reichte ihr ein Goldstück. Etelka starrte ihn erst stumm und ungewiss an. Dann lachte sie gellend auf, riss die Münze an sich und rief: „Lebt wohl, mein lieber Herr, mein schöner Herr, und grüßt Eure beiden Liebchen von mir."
Lorz ging einige Schritte bergab. Als er sich noch einmal umdrehte, war die Stelle, wo die Zigeunerin gesessen hatte, leer.

Die Stadt war aufgeregt und verstört. Jede Hantierung schien heute zu ruhen. Alles war von der Aufregung hingerissen, die die Flüchtlinge mit sich gebracht hatten. Die Straßen waren von ihnen belebt, und dazu drängten sich die Hildburghäuser überall durch und fragten und ließen sich erzählen. Die gemeine Neugier und die herzlichste Teilnahme waren bunt durcheinander gemischt. An allen Straßenecken waren Gruppen, in deren Mitte ein Landbewohner stand und mit lebhaften Handbewegungen und oft unterbrochen durch die erschreckten Ausrufe seiner Zuhörer berichtete, was für Drangsale er hatte erleiden müssen. Andere Flüchtlinge irrten durch die Straßen und suchten ein Obdach oder eine Mahlzeit oder Ergänzung ihrer mangelhaften Kleidung. Da und dort sah man, wie sich eine Tür öffnete, um einen der Bedrängten einzulassen. An anderen Stellen gab es Scheltworte, wenn der Angebettelte sich abweisend verhalten und dafür eine grobe Rede des Bittstellers empfangen hatte oder wenn die Bitte eher einer dreisten Forderung, einer Drohung nicht unähnlich, geglichen hatte. Bei einem Bäcker, wo eine Rotte verwegener Burschen und rücksichtsloser Weiber einfach versucht hatten einzukaufen, ohne Bezahlung dafür anzubieten, kam es sogar zu einem Handgemenge, zu dessen Beilegung die Stadtdiener

herbeigerufen werden mussten. Kinder schrien, erschreckte Hühner flatterten auf den Straßen umher und mussten sich beeilen, den Griffen der nach ihnen Haschenden zu entschlüpfen. Eine Ziege, deren Stalltür in dem allgemeinen Durcheinander offen geblieben war, hatte einen Ausflug vor das Haus unternommen und meckerte kläglich die Gasse entlang. In der Nähe des Marktes wurde das Getümmel am stärksten. Auf dem Platz hatten sich ganze Familien niedergelassen und begannen, sich häuslich einzurichten. Selbst Kochfeuer flammten auf und wirbelten ihren blauen Rauch gegen das Rathaus. Oft war Lorenz Schüßler genötigt, über lang ausgestreckte Menschenbeine hinwegzuschreiten.
Drüben an der Ecke stand der alte Ratsdiener Stubenrauch und winkte, als er des Ratsherrn ansichtig wurde, lebhaft mit beiden Armen. Lorz schuf sich Platz und stand nach einigen Augenblicken vor ihm. „Was gibt's, Alter?"
„Gut, dass Ihr kommt, Herr. Ich bin schon dreimal bei Euch am Oberen Tor gewesen, konnte Euch aber nicht antreffen, und niemand von Euren Leuten konnte mir sagen, wohin Ihr gegangen wart. Zu einer Ratssitzung sollte ich Euch bitten. Die Herren sind schon seit einer halben Stunde versammelt. Ich glaube, sie haben nur noch auf Euch gewartet."
„Ei, Stubenrauch, wenn das so weitergeht, so werde ich mir gleich mein Bett oben im Saal aufschlagen lassen."
Der Alte lachte verlegen. „Jajaja, Meister Schüßler, es wird ein bisschen viel in diesen schlimmen Tagen. Ich getraue mich schon gar nicht mehr hineinzugehen, um einmal nach den Meinigen zu sehen. Als ich heute Mittag in dieser Absicht über den Markt ging, da hatten es doch gleich seine Gestrengen, der Bürgermeister bemerkt, rissen das Fenster auf und riefen gewaltig hinter mir her, dass mir fast die Knie einknickten und ich auf der Stelle umkehrte."
„Sieht dem Bürgermeister ähnlich", erwiderte Lorz und trat

durch das Portal. Auf der engen und steilen Wendeltreppe fiel ihm ein, dass er seit heute Morgen noch nichts gegessen habe, denn der Aufstieg wurde ihm sauer, und er musste einmal sogar einen Augenblick stehen bleiben und sich am Geländer festhalten. Beim Eintritt in den Saal aber raffte er sich zusammen. Es galt, Zuversicht zu zeigen. Das schien in der Tat nötig, denn die Ratsgenossen saßen zusammen wie ein Volk verschüchterter Hühner. Verwirrt sah auch der Bürgermeister Waltz drein, suchte aber durch gemachte Geschäftigkeit, diesen Umstand zu verbergen, sodass sich sein starres Gesicht noch gewaltsamer rötete, als es sonst schon leicht der Fall war. Die Ratsherren flüsterten zusammen. Offenbar hatte die Sitzung noch nicht begonnen. Als Lorenz Schüßler eingetreten war und sich nach kurzem Gruß schwer auf den ersten besten Platz hatte niederfallen lassen, gab der Bürgermeister dem Stadtschreiber einen Wink und rief: „Zur Sache, ihr Herren!" Heftiges Räuspern antwortete ihm allerseits. Die Ratsherren rückten dichter zusammen und wandten die gespannten Mienen dem Stadtoberhaupt zu.

„Ich brauche den Herren wohl kaum zu sagen, weshalb ich sie schon wieder zusammengerufen habe", begann Paul Waltz. „Der Lärm und der Tumult auf unseren Straßen reden für mich. Die Stadt ist von Flüchtlingen überfüllt, obwohl die kaiserlichen Truppen jede Stunde einmarschieren können. Unter den Vertriebenen ist leider Gottes auch allerlei Gesindel, verzweifelte Leute, die vor nichts zurückzuschrecken drohen. Ich rede nicht allein davon, dass sie den Wirrwarr noch vergrößern würden, dass sie, durch das leider zu befürchtende Beispiel der Soldaten veranlasst, sich Gewalttaten und Räubereien zuschulden kommen lassen könnten, ich meine auch, dass mancher von ihnen leicht geneigt sein könnte, unter dem Schutz der Gassen und Häuser da und dort, wo sich die Gelegenheit bietet, Rache an ihren Bedrückern und Vertreibern nehmen und die Stadt dadurch in eine noch misslichere Lage bringen könnten, als sie sie schon ist. Es ist deshalb wohl keine Frage, dass wir die Flüchtigen so bald wie möglich wieder abzuschieben trachten müssen. Deshalb habe ich, um mit ihnen zu verhandeln, Abgesandte von ihnen hierher entboten. Sie sind unten schon versammelt und harren des Augenblicks, da sie vor den Rat berufen werden."

Der Bürgermeister sah sich im Kreis um. Dass die Fremden bald die Stadt verlassen mussten, leuchtete den Ratsmitgliedern sichtlich ohne Weiteres ein. Der Kupferschmied Brambacher gab dieser Meinung Ausdruck: „Was der Herr Bürgermeister gesagt hat, hat Hand und Fuß. Wir können die Bauersleute und Heldburger natürlich nicht bei uns bleiben lassen. Wenn wir ihnen nahelegen, so bald wie es irgend geht, weiter zu ziehen, so kommen wir überdies den Wünschen der meisten von ihnen entgegen. Meine deshalb, die Abgesandten sollen diese unsere Meinung unzweideutig zu wissen kriegen."

Der Metzger Füßlein folgte eifrig hinterher: „Dennoch, Ihr Herren, wir wollen keine Unmenschen sein. Hat die Stadt auch schwere Lasten zu tragen und ist auch wenig Geld im Kasten, soviel werden wir doch noch aufbringen, dass die Stadt nicht als schlechter Wirt zu erscheinen braucht. Wohl haben die Bürger da und dort in christlicher Liebe und Mildtätigkeit einzelnen der Vertriebenen beigestanden, viele aber lungern hungrig in den Straßen umher. Die Stadt sollte ihnen also, und das ist meine Meinung, auf allgemeine Unkosten eine Mahlzeit reichen." Er setzte seine Rede halblaut zu seinem Nachbarn Florschütz fort: „Ich habe auch gerade, und das trifft sich gut, einen fetten Ochsen im Stall, gestern erst in Heßberg gekauft. Ehe ihn die Kriegsvölker

mir wegnehmen, will ich ihn doch lieber der Stadt und den Flüchtlingen gönnen."
Der Bäcker Becher erklärte, die Rede des Meisters Füßlein sei ihm aus der Seele gesprochen, und da die anderen alle dazu nickten, so sah der Bürgermeister den Fall als erledigt an. Er sammelte im Geiste die Stimmen ein und gab dem Stadtschreiber halblaute Anweisungen.
Lorenz Schüßler hatte nur mit halbem Ohr hingehört. Ihm schwebte immer noch die Kuppe des Straufhain und sein dortiges Erlebnis vor. Jetzt erst sah er sich um und gewahrte neben sich seinen Schwager Michael Kob. Dieser sah Lorz nicht unfreundlich an, und als er merkte, dass Lorz seiner tatsächlich erst jetzt gewahr wurde, streckte er ihm die Hand hin. Lorz drückte sie herzhaft. Zu herzlich fast kam ihm vor. Aber in diesem Augenblick und vor dem offenen und ehrlichen Gesicht des vertrauensvollen Michael fühlte er etwas wie Gewissensbisse und hatte die unklare Empfindung, als müsse er das, was er vorhabe, durch irgendetwas gutmachen oder doch wenigstens mildern. Und so war es keine Verstellung, als Lorz leise, aber mit deutlicher Anteilnahme fragte, wie es Elisabeth und den Kindern gehe. Er lief dabei rot an und war, soweit das bei ihm überhaupt eintreten konnte, verlegen, denn es war ihm, als bedeute diese Frage einen Schritt zurück von dem schon betretenen Weg.
„Gut, Lorz, gut!", erwiderte Kob erfreut mit halblauter Stimme, „Elisabeth lässt dich grüßen", und er zwinkerte Lorz befriedigt und beinahe vergnügt zu. „Seit heute Vormittag sind alle drei in Sicherheit. Gebe der Himmel, dass sie recht bald wieder hierher zurückkehren können!"
Wieder dröhnte die Stimme des Bürgermeisters durch den Saal: „Ihr Herren, wir harren der schlimmen Stunde, da der Feind abermals unsere friedliche Stadt betreten wird. Noch habe ich keine Nachricht, ob man in Coburg schon weiß,

was hier vorgefallen ist. Ich meine die unleidliche Geschichte mit dem erschossenen Kroaten. Fürchte aber, wir werden nur zu bald darüber im Klaren sein, sintemal es in diesen Kriegsjahren auch sonst nie Brauch gewesen ist, dass ein Strafgericht über eine Stadt jemals lange vorher angekündigt worden wäre. Es wird über uns kommen wie der Dieb in der Nacht oder wie ein schweres plötzliches Unwetter, das am heiteren Himmel mit erschreckender Schnelle aufzieht. Aber ob so oder so: Die Stadt wird nach ihren früheren Erfahrungen auf alle Fälle gut daran tun, eine Verehrung für den Führer der Truppen bereit zu halten, und deshalb möchte ich den Herren einen Vorschlag machen. Ich habe mich bereits danach umgesehen und beim Meister Röhrig, dem Goldschmied in der Unteren Straße, ein seltenes und künstliches Schaustück gefunden. Es ist ein Schifflein von Silber mit einem Steuermann von Gold. Meister Röhrig hat das Stück ursprünglich für Seine Fürstliche Gnaden, den Herrn Herzog gearbeitet, doch ist diesem der Auftrag wieder leid geworden, weil eben auch bei ihm das Geld knapp ist, und so hat er den Meister Röhrig wissen lassen, er möge, wenn es irgend ginge, nicht auf der Erfüllung des gegebenen Auftrages bestehen, sondern das Bestellte, wenn sich eine andere Verkaufsgelegenheit biete, ruhig abgeben. Diese Gelegenheit bietet sich nun, für den Meister Goldschmied in gleicher Weise günstig wie für uns und den Herzog. Wir sind der Schwierigkeit enthoben, erst lange suchen oder ein Kleinod anfertigen lassen zu müssen, was immer erst Zeit in Anspruch nehmen würde. Je eher wir aber dem kaiserlichen Obristen oder was der Gewaltige sonst sein möge, die Verehrung überreichen können, desto eher können wir auf den Abzug rechnen. Ich bin außerdem sicher, wes Namens und Wesens er auch sein möge, dass ihm das Schifflein sonderlich gefallen wird. Denn es ist ein köstlich gearbeitetes

Stück, sehr künstlerisch und geschickt gefertigt und hat außer dem Wert des Silbers und Goldes seine Kostbarkeit auch in der vortrefflichen Arbeit."

Als der Bürgermeister schwieg, lagerte eine nachdenkliche Stille über der Versammlung. Da war er wieder, der Alb, der nun schon so oft wie in einem bösen Traum das gemeine Wesen gedrückt hatte. Es hieß zahlen und immer wieder zahlen, und doch wusste man nicht mehr, woher man das Geld nehmen sollte.

„Her mit dem sauren Apfel!", rief da die Stimme des Ratsherrn Schüßler mit finsterer Entschlossenheit durch den Saal. „Sagt gleich rund heraus, Bürgermeister, was soll das Schifflein gelten?"

Paul Waltz zog ein unwilliges Gesicht. Die Sprache der Bierbank, so hatte er sonst verweisend und verurteilend jene Ausrufe und Äußerungen im Alltagston genannt, wie sie zuweilen dem und jenem Ratsgenossen im Eifer entglitten, wenn die Feierlichkeit und Würde des Ortes nicht immer gleich den Gedanken gegenwärtig war. Er schüttelte unwillig den Kopf und runzelte gegen den lauten Sprecher die Brauen.

„Selbstverständlich kann und will ich den Herren den Preis des Geschenks nicht verheimlichen, denn der Rat in der Gesamtheit hat darüber zu befinden, ob mein Vorschlag ausgeführt werden soll oder nicht. Es hätte keineswegs dieser drängenden Sprache bedurft, Meister Schüßler. Der Goldschmied Röhrig hat den Preis für besagtes Schifflein auf tausend Gulden bemessen, nicht mehr und nicht weniger als ihm auch von Seiner Fürstlichen Gnaden zugesichert worden war. Ich habe selber das von dem Herren von Wangenheim verfasste und vom Herzog mit eigener Hand unterzeichnete Schreiben gesehen."

„Tausend Gulden! Dass dich!", fuhr es dem alten Leusen-

ring vom Mund, aber erschreckt legte er sich rasch selber die Hand darüber. Die anderen saßen in düsterem Schweigen und mit verfinsterten Mienen. Endlich, als sich anscheinend niemand etwas zu sagen traute, bat der Bürgermeister, diejenigen aufzustehen, die etwas gegen seinen Vorschlag hätten. Einer nach dem anderen seufzte schwer und blieb sitzen. So war auch dieser Gegenstand erledigt, und der Bürgermeister begann von Neuem: „An greifbaren und deutlich umrissenen Dingen wäre also nunmehr meinerseits nichts mehr für die Beratung vorhanden. Dennoch könnten wir uns wohl noch eine kleine Weile darüber aussprechen, wie die Lage zur Stunde ist und was wir etwa von dem inzwischen erfahren haben, was uns für die allernächste Zeit droht."
Bürgermeister Paul Waltz gab sich plötzlich Mühe, einige Freundlichkeit in die Falten seines Gesichts zu legen und wandte sich unvermittelt an den Ratsherrn Schüßler: „Wie ist mir denn, Meister Schüßler? Waret Ihr denn nicht heute schon draußen im Land? Ich meine, gehört zu haben, man habe Euch gesehen, als Ihr nach Heldburg zugingt. Ich gehe wohl nicht fehl in der Annahme, dass das geschehen sei, um Euch gemeinen Wesens Bestem umzusehen. Wollet doch die Güte haben, uns zu berichten, was Euch dabei etwa begegnet ist, soweit es sich um Dinge handelt, die uns alle angehen."
Lorz Schüßler war innerlich ergrimmt über die Spioniererei und Zuträgerei. Aber er war seit langem daran gewöhnt und ging darüber hinweg wie über eine Selbstverständlichkeit in seiner guten Vaterstadt.
„Ihr seid recht berichtet, Herr Bürgermeister", sagte er, „ich war bis gegen Streufdorf zugegangen, doch was ich unterwegs erfahren habe, das wisst Ihr auch schon, denn ich konnte mich dabei an keine anderen Zeitunggeber halten als an die armen Leute auf der Landstraße, und von

diesen habt Ihr Euch sicher dasselbe schon erzählen lassen. Bei Streufdorf traf ich auf dem Weg auf ein Zigeunerweib, das aus Coburg kam. Die Alte erging sich aber in so vielerlei verworrenen und ausgeschmückten Redensarten – Ihr kennt doch die Weise dieser Leute –, dass klare Tatsachen aus ihrem Gewäsch kaum zu entnehmen waren. Sie wusste nur, was auch wir hier leider nur mit zu viel Bestimmtheit ahnen, dass des Bleibens der kaiserlichen Truppen in Coburg nicht lange sein würde, dass sie sich vielmehr bereits zum Abzug rüsten und dass natürlich ihr Weg oder doch der eines Teiles von ihnen über Hildburghausen gehen werde. Wie ein Heuschreckenschwarm werden sie über uns herfallen. Die kaiserliche Armee zieht nach Norden, wo der Schwedenkönig steht; sie will ihm dort begegnen und ihm eine Schlacht liefern, die seinen und seines Heeres Untergang bedeuten soll."

„Was Gott verhüten möge!", rief kräftig und aus ehrlichem Herzen der Ratsherr Brambacher und faltete mit ernstem Gesicht die Hände vor der Brust. Er war dafür bekannt, einer der strammsten Lutheraner der Stadt und ein begeisterter Anhänger des Schwedenkönigs zu sein.

„Wir danken Euch, Meister Schüßler", erwiderte auf Lorzens kurzen Bericht der Bürgermeister. „Es ist freilich, wie Ihr voraussetztet, dasselbe, was auch uns bereits bekannt war, was aber dennoch durch Eure Mitteilungen Bestätigung gefunden hat. Es wäre schon besser, das Unheil käme schnell, als dass die Bürgerschaft noch länger in der Furcht der Erwartung gehalten werde. Und nun, Ihr Herren, denke ich, wir lassen jetzt die Abgesandten der Flüchtlinge vor uns treten, damit wir sie mit unseren Beschlüssen bekannt machen."

Er zog die Schelle und gab dem hereintretenden Ratsdiener Stubenrauch Anweisungen. Wenige Minuten später polterten die Abgeordneten der Flüchtlinge in den Ratssaal. Es waren sicher die größten Schreier dazu bestimmt worden, denn eine geordnete Verhandlung mit den Abgesandten zu führen, war dem Bürgermeister Waltz nicht möglich. Zu seinem großen Schmerz, denn wenn einer in der Stadt auf Formen hielt, so war er es. Hier aber musste er seine Kunst ganz und gar aufgeben. Die vierschrötigen Gestalten der Landbewohner, ihre grobe und ungescheut zufahrenden Reden, ihre maßlosen Gebärden erlangten das Übergewicht, und er sah zum ersten Male den Ratsherrn Schüßler mit günstigeren Augen an, als dieser sich für ihn aufwarf und mit mächtiger Stimme einigermaßen Ordnung in die Auseinandersetzung mit dem erregten Haufen brachte. So kam man denn endlich zu einem gegenseitig befriedigenden Übereinkommen in dem Sinne, in dem sich vorher Bürgermeister und Ratsherren ausgesprochen hatten, und schließlich versprachen die Abgesandten ganz willig und freundlich, ihren Leuten diese Beschlüsse weiterzugeben und selber ihr Möglichstes zu tun, dass danach gehandelt werde.

Das Ende der Versammlung wurde dadurch beschleunigt, dass unterdessen auf dem Markt ein großes Getümmel entstand. Der Meister Füßlein ließ durch seine Gesellen den Ochsen, über den eben im Rat der Beschluss ergangen war, vorfahren und zerwirken, und schon prasselte das große Feuer, an dem das Fleisch gebraten werden sollte. Der Ratsbeschluss hatte sich überdies rasch in der Stadt herumgesprochen, und was an Flüchtlingen in den Gassen und Häusern zerstreut war, das sammelte sich jetzt auf dem Markt, um sich seinen Anteil an dem gemeinsamen Mahl nicht entgehen zu lassen. Dieses Bestreben erfüllte nunmehr auch die Vertreter der Flüchtigen in der Ratsstube. Daher kam es, dass am Ende leichter mit ihnen fertig zu werden war, als der Anfang der Verhandlungen hatte befürchten lassen. Aber dennoch atmete der Bürgermeister hoch auf, als wieder die vielen Füße die steinerne Wendeltreppe des Rathausturmes erschütterten. Auch die Ratsherren brachen nunmehr auf. Der alte Leusenring machte dabei einen erklecklichen Lärm, denn als er nach seinem Hut greifen wollte, war er nicht mehr vorhanden. Stattdessen hing ein gräulicher, abgeschabter und durchlöcherter alter Filz am Haken, den sich Leusenring entschieden weigerte, auf sein würdiges Haupt zu setzen. Lieber wolle er barhaupt nach Hause gehen. Lorz Schüßler schmunzelte. Er gönnte dem alten Geizhals und Nagelranft den Verlust. Er wusste auch, wer der Herren Abgesandten den Tausch bewerkstelligt hatte und hoffte nur, Ehren Bötzinger, der Pfarrer von Poppenhausen, dessen Gewissen offenbar in der allgemeinen und seiner besonderen Not etwas eingeschlummert war, möchte seine verschlagenen Züge unter dem neuen Hut nicht zufällig dem Meister Leusenring unter die Augen bringen. Bötzinger schien übrigens das Gleiche zu fühlen, denn als die Ratsherren durch das Menschengewühl auf den Markt schritten, Leusenring noch zeternd, da sah Schüßler die Gestalt des Poppenhäuser Pfarrers rasch hinter einer Haustür verschwinden.

Lorz ging ein Stück des Weges mit seinem Schwager. Michael Kob sprach wenig, und dies Wenige bezog sich nur auf den Gast, den ihm Lorz ins Haus geschickt hatte, eben wieder den erwähnten Bötzinger. Kob hatte den vertriebenen Pfarrer herzlich aufgenommen und vor allen Dingen nach dessen Wunsch für eine Verbesserung von dessen äußerer Erscheinung gesorgt. Bis auf den Hut, und das war der Fehler. Michael Kob lachte trotz der allgemeinen ernsten Stimmung laut auf, als ihm nunmehr Lorz sagte, um den Hut des wackeren Bötzinger brauche er sich weiter keine Sorgen zu machen, denn wenn er recht gesehen, so gliche die Kopfbedeckung, die eben Leusenring zu tragen verschmäht habe, dem alten Deckel Bötzingers wie ein Ei dem anderen.

Kob verabschiedete sich von Schüßler und sah ihm dabei so gütig, fest und vertrauensvoll ins Auge, dass Lorz sich einer gewissen Unruhe nicht erwehren konnte. „Auf Wiedersehen, Lorz!", sagte Michael. „So Gott will, wird die Prüfung dieser Tage rasch vorübergehen, und dann soll alles anders werden. Glaube mir, Elisabeth wird in sich gehen und dir besser begegnen als bisher. Aber auch du musst abtun, worin du gegen sie gefehlt haben solltest. Bloß nicht zu dem allgemeinen Unfrieden auch noch den in der Familie! Dann müsste ja das Leben zur Hölle werden."

„Schon gut! Schon gut!", erwiderte Lorz und ging von ihm. In seinem Haus standen die Webstühle heute still. Die Gesellen waren mit zum Markt geeilt, um sich das Schauspiel der Massenspeisung nicht entgehen zu lassen. Wie ein Gerücht wissen wollte, sollte auch Wein auf Kosten des Rates ausgeteilt werden, und da erhoffte denn dieser oder jener, dass dabei auch vielleicht für ihn etwas abfallen möchte. Leider musste man wahrnehmen, dass man sich in beiden Voraussetzungen getäuscht hatte. Dem Ratsherrn Schüßler war die Stille in seinem Haus sehr willkommen. Er brauchte noch Zeit, sich zu sammeln. Die alte Anne hatte ihm das Abendessen gebracht, dann war sie frühzeitig zu Bett gegangen, sie wollte von dem Jammer nichts mehr hören und sehen. Lorz holte sich Schreibzeug und Papier und begann, an seinen Schwager Kob zu schreiben. Er holte weit aus, um sein Handeln in einem milderen Licht erscheinen zu lassen, als es sonst dem ehrenfesten Schwager vorkommen möchte, der dergleichen aus sich heraus niemals begreifen würde. Lorz schilderte, so gut er es vermochte, sein ganzes bisheriges Leben und bemühte sich, seine Empfindungen und sein Wesen so klar wie möglich auszudrücken. Doch hielt ihn die Scheu ab, von Käthe von Duwensee zu sprechen. Dieses, wie er fühlte, Äußerste, würde jede gute Erinnerung an ihn ausgelöscht haben. Er übergab seinem Schwager die Fürsorge für sein Haus, für Weib und Kind und weihte ihn ein, wo er, Lorz, das Ersparte der letzten Jahre an sicherer Stelle vermauert hatte. Es war allein schon so viel, dass seine Familie voraussichtlich nie Not zu leiden brauchen würde, selbst wenn das Gewerbe noch schlechter ginge als es in der letzten Zeit der Fall gewesen war. Als er von den beiden Mägdelein schrieb und nach Worten des Segens für sie suchte, da stockte dem Schreibenden doch die Feder, und er musste erst über eine verdächtige Feuchtigkeit, die sich in seine Augen drängte, Herr werden. Aber er biss die Zähne zusammen und vollendete das Schreiben. Dann siegelte er es und schrieb die Aufschrift. Als er den langen Brief in seinem Rock barg, war die Nacht längst hereingebrochen. Lange saß Lorz Schüßler noch in tiefen Gedanken, in seinem Ohr immer die Klänge des Acht-Uhr-Glöckleins als einer Heimatstimme, die er nimmer vergessen würde, so sehr er sich auch Mühe geben wollte, darüber hinwegzukommen. Dann langte er nach der Kanne und dem Glas, um den Widerstreit in sich zu besänftigen, ehe er sich in sein einsames Schlafgemach begab.

Ein Klopfen geschah an der Haustür. Lorz stieg verwundert die Treppe hinab, um nach dem Grund zu forschen. Als er das Tor öffnete, fiel ihm der Mondschein hell übers Gesicht. Straße und Platz vor ihm waren leer. Die Bürger schienen sich früher als sonst in ihre Behausungen zurückgezogen zu haben, und auch die fremden Gäste hatten inzwischen alle ein Unterkommen für die Nacht gefunden, denn das konnte ein ehrbarer Rat unter keinen Umständen dulden, dass sie auf Straßen und Plätzen im Freien übernachteten. Während Lorz sich noch verwunderte, wer wohl der nächtliche

Klopfer gewesen war, und eben überlegte, ob sich durch das geheimnisvolle Klopfen vielleicht irgendetwas Bedeutsames angekündigt haben könne, wie man ja dergleichen zuweilen erlebte und wie es von vielen alten Leuten bezeugt wurde, fiel sein Blick auf einen vom Mondschein hell beleuchteten Streifen Papier. Er hob ihn auf und konnte die mit dicker Feder gezogenen Zeichen selbst beim Schein des Mondes unschwer überlesen. Ihr Inhalt aber war dieser: „Lorz, hüte dich! Der Bürgermeister ist falsch und will dir übel. Er sinnt Böses wider dich. Wenn der Feind ein Opfer fordert, wirst du dieses sein."

‚Sehr gut gemeint, aber keine Überraschung für mich. Dem Waltz trau ich seit jeher nicht über den Weg.' Dann überlegte er, wer wohl der freundliche Warner gewesen sein möge. Sein Schwager? Einer der anderen Ratsgenossen? Die Zigeunerin? Die Handschrift schien ihm fremd und gab ihm keinen Aufschluss.

Als Lorz Schüßler in den Morgen des zweiten Oktobertages und auf die Straße trat, war wieder eine lebhafte Bewegung in der Stadt. Die Gäste, die die Not nach Hildburghausen getrieben hatte, zogen ab, gestärkt, gekleidet, getröstet. Sie gedachten abseits von der Straße, die das feindliche Heer ziehen würde, abzuwarten, bis der Schwall des Kriegsvolkes vorüber sein würde und dann wieder in ihre verlassenen Wohnstätten zurückzukehren. So wälzte sich derselbe Zug zum Schleusinger Tor hinaus, wie er am Tag vorher auf der anderen Seite hereingekommen war. Es war in der Tat die höchste Zeit. Denn kaum, dass die letzten Flüchtlinge die Stadt verlassen hatten, so kam in atemloser Hast der Strumpfwirker Dressel durch das Obere Tor, der sich draußen in seinem Krautgarten ein paar Meerrettichstangen geholt hatte, und berichtete verstört und entsetzt, die Kaiserlichen seien im Anmarsch auf die Stadt. Er habe sie von Hetschbach her über die Leite herunterkommen sehen, und gleichzeitig käme ein weiterer Heereszug von Stressenhausen her. Die Stadt zitterte in banger Erwartung. Im stillen Kämmerlein faltete sich manches Händepaar. Nicht lange dauerte es, so zogen die ersten Völker zum Tor herein.
Wenig später war die Stadt von ihnen erfüllt. Geschrei und Tumult herrschten überall. Die Vorgänge, die sich abspiel-

ten, waren den Hildburghäusern leider nicht mehr neu. Die Soldaten suchten sich Quartiere und richteten sich dort so ein, wie es ihnen gefiel. Der Soldat war der Hausherr, und er war es meist in tyrannischer Art. Nichts wurde geschont, wenn es seiner Bequemlichkeit galt. Unter dem Vieh und dem Geflügel zog ein großes Morden ein. Überall prasselten die Feuer vom Fett der Braten. Rohe Worte den Hausbewohnern gegenüber waren an der Tagesordnung. Froh konnten diese sein, wenn es nicht gar zu Misshandlungen kam. Aber auch das blieb nicht aus, denn nicht jeder Bürger und jede Bürgerin konnten ruhig zusehen, wie der gewalttätige Gast mit dem Eigentum schaltete und waltete. Da erschollen auch Hilferufe und Gekreisch der Weiber, soweit es diese nicht vorgezogen hatten, die Stadt zu verlassen, durch die Straßen. Zu einer offenen und allgemeinen Plünderung kam es indessen noch nicht. Die hatten sich die Soldaten offenbar für den letzten Augenblick vorbehalten. Nur Geld wurde auch jetzt schon da und dort gefordert und unter Seufzen und Händeringen gegeben.

Als Lorenz Schüßler von einem Gang durch die Stadt in sein Haus zurückkehrt, fand er die Anne, von Schluchzen erschüttert, auf einem Küchenschemel sitzen. Das alte Weiblein war ganz auseinander. Scherben von zerbrochenem Geschirr bedeckten den Fußboden der Küche. Am Herd stand ein Kriegsknecht mit groben Zügen und straffem, schwarzem Haar und briet sich mit großer Selbstverständlichkeit eine Gans. Den Rock hatte er ausgezogen und die Hemdärmel hochgestreift. Drei Soldaten seien da, berichtete die Anne dem heimkehrenden Hausherrn, die beiden anderen könne er oben in seiner Stube herumtoben hören. Es war von da in der Tat ein lästerlicher Lärm zu vernehmen. Wuchtige Schritte dröhnten; der Hausrat wurde hin- und hergerückt. Offenbar fanden die Soldaten die bisherige

Ordnung der Einrichtung nicht bequem genug. Der Kerl am Herd grinste nicht unfreundlich, als Lorz auf ihn zutrat, und der Blick, mit dem er den stattlichen Mann betrachtete, war nicht ohne Bewunderung. Lorz überlegte nur kurz; er kam zu dem Schluss, dass es hier eben gute Miene zum bösen Spiel machen heiße. Fest und entschieden ging er auf den Soldaten zu, legte aber so viel Wohlwollen in seine Züge, als es ihm erforderlich schien und reichte dem fremden Gesellen die Hand, die dieser denn auch ergriff.

„Grüß Gott, Kamerad!", sprach Lorz dazu. „Mit sonderlichem Vergnügen sehe ich, dass Ihr es Euch in meinem Haus bereits bequem gemacht habt. Lasst es Euch hier nur gefallen, sodass wir bei Eurem Abzug als gute Freunde scheiden können. Ich selber bin dem Kriegshandwerk nicht fremd, und daher weiß ich, wie dem Soldaten zumute ist."

Der Kerl drehte sich nun völlig herum und stand breitbeinig und ein wenig treuherzig und ungeschlacht vor Lorz.

„Nun, das muss ich sagen, Herr", erwiderte er, „ein solcher Willkommen ist mir noch selten zuteil geworden. Es freut mich aber bei einem Wirt zu sein, der selber einmal hinter dem Kalbfell gegangen ist. Auf die Kameradschaft, die Ihr uns antragt, werden sicher auch die beiden anderen gern eingehen. – Wenn ich Euch so ansehe, Herr", fügte er hinzu, „möchte ich fast meinen, Ihr seid ein Offizier gewesen."

Lorz nickte lächelnd: „Da habt Ihr recht geraten, Freund", und der Soldat salutierte. Ein wenig scherzhaft zwar, sodass es drollig genug herauskam, schließlich aber doch in aller Form.

„Lasst, lasst", sagte Lorz, „das ist lange vorbei. Jedoch …"

„Kann es alle Tage wieder geschehen, wolltet Ihr sagen, Herr. Ist es nicht so?", fuhr der Kriegsknecht fort. „Ja, ja, ich kenne das. Es lässt einen so leicht nicht wieder los. Da ist oben der Andreas Kammerbacher. Ein wackerer Gesell und

eine ehrliche Kriegsgurgel wie nur einer. Man sieht es ihm nicht mehr an, dass er die letzten fünf Jahre als Bartscherer von seinen früheren Lorbeeren ausgeruht hat. Eines Morgens war er wieder bei uns. Hatte Haus und Hantierung und alles im Stich gelassen."
„Wes Regiments seid Ihr, Freund?", fragte Lorz.
„Vom Regiment des Obristen Slutin. Doch ist dieser für krank in Coburg zurückgeblieben und haben wir deshalb einen neuen Obristen bekommen. Den Namen habe ich nicht behalten, geht aber der Ruhm von ihm, dass er ein gar tapferer Herr sei."
„Nun, ich hoffe, ihn kennen zu lernen", versetzte Lorz, „da ich als der Ratsherr Schüßler in den Verhandlungen der Stadt mit ihm ihn wohl zu Gesicht bekommen werde. Doch, wie nennt Ihr Euch selber, Kamerad?"
„Ich heiße Vinzenz Kirnreuther. Den Kammerbacher habe ich schon erwähnt, und der dritte, das ist der Alois Guggenberger. Alles wackere Burschen, Herr, und wenn man uns zivil behandelt, durchaus keine Unmenschen."
„Das hoffe ich", antwortete lachend Lorz Schüßler. „Lasst nur Eure Gans nicht verbrennen, Kamerad Kirnreuther."
Und ganz zufrieden ging er ab, um mit den beiden anderen Gästen Bekanntschaft zu machen. Er fand sie als ähnliche, durchaus nicht unumgängliche Gesellen und lud alle drei zu einem gemeinsamen Frühmahle ein, bei dem er die Weinkanne fleißig kreisen ließ, sodass die drei Soldaten sehr aufgeräumt wurden und jeder von ihnen im Stillen bei sich beschloss, sich bei einem solchen Wirt nicht unangemessen zu betragen. Lorz Schüßler brachte das Gespräch darauf, ob die Musketiere wohl wüssten, ob mit der Besetzung der Stadt Hildburghausen etwa eine besondere Absicht verbunden sei oder ob sie hier nur Quartier genommen, weil die Stadt eben auf ihrem Wege liege. Ja, sagten sie, nichts

anderes nähmen sie an, insbesondere hätten sie nichts von einem besonderen Zweck gehört, warum sie gerade nach Hildburghausen marschiert seien. Sie könnten sich auch nicht denken, dass etwas Außerordentliches vorliege, jedenfalls hätten sie nichts davon gehört, und wenn dergleichen beabsichtigt sei, so müsse das allein dem Herrn Obristen bekannt sein.

Lorz Schüßler machte sich, als er solchergestalt einen ganz erträglichen Frieden in seinem Hause gesichert und die Anne beruhigt hatte, fertig, um abermals einen Gang durch die Stadt zu tun und nach dem Rechten zu sehen. Zuvor aber holte er den Gesellen Hassenpflug aus der Werkstatt herauf. Hassenpflug war ein angehender Fünfziger, von breiter, behäbiger Gestalt und mit allezeit vergnügt blinzelnden, winzigen Äuglein. In seinem feisten Gesicht brannte in der Farbe eines prächtigen Sonnenuntergangs eine gewaltige Nase. Arnold Hassenpflug liebte einen guten Tropfen und legte einen erklecklichen Teil seines Lohnes im Schlundhaus oder im Schwarzen Bären an. Dieser Hassenpflug schien dem Meister Schüßler jetzt die geeignete Persönlichkeit, die weiteren Verhandlungen mit den drei hereingeschneiten Musketieren zu führen. Dieser griff denn auch bei den Aussichten, die der Meister vor ihm eröffnete, sofort und verständnisvoll mit beiden Händen zu. Er sollte heute Feiertag haben und nichts weiter tun, als den beiden Soldaten fleißig einschenken, sich selber aber dabei beileibe nicht vergessen. So begab sich der Geselle eilig in das obere Stockwerk, machte sich, da er in seinem Leben noch nie eine andere Furcht als die vor dem Durst gekannt hatte, mit den Kriegsleuten bekannt und begab sich sofort mit Feuereifer an seine Aufgabe. Der Ratsherr Schüßler konnte beruhigt seiner Wege gehen.

Die Ruhe und Selbstsicherheit, die Schüßler den Soldaten

vorgetäuscht hatte, war nicht echt. Er war vielmehr in gewaltiger Erregung. Jeder Nerv zitterte in ihm. Da war die Stadt voll von Kriegsleuten und von Kriegsgerät. Alles waren vertraute und liebgewordene Dinge. Die Sprache, die er hörte, die Bilder, die er sah, er sog sie mit geschärften Sinnen in sich ein. Er sah nichts Abstoßendes und nichts Widerwärtiges, denn selbst das Schlimme und Unschöne erschien ihm in einer Verklärung und als notwendig zu der Großartigkeit des Bildes im Ganzen. In seiner Tasche knisterten der Abschiedsbrief neben dem Brief der Käthe von Duwensee. Ob wohl einer der Offiziere sie kannte und ihm von ihr hätte berichten können? Er fühlte sich versucht, den und jenen, die er auf der Straße traf, anzureden, nur um den Namen Käthes in seinem Ohr klingen zu hören. Aber das war doch wohl Wahnwitz. Wie konnte er, ein Bürger und Ratsherr, ohne Weiteres mit irgendeinem fremden Offizier ein Gespräch anfangen und noch dazu über einen Gegenstand, der den Offizier sicher in das größte Erstaunen versetzt haben würde. Es würde ja wohl geradezu verdächtig vorgekommen sein, dass man hier so gut Bescheid über einzelne Personen wusste, die beim Heer waren, und selbst wenn es sich dabei nur um eine Dame handelte. Denn es war doch immerhin eine Dame aus der Umgebung des Feldherrn selber. Oder – und der Herzschlag drohte Lorz in der Brust stillzustehen – war am Ende Käthe von Duwensee schon in der Stadt angelangt? Unmöglich schien es nicht.
Und als sollte diese Möglichkeit auf der Stelle Wirklichkeit werden: Da hielt in der Tat eine Kutsche vor dem Haus des Bürgermeisters, und als Lorz zusah, entstieg ihr eine vornehm gekleidete Dame mit einer Begleiterin. Sie verschwanden aber so schnell in der Tür, dass Lorz nichts weiter als eben nur von Weitem die Gestalten unterscheiden konnte. Das Herz klopfte ihm seltsam rasch in der Brust. Quer

über den Markt sah er dann einen Offizier reiten, der die Uniform eines Obristen trug. Das musste der Führer des Regiments sein. Als der Reiter dem Ratsherrn gegenüber war, begegneten sich ihre Blicke, und es ging wie ein Aufzucken durch Lorzens Antlitz. War das nicht auch das Gesicht eines Bekannten? Es musste wohl Täuschung sein, wie ihm heute schon so vieles bekannt erschienen war, und doch konnte er sich nicht enthalten, hinter dem enteilenden Reiter herzusehen, sodass Lorz in Gedanken versunken stehenblieb.

So traf ihn der Ratsherr Füßlein. Lorz schrak zusammen, als dieser ihm von hinten die Hand auf die Schulter legte und ärgerte sich gleichzeitig über sein Erschrecken.

„Nun, Nachbar", redete ihn Füßlein an, „das sieht trübe genug aus. Ich bin aus meinem Haus entwichen, weil ich den Jammer nicht mehr mit ansehen kann. Keine Fensterscheibe haben mir die Soldaten, diese Unmenschen, ganz gelassen, und außerdem haben sie das Unterste zuoberst gekehrt. Dabei kann man nicht einmal ein Wort mit ihnen reden, denn sie kauderwelschen eine so barbarische Sprache, dass man von keinem Christenmenschen verlangen kann, dass er sie verstände. Wie steht es denn bei Euch, Meister Schüßler?"

„Nicht gerade schlecht, Füßlein. Nein, ich kann durchaus nicht klagen. Ihr wisst, dass ich mit dergleichen Völkern umgehen kann. Außerdem hat es der Himmel insofern gnädig mit mir gemeint, als er mir drei Burschen zugeschickt hat, die nicht allzu unmanierlich sind, wenn man über einiges Küchengeschirr wegsieht. Zudem, wisst Ihr, habe ich noch den Gesellen Hassenpflug im Haus, und der hat sich gegenwärtig aus Leibeskräften darübergemacht, die Burschen unter Wein zu setzen."

Füßlein verzog trotz seiner eigenen Bedrängnis das Gesicht zu einem Lächeln. „Ja, der Gesell Hassenpflug", sagte er, „da habt Ihr freilich einen treuen und gar zuverlässigen Helfer. Der ist in dieser Beziehung und unter Euren Umständen nicht mit Gold zu bezahlen. – Aber hört, Schüßler, ich komme eben vom Bürgermeister. Unsere Sachen stehen schlimm. Es ist richtig, dass der erschossene Kroat spukt. Der Befehlshaber der Truppen hat Order, den Schuldigen zu hängen, die Stadt plündern zu lassen und an allen vier Ecken in Brand zu stecken. Der Bürgermeister sucht bereits nach dem Flurschützen Zelenka und hat die, wenn auch geringe Hoffnung, auf den Obristen einzuwirken, dass eine schnelle Justiz in diesem einen Punkt in Verbindung mit dem Rekompens*, den wir bewilligt haben, den Obristen bewegen wird, von der Erfüllung der beiden anderen Punkte abzustehen. Der Flurschütz muss aber Lunte gerochen haben, denn er ist nirgends aufzufinden. Entweder ist er geflohen oder er hält sich verborgen, und unter diesen Umständen", der Sprecher dämpfte seine Stimme und zog das Antlitz in düstere und zugleich grimmige Falten, „ist nicht ausgeschlossen, dass Herr Paul Waltz es fertig bringt, einen anderen als Sündenbock dem Feind auszuliefern. Denkt daran, was ich gesagt habe, Schüßler."

Er zwinkerte Lorz mit den Augen zu, aber dieser erwiderte kalt und spöttisch: „Ich habe das Vertrauen zum Oberhaupt dieser Stadt, dass es mit Leib und Leben für das Wohl des Gemeinwesens eintreten wird. Oder glaubt Ihr etwa nicht, Füßlein?"

Doch der wollte auf eine so bedenkliche Unterhaltung nicht weiter eingehen, sondern sagte nur noch kurz: „Denkt daran, was ich Euch gesagt habe, Nachbar, und richtet Euch danach!", reichte Lorz die Hand und setzte seinen Weg fort.

Lorz pfiff durch die Zähne. Also das war die Meinung! Er dachte an die Warnung von gestern Abend und hielt sie mit

---

* Entschädigung (d. Hrsg.)

den Worten Füßleins zusammen. Es konnte wohl nicht sein. Waltz war skrupellos in seinen Mitteln, und der Ratsherr Schüßler war ihm längst ein Dorn im Auge. Der Bürgermeister konnte hier zwei Fliegen mit einer Klappe schlagen, und er war nicht der Mann, der eine solche Gelegenheit ausgeschlagen hätte. Der Ratsherr Lorenz Schüßler war der Ratsbeauftragte über die Fluraufsicht und konnte natürlich für seine Untergebenen und Schutzbefohlenen zur Rechenschaft gezogen werden. Die Rechnung stimmte schon. Nur schade, mein Herr Bürgermeister, sagte Lorz Schüßler vor sich hin, dass ich auch noch ein Wörtlein dreinzureden habe und meinen Mann zu stehen weiß. Aus schwierigeren Lagen habe ich mich schon herausgewickelt, als sie Euch in Eurem ganzen Leben begegnet sind.

Kurz entschlossen schritt Lorz Schüßler dem Rathaus zu und ließ sich bei dem Bürgermeister melden. Der Stadtdiener Stubenrauch machte ein so betretenes Gesicht, dass Lorz laut auflachen musste: „Erschreckt Euch doch nicht gar so sehr, mein lieber Alter. Ich bin es ja noch bei lebendigem Leibe, kein Gehenkter, der am hellen Mittag umgeht. Oder seht Ihr etwa einen Strick an meinem Hals?"

„Um Gotteswillen, was redet Ihr, Herr Ratsherr?", stammelte der Alte. „Wer spricht vom Strick und vom Hängen? Ich weiß nichts, ich weiß wahrhaftig gar nichts, ehrenwerter Herr Meister Schüßler."

Damit enteilte er in das Zimmer des Bürgermeisters, kam aber gleich wieder zurück mit der Meldung, der Herr Bürgermeister seien vor einer halben Stunde nach seinem Haus gegangen.

„Gut", sagte Lorz, „suchen wir also den Fuchs in seinem eigenen Bau auf."

Aber der Bürgermeister war auch nicht in seiner Behausung, vielmehr wurde dort behauptet, er sei auf dem Rathaus.

„Oho!", rief Lorz Schüßler, als ein schlotternder Hausknecht ihm diesen Bescheid brachte, und lachte ingrimmig auf, „steht es so? Der Flurschütz Zelenka ist nicht zu finden, der Bürgermeister Waltz ist ebenso verschwunden. Die beiden werden sich sicher zusammengetan haben und durch einen kühnen nächtlichen Überfall die Stadt entsetzen wollen. Oder sie haben sich alle beide in ein Mauseloch verkrochen."

Er hatte in einer gewaltsamen Fröhlichkeit laut gesprochen, und seine Stimme hatte jetzt wieder den alten rollenden Klang voller Selbstsicherheit und Selbstvertrauen. Als sie so an den hohen Wänden des bürgermeisterlichen Vorzimmers sich brach, da gelangte sie an das Ohr einer Dame, die hinter den Truppen hergekommen war und Unterkunft im Haus des Bürgermeisters gefunden hatte.

Diese Frau, stattlich und stolz, fein und klugen Antlitzes, trat auf das Geräusch hin schnell durch die Tür. Dort blieb sie stehen und sah mit hellen Augen auf den Ratsherrn Schüßler hin. Der starrte sie an wie eine Erscheinung. Nur einen Augenblick lang. Dann breitete er die Arme aus, und sie flog rasch und bewegt auf ihn zu: „Lorz! Mein lieber Lorz! So sehe ich dich also dennoch wieder!"

„Käthe! Ist es möglich? Herrlichste, Einzige! Du, deren Bild mir jahrelang im Wachen und im Traum vorgeschwebt. Du Verlorene und Wiedergefundene! Gott im Himmel, sei Dank, dass ich dich wiedersehe!" Er war so erschüttert, dass er die in gleicher Weise Erregte zu einer Ruhebank führen und sich neben der Frau niederlassen musste. Dort legte er zärtlich und behutsam den Arm um die Weinende und fuhr fort: „Liebste, als mich dein Brief traf, da war mir, als ginge mir eine neue Sonne auf. Als finge das wahre Leben erst von vorne an. Da habe ich wieder unerschütterlich gefühlt, dass wir füreinander bestimmt sind. Ich habe mich bereitet, alles hinter mich zu werfen, was mich hier bindet, und mit dir zu ziehen. Nun soll mich nichts wieder von dir reißen. Wir werden Pferd an Pferd in die Gefilde der Seligkeit reiten, mag es um uns donnern und blitzen, oder mag der Maienwind säuseln."

Käthe von Duwensee entwand sich sachte Lorzens Arm, ergriff seine beiden Hände, hielt ihn auf Armeslänge von sich und sah in prüfend und unter Tränen lächelnd an. Ihre Züge wurden tiefernst, als sie sagte: „Ach, Lorz, wie gerne würde ich dich mit mir nehmen, und noch in Coburg habe ich nicht bedacht, dass es Hindernisse geben könnte, die das vereitelten. Törin, die ich war! Doch davon noch nichts. Ich bin so selig, wieder bei dir zu sein, dass ich vorerst keinen anderen Gedanken fassen kann. Lass mich hier an deiner Seite eine Weile von den vergangenen schönen Zeiten reden oder noch besser, bloß davon träumen. Weißt du wohl noch? Die Pöbbekenmühle und der Waldbrunnen?"

„Habe ich sie je vergessen können?", fragte Lorz weich.

„Ach, Liebster", klagte Käthe, „vieles, sogar sehr vieles liegt dazwischen. Felsgebirge von bitteren Erfahrungen, Meere von Tränen und Ängsten, und ich sehe keinen Pass und keine Brücke."

„Was brauchen wir die?", fiel Lorz ein. „Wir haben doch Flügel, Liebste, Flügel, die uns über alles das hinwegtragen. Unsere Liebe soll uns wie ein Sturmwind in ihre Arme nehmen und uns zu dem Punkt zurücktragen, von dem wir ausgegangen sind."

„Das habe ich auch geglaubt, Lorz", sagte sie leise, „bis zu dem Augenblick, als ich diese Stadt betrat. Hörst du keine Kette klirren?"

„Ein Ruck, Käthe, und sie ist zerrissen!"

„Lass sein, Lorz, lass sein. Der Ruck würde dich doch schmerzen. Er würde, und das weiß ich gewiss, dir Wunden zufügen, an denen du, obgleich an meiner Seite, siechen würdest. Ich weiß, ich würde dir immer ein lebendiger Vorwurf sein, und das könnte ich nicht ertragen. Ich bin nicht lange mit dir zusammen gewesen. Lorz, und doch kenne ich dich besser als du dich selbst. Auch habe ich mich zu viel

in der Welt umgesehen. Es geschehen keine Märlein, Lorz."
„So werden wir sie wahr machen!"
Sie streichelte sanft sein Haar und küsste ihm die leise ergrauenden Schläfen. „Du bist ein großes Kind, mein Lorz. Es ist nicht dem Menschen gegeben, Bäume auszureißen. Das konnten nur die Riesen, von denen uns die Sagen melden. Du hast ein Eheweib", sie blickte vor sich auf den Boden nieder, „und du hast Kinder. Ich habe mich nämlich inzwischen genau über die Verhältnisse des Ratsherrn Lorenz Schüßler erkundigt. Du kannst nicht Weib und Kinder im Stich lassen. Du kannst das nicht wollen, und selbst, wenn du so vermessen sein zu können glaubtest, ich würde es nimmermehr zulassen." Und fest setzte sie hinzu, während sie sich erhob: „Und ich *will* es auch nicht."
„Lass du mich das nur ganz allein auf mein Gewissen nehmen", drängte Lorz. „Sieh, ich habe bereits alles bedacht. Nichts hindert mich schon jetzt, in diesem Augenblick, bei dir zu bleiben und mit dir zu gehen. Hier in der Tasche ist mein Hildburghäuser Testament. Ich brauche es nur hier niederzulegen, und es wird an meinen Schwager Michael Kob besorgt werden. Für Haus und Hof, für Frau und Kinder ist gesorgt. Niemand wird mir hier eine Träne nachweinen, und der Bürgermeister gar, der wird sich befriedigt das Kinn streichen und wird sagen: „Etwas anderes habe ich diesem Schüßler nie zugetraut."
„Niemand wird dir hier eine Träne nachweinen? Armer Lorz! So verbittert bist du? Aber das glaube ich dir nicht. Du täuschst dich selbst. Außerdem", und sie schlug abermals die Augen nieder, „weißt du gar nicht, was du für einen Tausch eingehst. Ich bin nicht mehr die, die ich war, Lorz. Man bleibt nicht unberührt, wenn man sich in dieses wilde Leben begibt. Doch das weißt du selbst am besten."
Er lachte gewaltsam auf. „Was frage ich danach? Darüber

bin ich längst hinaus, und auch das kommt mir nicht unerwartet. Natürlich kann es gar nicht anders sein. Ein Narr bin ich eben gewesen, dass ich damals nicht gleich bei dir blieb und Rang und Ehre beiseite warf, vielmehr glaubte, vorerst zu meinem Posten zurückkehren zu müssen, um mich fein säuberlich von eingebildeten Verpflichtungen zu lösen. Das Schicksal hat damals grausam mit mir gespielt, denn als ich zum Regiment zurückkam, war ich ein kranker, gebrochener Mann und hätte besser gleich fortbleiben können. Schlimmes war mir auf dem Rückweg begegnet. Es war, als sei mit dir mein Stern von mir gewichen."

„Wir können nicht gegen das Schicksal, Lorz, ich habe mich längst darein ergeben."

„Hast du das bei dem Friedländer gelernt, Käthe?", fuhr Lorz auf. „Ich glaube nicht daran. Ich will mein Schicksal meistern. Noch fühle ich die Kräfte dazu, da es mich abermals an einen Scheideweg geführt hat."

„In dir selber hast du dein Schicksal, mein immer noch Geliebter. Du musst den Fäden folgen, die dich mit den Dingen deiner Welt und mit den Menschen deiner Umgebung verknüpfen. Anders ist es nicht. Diese Fäden führen immer aus deinem Inneren. Aber sie führen, und das ist mir in dieser Stunde gegeben zu empfinden, in der du mir noch einmal gegenüberstehst, nicht mehr von dir zu mir."

Sie hatte das Letzte mit fast versagender Stimme gesprochen und reichte Lorz dazu abermals die Hand, indem sie hinzufügte: „Und nun geh, lieber Lorz. Lass mich einstweilen allein. Wir sind uns jetzt nicht fern, und wir werden uns wohl auch noch weiter sehen und sprechen, und dann wollen wir einen ruhigen und verständigen Abschied nehmen. Es hätte wohl manches anders sein können, aber nun, da es so geworden ist, wie es eben ist, da wollen wir es auch so hinnehmen. Sorge dich nicht um mich. Ich werde schon meinen Weg machen. Aber ich will, dass du immer freundlich an mich denken möchtest."

„Ich lasse dich doch nicht mehr, Geliebte!", presste er hervor, „und wenn ich über die Trümmer meiner Vaterstadt schreiten sollte, um zu dir zu gelangen!"

Sie schüttelte leise den Kopf. Da ging Lorz Schüßler.

So war also das Wiedersehen mit Käthe von Duwensee. Das war der einzige Gedanke, den Lorz Schüßler fassen konnte, als er seinem Hause zuschritt. Er hatte es sich anders vorgestellt. O über diese wetterwendischen und kleinmütigen Weiber! Da bringen sie spielerisch ein Meer in Aufruhr, und wenn es am tollsten brandet und schäumt, dann gießen sie Öl auf die Wogen, weil sie selber von dem beunruhigt sind, was sie angerichtet haben. Käthe war auch nicht anders. Sie musste eben vor die vollendete Tatsache gestellt werden. Wenn er sich jetzt ohne Weiteres anwerben ließe und morgen früh mit ihr zum Tor hinausritte, dann wäre alles im schönsten Gleichgewicht, und sie würde sich dreinfinden müssen. Sein Schritt beflügelte sich. Es war ihm, als durchströme ihn neue Kraft, nun, da er die Geliebte wieder gefunden. Weilte sie doch jetzt endlich, die lang Entbehrte, mit ihm in den Mauern der gleichen Stadt und noch dazu seiner Heimatstadt. Wie durch ein Wunder war sie ihm neu geschenkt worden.

So kam er an seinem Haus an. Die Anne stand schon unter der Tür und spähte nach ihm aus. Als sie sein roh bewegtes Antlitz gewahrte und die Augen, die wie früher wieder in einem fröhlichen Feuer glühten, da hellten sich auch ihre eigenen Züge trotz der Alters- und Kummerfalten auf.

„Das ist recht, Lorz, dass du kommst", rief sie ihm entgegen. „Das Mittagessen ist gerade fertig. Du wunderst dich über die Ruhe und Ordnung im Haus? Die drei Musketiere haben sich schlafen gelegt. Der Hassenpflug hat sie sauber zugedeckt. Sie waren zuletzt so zahm wie die Lämmlein und wollten schließlich weiter nichts als ihre Ruhe haben. Zwei konnten noch selber die Streu finden. Den dritten hat der Hassenpflug sachte hinübergeführt in den Schuppen und sich dann gleich selber dazugelegt. Der Hassenpflug, das ist dir einer! Ein wahres Kleinod im Haus. In den ersten fünf Minuten schon war er gut Freund mit den Soldaten, in den nächsten fünf Minuten hat er Brüderschaft mit ihnen gemacht, und dann haben freilich alle vier weidlich mit Singen gelärmt, und Hassenpflug musste versprechen, dass er sich anwerben lasse. Er denkt aber natürlich gar nicht daran. Wo er doch hier weich und warm im Nest sitzt, und der jüngste ist er doch auch nicht mehr. Wenn er ausgeschlafen hat, will er es von Neuem mit den Soldaten aufnehmen. Der heutige Tag reißt freilich ein gewaltiges Loch in deinen Weinkeller. Ein Fass mit Steinwein ist schon hin. Nachmittags soll der Bamberger dran."

„Lass gut sein, Anne, der Weinkeller kann den Schaden noch am besten vertragen", sagte Lorz. In seiner Stube sah es schon wieder ganz ordentlich aus. Anne hatte die Spuren der Zecherei beseitigt, so gut es ging und trug jetzt das Mittagsmahl auf.

Die Fenster waren offen. Der Oktober meinte es dieses Mal noch gut mit der Wärme. Die Dächer gleisten in der Sonne und die Steine auf der Straße blendeten ordentlich. Ein frischer Wind wehte vom Stadtberg, trug aber auch Lärm und Geschrei aus der Stadt her mit sich.

Als Lorz sein Mahl beendet hatte und im Begriff war, sich einen Apfel zu schälen, polterten schwere Tritte die Treppe herauf. Die Tür sprang auf, und vier Musketiere unter der Führung eines Leutnants kamen herein. Der Offizier trat auf Lorz zu und fragte barsch: „Ihr seid der Ratsherr Schüßler?"

Lorz erwiderte schroff und verwundert: „Der bin ich. Ich habe noch niemals meinen Namen verleugnet."

„Gut denn. Ihr seid mein Gefangener. Folgt mir!" Und zu den Soldaten, die brennende Lunten trugen, fügte der Leutnant hinzu: „Gebt gut acht, dass er nicht entwischt."

„Was soll das alles?", fuhr Lorz auf. „Mit welchem Recht und in wessen Auftrag wagt Ihr es, Hand an einen ruhigen Bürger zu legen?"

„Oho, mein Herr", erwiderte der Offizier, „hier wird nicht gemuckt, sondern Order pariert! Ob das mit dem ruhigen Bürger stimmt, das wird sich ausweisen. Muss doch wohl irgendetwas nicht ganz in Ordnung sein damit, sonst hätte mein Herr Obrist nicht den Befehl gegeben. Vorwärts marsch!"

Lorz Schüßler musste sich fügen. Er beruhigte die entsetzt hereingestürzt kommende Anne und schritt gefasst inmitten der Soldaten aus dem Haus und durch die Obere Straße dem Rathaus zu, wo er in das Loch eingesperrt wurde, das sonst nur Landstreicher und Verbrecher beherbergte. Unterwegs hatte er manchen spottenden Zuruf vom Kriegsvolk zu erdulden. Manche von ihnen machten eine bezeichnende Gebärde, indem sie sich mit dem Finger um den Hals fuhren. Sie lachten laut dazu. Hildburghäuser begegneten dem Zug nur wenige, diese blieben aber wie versteinert stehen und trugen die Schreckenskunde von Haus zu Haus.

Die Tür des Gefängnisses schlug hinter Lorz zu. Er war allein. Nur Mäuse raschelten und knusperten irgendwo in einer Ecke. Verwirrt sank er auf den Schemel nieder und überdachte seine Lage. Es war kein Zweifel mehr, die Warnungen, die er empfangen hatte, waren nur zu richtig gewesen. Der kaiserliche Befehlshaber verlangte ein Menschenopfer für den erschossenen Kroaten, und der Bürgermeister Waltz hatte keinen Anstand genommen, da der Flurschütz

Zelenka in weiser Voraussicht verschwunden war, den Ratsherrn Schüßler dem Feind auszuliefern. Der Gefangene knirschte mit den Zähnen und schlug mit der Faust auf den Schemel, dass das altersschwache und morsche Gerät in Trümmer ging. Was brauchte er auch den Schemel! Er hatte nicht die Ruhe, still dazusitzen und sein Schicksal widerstandslos zu erwarten. Seine Lage war nicht ungefährlich. Es kam darauf an, was der Kommandant der Truppen für ein Mensch war. Zwar wollte Lorz ihm fest und unerschrocken gegenübertreten, und die Rede, auf die er sich wohl verstand, gut gebrauchen. Das Bewusstsein seiner Unschuld an dem umgekommenen Kroaten musste ihm Sicherheit verleihen. Eine andere Frage war freilich die, ob das Eindruck auf den Obristen machen würde. War er ein blutgieriger Menschenschlächter, dem es auf ein Leben nicht ankam, dann konnten die überzeugendsten Worte ihren Zweck verfehlen, dann mussten entweder List oder Gewalt, eine kühne Überraschung oder dergleichen helfen. Es galt nun zu überlegen, in welcher Weise diese Mittel angewendet werden konnten. Jedoch, so naheliegend diese Gedanken für Lorz Schüßler waren, er kam doch nach einiger Zeit jedes Mal wieder von ihnen ab und vertraute, wie von jeher, mehr der augenblicklichen Eingebung als der langen Planung. Seine Gedanken wanderten vielmehr immer wieder zu der Frau zurück, die er eben vor kurzem verlassen hatte, zu Käthe von Duwensee. Es kam ihm nicht einmal in den Sinn, sich vielleicht auf sie als seine Fürsprecherin und Retterin berufen zu können, obgleich sie sicherlich dem Obristen bekannt und als Dame der Umgebung des Feldherrn nicht ohne Einfluss sein konnte. Lorz Schüßler kam gar nicht darauf. Er fühlte nur den Zwiespalt, den scharfen Gegensatz seiner Lage vor wenigen Stunden und in diesem Augenblick. Es war einfach zum Tollwerden! Käthes Bild trat aus dem Dunkel des Verließes

hell vor seine Seele. Er sah sie vor sich, wie sie damals in der Pöbbekenmühle ihm erschienen war, und er sah dann ihre nun gewandelte Erscheinung und hörte ihre Klagen und ihre verständigen und verständnisvollen Worte. Und da ging es wie ein Riss durch ihn. Ja, klug und verständig. Das war sie. Und er?
Er wog wie ein Unbeteiligter ihre und seine Reden gegeneinander ab, aber er konnte nicht die Schale auf irgendeiner Seite sich senken sehen, solange er auch darüber brütete. Da kam es über ihn, dass ihn eine klägliche Mutlosigkeit befiel. So stark mit einem Male, dass er sich selber davor entsetzte. Stunde auf Stunde verrann. Kein Laut von draußen drang in diese gewaltsam erzwungene Stille und Einsamkeit, in die man den immer regsamen Mann hier versetzt hatte. Wie hatte er die letzten Tage gelebt? Wie im Rausch, wie einer, der in einem schweren Fieber liegt. Nun fühlte er, wie die Abspannung über seinen Geist kroch, wie sie ihn mehr und mehr lähmte, wie sie auch seinen Körper zu ergreifen drohte. Er gewahrte, wie sein Herz seltsam unregelmäßig und heftig schlug. Lorz rang nach Atem. Kaum konnte er sich noch auf den Füßen halten. Der Schemel war entzwei, und das bedauerte er jetzt. Aus der Ecke holte sich Lorz Schüßler den Rest eines modrigen Bundes Stroh und setzte sich darauf. Den Kopf ließ er zwischen den Knien hängen. Auf einmal kam das erschreckende Gefühl über ihn, dass er doch nicht mehr der alte sei wie einst. War es so? War sein Körper nicht mehr so beschaffen, dass er das ausführen konnte, wozu ihn der Geist zwingen wollte? Wie, wenn sie beide Recht hätten, Etelka, die Zigeunerin, und Käthe von Duwensee? War er weiter nichts mehr als ein Spießbürger, der sich täglich im Kreise dreht und nicht weiter sehen kann und darf als man vom Kirchturm aus Ausschau hält? War ihm – und sein Denken stockte – war ihm wirklich nur noch

die kurze Lebenszeit beschieden, die das Zigeunerweib geweissagt hatte? Lorz Schüßler wälzte diese Gedanken hin und her, hin und her, bis ihm der Kopf schmerzte. Schließlich warf er sich in tödlicher Ermattung auf das Bund Stroh. Vielleicht wurde es nun doch wahr, dass er Weib und Kinder verlassen würde und die Vaterstadt aufgeben für immer, aber freilich auf andere Weise, als er es sich gedacht, mit dem Strick um den Hals. Oben an der Waldecke, die man die Galgenspitze heißt. Oder nein, so lange Umstände machten die Soldaten niemals. Sie würden ihn vielmehr zum abschreckenden Beispiel auf offenem Markt hängen, an einem schnell errichteten Galgen oder noch einfacher am Prangereisen am Rathausturm. Nein, nein, das durfte nicht sein. Er musste leben, leben für Weib und Kind, für Haus und Hantierung, für das Wohl des Gemeinwesens, so kurz auch die Frist sein möge, die ihm ein gnädiger oder ungnädiger Gott gestellt. Lorz Schüßler sah sich auf einmal wieder im lange vergessenen Konfirmandenunterricht, er sah sich in der Schule bei seinem alten Magister und hörte, als ob es ihm jemand ins Ohr riefe, das strenge und doch so beglückende Wort von der Pflicht. Jahrelang war ihm das nicht mehr eingefallen. Warum hatte er sich nicht daran aufgerichtet, wenn die Mauern seiner Stadt ihm zu eng, das häusliche Joch zu drückend geworden waren? Jetzt kam es wie eine Erleichterung über ihn, und doch noch nicht gleich so stark, dass er schon in diesem Augenblick seinen ferneren Weg klar erkannt hätte. Es rang und stritt in seinem Inneren ein wilder Kampf der Gedanken, Gefühle und Wünsche. Schweißtropfen traten ihm auf die Stirn.
Mit einem Ächzen sank er auf dem Stroh zusammen und presste die Hände gegen den schmerzenden Kopf. Der starke Mann fühlte, während er jetzt zum ersten Male wieder seit langer Zeit innig an seine beiden Mägdelein dachte, wie

es ihm feucht über die Wangen lief. Was war er doch für ein Mensch, dass er bisher so gar nicht, niemals, ernstlich darüber nachgedacht, was es heiße, den Kindern den Vater zu entziehen und noch dazu in so gefährlicher Zeit. Er flüsterte ihre Namen in die Dunkelheit des Gefängnisses hinein. Immer und immer wieder, bis die Lippen ihm stockten und das Denken sich von selber auslöschte. Lorz Schüßler lag auf dem Stroh versunken.
Der Nachmittag war schon weit vorgeschritten, als das Klirren von Schlüsseln und das Klappern der Riegel den Schläfer weckten. Rasch sprang er auf. Da stand in der Tür wieder der Leutnant mit den vier Musketieren. Lorz Schüßler wurde von ihnen abermals in die Mitte genommen und unter dieser Bedeckung in das Quartier des Obristen gebracht.
Das Haus war das des Superintendenten am Markt. Steinerne Stufen führten zum Hausehrn hinauf. Dort wurde Lorz durch eine Tür geschoben und allein gelassen. Doch konnte er vernehmen, dass die Soldaten draußen vor der Tür stehen blieben. Das einzige Fenster des Zimmers ging auf den Markt hinaus, und dort war Flucht unmöglich, denn der Platz wimmelte von Kriegsvolk. Lorz Schüßler hatte übrigens nicht lange Zeit, etwaigen Fluchtgedanken nachzuhängen, denn alsbald öffnete sich die zweite Tür des Zimmers, und ein hochgewachsener Offizier, mit einem dunkelblauen Mantel bekleidet, trat herein. Er hatte herrische Augen und stark gelichtetes Haar. Der von den Schweden übernommenen Mode gemäß trug er einen Spitzbart. Die linke Seite seines Gesichtes war von lauter dunklen Farben übersät, als müsse er einmal durch ein unmittelbar vor oder neben ihm abgefeuertes Geschütz oder durch eine Pulverexplosion verwundet gewesen sein. Dieser Mann ging drei Schritte auf Lorz zu, betrachtete ihn vom Kopf bis zu den Füßen, ging sogar rund um ihn herum, wobei er gar neugierige und

drollige Augen machte, und setzte sich schließlich auf einen Stuhl ihm gegenüber. Dort ließ er ein kräftiges Gelächter los, schlug sich mehrmals mit der flachen Hand aufs Knie und rief aus: „Er ist's! Er ist's wahrhaftig! So also sieht der Ratsherr Schüßler als Gefangener aus? Alter Lorz, kennst du mich denn wirklich nicht mehr?"
Lorz stürzte einen Schritt vor, fasste den Obristen scharf ins Auge, und was ihm die Vertrautheit von dessen Stimme nicht schon gesagt hatte, das taten jetzt die Züge seines Gegenüber.
„Ist es möglich?", presste er mit einem tiefen, befreienden Atemzug hervor. „Walter Baumgarten!"
„Ja, mein lieber Lorz, das bin ich, und ich freue mich herzlich, Bruderherz, dass ich dich in diesem närrischen Leben wiedergefunden habe. Alter Kamerad vom Kösseine-Gipfel, vom Weißen Berg, von Prag und Wimpfen! Hei! Bei Wimpfen, da sausten die Hiebe, aber wer am Abend damals nicht wieder zurückkehrte, das war unser Lorz Schüßler. Ich wusste wohl, wohin du damals geraten warst und habe, solange ich selber noch auf der protestantischen Seite war, jeden Abend zu meinem Schutzgeist gebetet, du möchtest mir nicht am andern Morgen begegnen. Denn es würde uns beiden leidgetan haben, einander das Lebenslicht ausblasen zu müssen."
Die beiden Freunde lagen sich in den Armen und sahen sich forschend, zufrieden und liebevoll ins Gesicht. Es kam ihnen vor, als sei alles noch ganz wie einst. Da war Walter Baumgarten, und da war Lorz Schüßler. Sonst nichts weiter. Wie hinweggehaucht schienen Zeit und Schicksalswechsel. Nur älter waren beide geworden, älter und reifer. In den Zügen lag beiderseitig Erleben.
Fröhlich erwiderte Lorz: „So war auch damals mein täglicher Wunsch, Walter. Ein wahres Glück, dass er sich

erfüllte. Übrigens kamen wir bald aus der dortigen Gegend fort, und später wurde es immer unwahrscheinlicher, dass wir einander auf die gefürchtete Weise begegnen würden. Ein sonderbarer Zwiespalt! Es verlangte mich stark nach dir, und doch musste ich diesen Wunsch bekämpfen, weil es für uns beide besser war. Ich kann dir sagen, dass ich nicht weniger darunter gelitten habe."
Die Freunde umarmten sich aufs Neue, dann schrie der Obrist zur Tür hinaus: „Leutnant Mosler, zieht ab mit Eurer salva guardia! Ich selber stehe für den Gefangenen ein."
Mit einem abermaligen herzlichen Lachen wandte er sich wieder zu Lorz: „Nun wollen wir die Komödie beenden, Herzbruder. Dein sauberer Bürgermeister soll seine Freude nicht haben, aber einen Streich will ich ihm doch spielen, an den er denken soll. – Ja, siehst du, da bin ich nun in Hildburghausen, und zwar habe ich mir die Führung des Regiments ausdrücklich zu dem Zweck übertragen lassen, um dich hier aufzustöbern, falls du, woran ich nicht zweifelte, noch am Leben sein solltest. Das ging schneller und überraschender, als ich selber glaubte. Die Stadt hat eine Schuld auf sich geladen; die Strafe, zu deren Vollstrecker ich also ernannt worden bin, kennst du. Nach dem erschossenen Lumpenhund von einem Kroaten kräht natürlich in Wirklichkeit kein Hahn. Den Kerl hätte der Teufel doch heute oder morgen geholt. Aber es sollte einmal ein Exempel statuiert werden. Darum die Härte. Nun, Euer Bürgermeisterlein gab vor Angst schlotternd dich in meine Hand, da der vermaledeite Schütz selber, der Flurhüter, nicht aufzufinden war. Also ließ ich dich fein säuberlich aufheben, damit auch du deine rechte Überraschung bei der ganzen Geschichte haben solltest. Das kannst du mir wirklich nicht übelnehmen, Lorz", schloss er mit drolliger, schalkhafter Treuherzigkeit.
„Beim Himmel, nein", lachte dieser, „das Stücklein sieht dir

ganz und gar ähnlich, Walter. Ich glaube nun auch nicht mehr daran, dass ich zum Wohlbehagen des Bürgermeisters und einiger anderer Biedermänner ähnlichen Schlages gehängt werden soll."

„Ganz im Gegenteil!", versicherte der Obrist. „Du wirst sehen, da springt sogar noch eine besondere Ehre für dich dabei heraus. – Doch, was ist das hier für eine Wirtschaft!" Er riss an einem Glockenzug. Ein Diener erschien. „Franz, eine Flasche!"

Während die beiden Freunde das erste Glas ihrem freudigen Wiederfinden weihten, begannen sie zu erzählen, wie sie die Fortuna bei ihren Kriegszügen umhergeworfen, und tauschten Erinnerungen an die früheren gemeinsamen Erlebnisse aus. Lorz Schüßler wunderte sich weiter nicht, Walter Baumgarten nunmehr ebenfalls auf der kaiserlichen Seite zu finden, noch weniger ihn im Range eines Obristen wiederzusehen, denn dergleichen kam beides häufig vor. Als der Name des Grafen Tilly fiel, stand Baumgarten auf und salutierte. „Gott sei seiner armen Seele gnädig!", sprach er dann. „Der Graf von Tilly war ein großer Kriegsmann und ein feiner Herr. Am letzten Apriltag dieses Jahres stand ich in Ingolstadt an seinem Sterbelager. Er starb in großen Schmerzen an seiner Verwundung, die er bei Rain am Lech davongetragen."

Auch Lorz Schüßler wurde ernst, denn lange hatte er unter diesem Feldherrn gekämpft und oft mit ihm gesiegt. Dann fuhr der Obrist fort: „Also, Bruderherz, danke dem Himmel, dass nicht ein anderer nach deiner Vaterstadt geschickt worden ist denn ich. Denn nämlich um deinetwillen gedenke ich, glimpflich mit ihr zu verfahren. Zwar: Befehl ist Befehl, und irgendwie muss er auch ausgeführt werden. Sehen wir zu: Die Stadt soll vorerst geplündert werden. Gut. Sie wird geplündert, oder vielmehr, sie ist es schon. Denn wie

ich meine Leute kenne, so werden sie nicht versäumen, sich dieses und jenes Andenken mitzunehmen. Aber ich habe ihnen sagen lassen, dass es mit Maßen geschehen soll, und in der Form, dass sie sich von ihren Quartiergebern etwas auszubitten haben. Freilich dürfen es ihnen diese nicht verweigern. Nun, dafür, dass das nicht geschieht, werden meine Kerle schon sorgen. Was, Lorz, du kennst doch wohl auch noch das Verfahren? Zum andern soll einer hier gehenkt werden. Wie machen wir das? Das ist der schwierigste Punkt. Soll ich den Bürgermeister …"
Lorz machte eine erschreckte Gebärde, aber Baumgarten beruhigte ihn mit einer Handbewegung. „Hab keine Sorge, wir werden feurige Kohlen auf sein Haupt sammeln. Aber wo kriegen wir einen Gehenkten her? Hmhm, nun, bis heute Abend wird sich schon ein Ausweg finden. Zum dritten soll die Stadt an allen vier Ecken in Brand gesteckt werden. Nun, davon reden wir später noch. Ich sage dir, Lorz, dieser letzte Punkt ist der leichteste, und seine Erfüllung wird mir ein wahres Vergnügen sein."
Lorz aber ließ sich nunmehr durch diese grausam klingenden Worte nicht mehr einschüchtern, er kannte die Neckereien seines alten Waffengefährten.
„Jetzt sage, Lorz", fuhr dieser fort, „wie ist dir denn nun eigentlich hier zumute? Baust du glücklich und zufrieden deinen Kohl und hast alle kriegerischen Ambitionen aufgegeben? Ja, ja, was man doch alles erleben kann!"
Lorz Schüßler tat einen tiefen Zug aus seinem Becher. Dann ließ er einen Seufzer hören und sah seinen Freund mit einem wehmütigen Blick an. Lange blieb er stumm, als wisse er nicht recht, womit er beginnen solle. Dann brach es los: „Ach Walter, wie ich dich beneide! Du gehst deinen Weg aufwärts und vorwärts und schaust nicht nach dem, was hinter dir zurückbleibt. Ich aber bin wie der Vogel im

Käfig, der sich den Kopf an den Gitterstäben blutig stößt. Tief drinnen sitzt mir das Weh, das du, der du in einer ganz anderen Welt lebst, einer Welt, die auch ich einmal mein eigen nannte, nur schwer wirst begreifen können. Auch nicht, wenn du dich an meine Stelle denkst, was eben unmöglich ist. Ich habe niemals aufgehört, mich zurückzusehen. Dieses Sehnen hat mir mein ganzes Bürgerdasein verbittert und schwer gemacht. Nein, ich bin kein glücklicher Mann, Walter Baumgarten. Ich passe nicht hierher. Hier soll ich mich ducken unter das Joch der anderen, unter ihre Engherzigkeit und Kleinlichkeit und Beschränktheit, unter das Joch der Familie, das mich tiefer und tiefer zieht. Ich leide, Herzbruder. Ich habe schon seit Jahren gelitten. Als ich krank und schwach hier einzog, da glaubte ich anfangs, dass dieses ruhige Leben mir guttun würde. Es hat mir auch gutgetan, aber nur in der ersten Zeit. Damals hoffte ich, ich könnte so werden wie die anderen und zufrieden bei meiner Hantierung und hinter meinem Misthaufen sitzen. Das war ein Irrtum. Die Schwingen sind mir wieder gewachsen und kräftig geworden. Ich flattere damit, kann mich aber nicht vom Boden erheben, denn der zähe Ton klebt mir an den Füßen und hält mich nieder. Lieber heute als morgen möchte ich auf und davon gehen, und deshalb flehe ich dich an: Vollende das gute Werk an mir. Nimm mich mit, hinaus in die Weite. Sieh, ich habe meinen Abschied an die Meinen schon hier in der Tasche. Es ist darin für alles gesorgt. Niemand wird leiden, wenn ich von hier fortgehe. Als die Nachricht von eurem Anrücken kam, da hat es mich gepackt wie einen Zugvogel im Herbst. Ich kann es nicht länger mehr ertragen. Und da ist noch eins ..."

Er stockte und sah seinem Gegenüber prüfend ins Gesicht. Dann fuhr er, fast im Flüsterton, fort: „Es ist noch was anderes, was mich zu euch zieht. Ich habe einst, als ich

Rittmeister war, in der Aktion von Lutter am Barenberge ein Weib kennengelernt. Ein Weib, das den tiefsten Eindruck auf mich gemacht hat. Wir sprachen uns aus und waren wenige Tage glücklich in unserer Liebe. Es war wie ein schöner, aber ach so kurzer Traum. Die Wechselfälle des Geschickes brachten uns auseinander, und keiner hatte vom andern die ganzen Jahre her etwas gehört. Dieses Weib nun finde ich jetzt wieder, bei eurer Armee, in herrlichster Reife und mit der alten Zuneigung zu mir, und nun will ich sie nimmer verlassen. Hilf mir dazu, mein Walter!"
Die brennenden Augen auf den Freund gerichtet, lehnte er sich in den Stuhl zurück. Walter Baumgarten sah gedankenvoll und ernst in seinen Wein. Es war eine große Stille im Zimmer. Erst nach einer Weile sprach er, während er auf und ab ging: „Mein lieber Lorz! Ich bin dir einen Dienst schuldig. Weißt du noch, von damals, an der Kösseine? Ohne dich wäre ich längst im Wintersturm erfroren oder von den Wölfen aufgefressen, und das wäre schade gewesen für einen Kerl wie mich, der immer mit dem Leben gut ausgekommen ist und mit dem es das Leben schließlich doch ganz gut gemeint hat. Den schuldigen Gegendienst will ich dir jetzt leisten, indem ich auf deine Rede sage: Nein! Höre mich ruhig an", sprach er weiter, als Lorz Schüßler auf seinem Sessel in die Höhe fuhr, „ich spreche als dein wahrer Freund, und sei versichert, du wirst mir in kurzem oder langem dafür dankbar sein. Die Wahrheit ist die: Du bist bereits für uns verdorben. Ich habe einen scharfen Blick, und ich lese in deinem Gesicht, dass du bei unserem nächsten starken Ritt hinter den Hecken liegen bleiben wirst. Und was dann? In Wahrheit, du bist ein kranker Mann. Vermutlich hast du uns in deinen Kriegsjahren ein Leiden mitgebracht. Geht manchem so. Meist ist es das Herz, das einen Schaden davongetragen hat. Ich vermute, dass das auch bei

dir der Fall sein wird. Lass es dir genug daran sein, dass du noch einmal in das Soldatenleben hineinblicken durftest, wenn auch nur als Zuschauer, und", er lächelte fein, „als Gefangener. Lass es dir genug sein, wenn es dir überhaupt etwas wert ist, noch einmal einen alten Kriegskameraden getroffen zu haben, und noch dazu einen, der es ehrlich mit dir meint. Glaube mir, du würdest in kurzem mir und der Stunde fluchen, da ich dir zugeredet und dir die Hand geboten haben würde, dein jetziges Leben zu ändern. Hast du die Unruhe im Blut, nun, so suche sie wie ein Mann zu bändigen. Wenn du es ernst damit meinst, wird es dir, wie ich dich kenne, gelingen."
Er hielt inne, als überlege er, wie er das Folgende dem Freund beibringen könne. Lorz Schüßler saß am Tisch und ließ den Kopf hängen, während er sich mit der Hand über die Stirn strich. Dann begann Walter Baumgarten von Neuem, nachdem er seinen Stuhl in Lorzens Nähe gerückt und diesem den Arm um die Schulter gelegt hatte: „Was das andere anbetrifft, das mit jener Frau ... Es ist Käthe von Duwensee, ich weiß es. Ich weiß von ihr selber, dass sie deinetwegen hierhergefahren ist. In Schleusingen will sie wieder mit der gnädigen Frau von Isolani zusammentreffen. Es ist eine harte Sache, Lorz. Aber es würde ein tolles und unkluges Abenteuer sein, wenn du dabei bestehen bleiben wolltest. Ich kann deinen Zustand wohl ermessen. Ich fühle mit dir, und dennoch rate ich dir auch hierbei ernstlich ab. Auch darüber bist du hinausgewachsen, und Käthe ist es gleichfalls. Sieh, wenn wir beide im gleichen Stande wären, wenn du mein Zeltkamerad wärst, und wir liebten beide dasselbe Weib, ich würde es über mich gewinnen, gegenüber dir zurückzustehen und deine Rechte anzuerkennen. Jetzt kann ich es nicht."
Lorz staunte ihn wortlos an. Der Obrist fuhr fort: „Du

wunderst dich, Lorz. Ja, es ist niemals in der Welt toller zugegangen als nun. Ich will dir mit kurzen und nüchternen Worten die Tatsachen mitteilen. Besagte Käthe von Duwensee ist seit einer halben Stunde meine Verlobte. Ich komme eben von ihr und habe mir ihr Eheversprechen geholt. Sie hat mir rückhaltlos ihr Herz ausgeschüttet und viel von dir gesprochen. So werde ich sie stets wie ein teures Vermächtnis von dir betrachten, und wir werden noch oft von dir reden und an dich denken, wenn wir in Schleusingen, wie festgesetzt ist, kopuliert worden sind und zusammen hausen. – Nicht so, Lorz!" Denn diesem stahl sich auf unbewegtem Gesicht langsam eine Träne die Wange hinab. „Nimm die Sache doch einfach so: Die Stadt muss ein Opfer bringen. Du bist hier vor mir als Vertreter der Stadt und bringst eben dieses Opfer. Sei groß! Sei edelmütig!", bat er. „Verbittere mir nicht mein Glück, sondern gönne es mir. Liebster Lorz", und er wurde ganz weich, „du hast Frau und Kinder, wie ich weiß, und wenn du sie in der gegenwärtigen Stunde hier in der Stadt hättest", Lorz verneinte stumm, „so würde es mir eine hohe Freude sein, wenn du mich in dein Haus einführtest, und was auch zwischen deinem Eheweib und dir liegen mag, ich würde alles daransetzen, einen friedlichen und versöhnlichen Zustand zwischen euch herzustellen. Könntest du im Ernst daran denken, deine Kindlein einem ungewissen Schicksal auszusetzen? Das kann und will ich nicht von meinem ehrenwerten Lorz Schüßler glauben."
Er schwieg, und auch Lorz Schüßler fand keine Worte mehr. So verging eine bange Viertelstunde. Nur die heftigen Atemzüge Schüßlers waren hörbar, während ihm der Obrist erwartungsvoll und mit liebevoller Ängstlichkeit ins Antlitz sah, auf dem fliegende Röte und fahle Blässe abwechselten. Endlich reichte ihm Lorz über den Tisch die Hand und sagte leise: „Ich kann dir noch nicht danken, Kamerad …"

„Erwarte ich auch gar nicht", fiel Baumgarten ein.
„Und ich kann auch nicht einsehen", sprach Lorz weiter, „was dieses – Verfahren gegen mich mit einer Gegenleistung zu tun hat, die du mir schuldig zu sein glaubst. Aber ich kenne dein Herz, Baumgarten, ich habe dich erprobt gefunden in Sturm und Wetter, in Sonnenschein und Regen, in der mörderischen Schlacht und im bequemen Quartier, und daran will ich mich halten. Kann sein, dass du wahr gesprochen, dass der Tag kommt, da ich diese Stunde segne. Es erfüllt sich ja gerade das Unwahrscheinlichste im Leben."
„So hast du gesprochen wie ein Mann, Lorz. Anders habe ich es nicht von dir erwartet. – Doch nun genug von diesen Sentimentalitäten! Wenden wir uns wieder der Frage des großen Tages von Hildburghausen zu. Sieh her!" Er zog ein Tuch von einem Tischchen. Darunter war ein in der Tat wundervoll gearbeitetes silbernes Schiffchen mit einem Steuermann von Gold verborgen gewesen und blinkte jetzt im Widerschein der Sonne des frühen Abends. „Hier habe ich bereits meinen Rekompens. Der Bürgermeister hat ihn mir gleich feierlich überreicht. Ich muss wirklich sagen: Ich bin sehr zufrieden. Mit der Zeit habe ich nämlich eine kleine Schwäche für solche Kostbarkeiten bekommen. Dies aber wird mir lieber sein als alles andere, weil es mich an deine Vaterstadt und an dich erinnern wird, Lorz. – Was gibt's?"
Der Obrist war ans Fenster getreten und sah auf den Markt hinaus. Dort war ein Auflauf von Volk und Soldaten, und in der Mitte der Menge führten drei Bewaffnete einen zerlumpten Menschen. Er musste einen Schlag über den Kopf bekommen haben, denn das Blut rann ihm in einem in der Sonne glitzernden Bächlein über den kahlen Schädel und über das Gesicht. Sein Aussehen war erbarmungswürdig, helle Todesangst stand ihm im Gesicht, und wieder und wieder hob er mit einer bittenden Gebärde seine gefesselten

Hände gegen seine Häscher. Auch Lorz war ans Fenster getreten. Als er den Aufzug sah, rief er aus: „Ei, da ist ja der Flurschütz Zelenka!"

„Was?", fuhr der Obrist auf, „der Mann, den wir suchen? Das trifft sich ja prächtig! Da kann also dennoch Punkt für Punkt der Order befolgt werden. Das nimmt mir einen gewaltig schweren Stein von der Seele."

„Schone ihn, Walter", bat Lorz, „der Bursche taugt zwar nicht viel, aber er ist alt und seinerzeit mit mir in die Stadt eingezogen. Ich habe mein Brot mit ihm geteilt und er das seine mit mir, denn wir waren damals beide abgedankte Soldaten."

„Wird wohl kaum möglich sein, mein lieber Lorz", meinte der Obrist, „aber wir wollen sehen, wollen sehen."

Die Gruppe draußen hatte sich inzwischen Bahn bis zum Quartier des Obristen gebrochen und schleppte den Gefangenen in den Hausflur. Ein Korporal erschien vor dem Obristen und meldete, man habe einen Mann eingebracht, der eben auf frischer Tat ergriffen worden sei, als er einem im Garten seines Quartiers schlafenden, möglicherweise auch berauschten Musketier die Taschen geleert habe.

„Das entscheidet, Lorz!", sagte Baumgarten zu dem Ratsherrn Schüßler. „Selbst wenn der Mann nicht der gesuchte Flurschütz wäre, müsste er baumeln. So aber nenne ich es eine glückliche Fügung, dass sich beides hier vereint. Der Mann hat keine Angehörigen?"

„Keine Seele; er steht hier ganz allein. Von Geburt ist er ein Böhm. Nach der eben gehörten Anklage sehe ich ein, dass ihm nicht zu helfen ist. Vielleicht auch ist es am besten so. Ich will ihn lieber nicht mehr sehen. – Und doch haben wir einst zusammengestanden, und er wollte sogar für mich stehlen gehen", setzte Lorz für sich hinzu.

„Korporal", sagte der Obrist, „sehet, da drüben am Rat-

hausturm, da ist das Halseisen. Dort hängt den Kerl unverzüglich an seinem besten Halse auf, bis er tot ist. Sorgt dafür, dass das schnell geschieht. Insonderheit, dass er die Füße nicht auf den Mauerrand aufstützen kann."
„Zu Befehl, Herr Obrist!" Der Mann ging. Man hörte draußen nach einer Weile von der anderen Marktseite her ein Brüllen und Wimmern, das kaum noch etwas Menschliches an sich hatte. Dann war Ottokar Zelenka still und hing wie ein leeres, schlaffes Kleiderbündel in seiner ausgemergelten Gestalt am Prangereisen, zum Entsetzen und Abscheu der Einwohnerschaft, die nicht versäumte, sich nach und nach einzufinden, um sich das traurige Schauspiel anzusehen und dem Himmel zu danken, dass es wenigstens kein Hildburghäuser sei, der da hing. Man hoffte, dass durch das Opfer des Fremden die Plage von der Stadt genommen werden würde.
Im Haus des Superintendenten aber hatten der Obrist Walter Baumgarten und der Ratsherr Lorenz Schüßler noch ein weiteres langes Gespräch, in dessen Verlauf der Obrist nicht aufhörte zu schmunzeln und sich die Hände zu reiben. Dann nahmen sie Abschied. Langen und schweren Abschied, sodass selbst dem festen und fröhlichen Obristen, der das Leben sonst mit rechter Lust anpackte, die Augen verdächtig schimmerten.

Seit der Obrist Baumgarten beim Bürgermeister gewesen war, hatte Paul Waltz es nicht gewagt, sein Haus zu verlassen. Teils aus Furcht vor den Soldaten, teils aus Bangnis vor der Bürgerschaft. Denn dem Ratsherrn Schüßler waren schließlich doch viele gewogen, und wenn sie erfuhren, dass der Bürgermeister den Verräter gespielt und ihn der Macht des Feindes überliefert hatte, dann mochten sie den Ratsherrn vielleicht an dem Bürgermeister zu rächen Verlangen tragen. Der Bürgermeister Paul Waltz lief ruhelos vom Boden bis in den Keller, durch das ganze Haus, wagte es aber nicht, sich am Fenster zu zeigen. Er war von Soldateneinquartierung verschont geblieben; er hatte einen anderen Gast im Haus, der ihm nicht so viel Angst und Unruhe machte, als das es das Kriegsvolk getan haben würde, und dennoch atmete er erleichtert auf, als ihm nachmittags gemeldet wurde, dass das Fräulein von Duwensee, die er bei sich beherbergt hatte, ihren Abschied zu nehmen wünsche. Mit tiefen Bücklingen schob er sich in das Zimmer der Dame und küsste ihr ehrerbietig und fast unterwürfig die Hand, die sie ihm mit einer nachlässigen Geste reichte. Als er ihr stammelnd eine glückliche Reise gewünscht hatte, erwiderte sie kalt: „Gehabt Euch wohl, mein Herr Bürgermeister. Um es gerade heraus zu sagen, ich gehe nicht ungern wieder über Eure Schwelle. Wäret Ihr ein rechter Mann, so wäret Ihr selber mit Leib und Leben für die Euch anvertraute Stadt eingetreten, anstatt einen anderen auszuliefern. Geht in Euch und bessert Euch und nehmt für das nächste Mal, wenn Ihr in gleiche oder ähnliche Verlegenheit geraten solltet, meine Worte zu Herzen."

Sie hob ihr Samtkleid mit spitzen Fingern, damit es nicht den Bürgermeister berühre und rauschte davon. Paul Waltz blieb in noch geknickterer Stimmung als vorher zurück. Das Gewissen schlug ihm, aber trotzdem hatte ihn die Rede der fremden Frau verdrossen. Er zog sich in sein Schlafgemach zurück und warf sich erschöpft auf sein Lotterbett. Ein prachtvolles Abendrot glühte am Himmel. Da entschloss sich mit einer gewaltigen Anstrengung der Bürgermeister trotz seines Widerwillens auszugehen, den Rat zusammen zu berufen und sich vor ihm zu rechtfertigen. Durch die Macht seiner Suada* wollte er schon die gegen ihn gerichtete Stimmung besänftigen. Er traute sich in dieser Beziehung viel zu, und doch hatte er das unbestimmte Gefühl, dass es ihm heute furchtbar schwerfallen würde. Indes, er musste es wagen. Er dachte an den lateinischen Advokaten Cicero und stärkte sich zu dem schweren Gang, indem er in seiner Studierstube zärtlich mit der Hand über die Rücken der Bände dieses gewaltigen Redners strich.

Als Paul Waltz aber nachher unten die Haustür öffnete, legte sich ein Büchsenlauf quer vor diese, und eine kriegerische Stimme schrie: „Zurück! Niemand verlässt dieses Haus!" Bürgermeister Paul Waltz war ein Gefangener in seinem eigenen Haus. Verzweifelt rang er die Hände. Wie sollte das enden? Wie, wenn der Kommandant der Truppen den Ratsherrn Schüßler als alleiniges Opfer nicht für genügend

---

* Wortschwall od. römische Göttin der Überredung (d. Hrsg.)

ansah? Wenn er vielleicht auch ihn, den Bürgermeister, aufhängen ließ? Verfluchter Böhmak, dieser Zelenka! Hatte der Stadt da wahrlich eine nette Suppe eingebrockt. Aber, wenn erst diese Schreckenstage vorüber sein würden, und der Kerl wieder zum Vorschein käme! Aus der Stadt hinaustäupen* lassen wollte er ihn! Die Wut des Bürgermeisters legte sich indes wieder und machte einer tiefen Niedergeschlagenheit Platz. Brütend saß er in seiner Schlafstube. Dumpfes Geräusch drang verworren von draußen herein. Es marschierten Truppen; Geschütze und Wagen polterten. Dann und wann klang ein wilder Ruf hindurch. Der Bürgermeister fühlte eine Erleichterung. Gott sei Dank! Die Kriegsvölker marschierten ab. Oder – und eine neue Angst befiel ihn: Marschierten etwa neue, frische Truppen ein? Dann Gnade Gott der Stadt und ihm! Immerhin, wenn die Stadt, wie angedroht worden war, eingeäschert werden sollte, so konnten doch nicht erst Truppen hier Quartiere beziehen. Also war es doch so, dass die Stadt von ihren ungebetenen Gästen befreit wurde. Als der Lärm der Truppen allmählich verhallt war, hoffte der Bürgermeister, sein Haus verlassen zu können. Doch abermals scholl ihm ein raues „Zurück!" entgegen, als er die Haustür öffnete. So war wohl doch noch ein Teil der Truppen zurückgeblieben. Natürlich, das war doch das Brandkommando, und er, er sollte am Ende in seinem eigenen Haus gebraten werden! Vorsorglich öffnete er die Kellertür und schleppte Tische und Stühle in den Keller und was er sonst an wertvollem Hausrat und anderen Kostbarkeiten erreichen konnte. Der Schweiß rann ihm in Strömen vom Körper, als er endlich, todmüde, damit aufhörte. Er konnte nicht mehr. Mochte brennen, was da brennen wollte. Er hoffte nur, dass die Kellergewölbe ihn selber vor dem

---

* peitschen (d. Hrsg.)

Verbrennen schützen möchte. Wenn nur nicht der Rauch in den Keller drang. Um gegen alles gerüstet zu sein, schleppte der Bürgermeister zuletzt eine große Spitzhacke in sein Versteck. Er wusste, dass unmittelbar neben seinem Haus einer der unterirdischen Gänge verlief, die sich an einigen Stellen unter der Stadt hinzogen und über deren ursprüngliche Bedeutung und einstige Verwendung die abenteuerlichsten Sagen und Gerüchte im Umlauf waren. Mochten dort auch, wie der Volksmund behauptet, Gespenster und unholde Geister ihr Wesen treiben, lieber wollte er es mit ihnen aufnehmen als mit den Kriegshorden, die einen Menschen und noch dazu einen Bürgermeister, in seinem brennenden Haus begraben wollten. Vorläufig aber wollte er noch über der Erde abwarten, was geschehen würde.

Die Dämmerung war hereingebrochen und fing bereits an, sich in Nacht zu verwandeln. Vom Markt her war erneut ein großes Volksgetöse zu vernehmen. Wagen rollten hin und zurück, und aufgeregte Menschenmassen wälzten sich am Haus des Bürgermeisters vorbei. Laute Rufe waren vernehmbar. Einmal klang es zu dem lauschenden Bürgermeister empor. „Der Meister Schüßler steckt den ersten Haufen an!" Den Bürgermeister fing es zu grausen an. Sicher zwangen die Unmenschen den unglückseligen Ratsherrn selber, den Brand mit an die Stadt zu legen, ehe sie den Ratsherrn dem Tode auslieferten. Paul Waltz schauderte die Haut, als er sich das ausdachte.

Auf einmal flammte rötlicher Feuerschein durch das Fenster, von den gegenüberliegenden Häusern widergestrahlt. Heller und glühender wurde der Schein, sodass der zitternde Bürgermeister jeden Gegenstand in der Stube deutlich unterscheiden konnte. Man konnte vom Haus des Bürgermeisters nicht auf den Marktplatz sehen, es lag aber in dessen unmittelbarer Nähe. Jetzt glühte schon der Himmel in einem unheimlichen Licht, und einzelne Funken flogen durch die Luft daher. Da hielt es Paul Waltz in seiner erzwungenen Untätigkeit doch nicht mehr aus. Er musste versuchen, das Haus zu verlassen, koste es, was es wolle. Aus einem geheimen Gefach in der einen Wand nahm er einige Goldstücke; vielleicht, dass die Schildwache vor der Tür sich dadurch überreden ließ, ihn hinabzulassen. Einen Augenblick zögerte er noch, dann öffnete er mit plötzlichem Ruck die Haustür. Als sich zu seiner Verwunderung kein drohender Gewehrlauf ihm entgegenstreckte, wagte es Paul Waltz, durch die Tür hinauszutreten. Keine Schildwache war mehr zu sehen. Der Ausgang war frei. Nichts hinderte den Bürgermeister, auf die Straße zu gehen. Diese Tatsache, so erfreulich sie an sich sein musste, versetzte ihm beinahe die Luft. Paul Waltz musste einige Augenblicke stehen bleiben und sich auf seinen dicken Rohrstock stützen. Menschen rannten an ihm vorbei, ohne ihn zu bemerken. Als er eine kleine Strecke gegangen war, blendete ihn helle Glut. Mächtige Flammensäulen stiegen mitten auf dem Marktplatz auf, von vier, fünf Stellen zugleich. Doch, was war das? Es waren nicht die Häuser, die da brannten, es war etwas anderes, etwas, was da in großen Haufen aufgeschichtet lag. Wieder rasselten Wagen vorbei, wie der Bürgermeister nunmehr feststellte, mit Stroh beladen. Sie hielten und wurden alsbald von fleißig zugreifenden Händen ihrer Bürde entledigt. Mit riesigem Eifer warfen die Umstehenden die Bündel in die Flammen. Lachen und Scherzworte tönten zu dem Bürgermeister herüber. Die ganze Stadt schien auf dem Markt versammelt, doch hörte der Bürgermeister keine Klage, sah keine finsteren und leidvollen Gesichter. Vielmehr hatte es ganz den Anschein, als sei ein großes Freudenfest im Gange. Kinder tanzten um die Flammen, aus allen Fenstern sahen vergnügte Gesichter. Männer schüttelten sich die Hand.

Weiber fielen sich um den Hals. Den Bürgermeister, der sich in seinen großen, dunklen Mantel gehüllt hatte, hatte niemand erkannt, und das war ihm lieb, denn so verwirrt und ratlos hatte er sich bisher in seinem ganzen Leben noch nicht gefühlt. Alle Sicherheit hatte ihn verlassen, denn hier ging ganz entschieden etwas Bedeutungsvolles, etwas ungeheuer Wichtiges vor sich, und er, obgleich das Oberhaupt der Stadt, hatte doch nicht die leiseste Ahnung davon, was es eigentlich war. Er schlich sich hinter den Menschengruppen vorbei und barg sich im Schatten des großen Marktbrunnens. Immer noch achtete niemand auf ihn, aber ein Name umschwirrte ihn von allen Seiten, wohin er auch sein Ohr wenden mochte: Der des Ratsherrn Schüßler: Lorz Schüßler, Lorz Schüßler, so klang es immer wieder von allen Seiten.

In der Nähe des Bürgermeisters stand eine Rotte jungen Volkes, das laut, fröhlich und unbekümmert durcheinander schwatzte.

„Unseren ganzen Boden haben wir ausgeräumt", sagte ein stämmiger Bursche, „denn der Lorz Schüßler hatte befohlen, was nur an Stroh aufzutreiben wäre, solle herangeholt werden."

„Ein hübsch Feuerchen!", versetzte ein anderer. „Wer auf dem Stadtberg steht oder noch weiter im Land ist, könnte leicht glauben, die ganze Stadt brenne."

„Schafskopf!", sprach ein Dritter, mehr deutlich als höflich, „das ist es ja gerade, worauf es ankommt! Es soll doch so aussehen, als ginge ganz Hildburghausen heute rettungslos in Flammen auf. Oho, da kommt jetzt auch der Nachbar Eckert mit seinem Stroh." Wieder fuhr ein hochbeladener Wagen vorbei.

„Das nenne ich doch den rechten Nutzen aus der Freundschaft ziehen", meinte ein Alter mit bloßem Kopfe, „ich habe aber immer gesagt, es sei gut, dass wir einen im Rat hätten, der mit dem Krieg und den Kriegsgebräuchen gut Bescheid weiß. Jetzt zeigt sich der Vorteil davon. Wären der Lorz Schüßler und der kaiserliche Obrist nicht ehemals Zeltkameraden gewesen, so würde heute Abend von unserer lieben Stadt nicht viel übrig bleiben. So aber haben sie sich hier wiedergefunden, und der Obrist konnte doch seinem alten Waffenbruder nicht den Schmerz antun, ihm das Haus über dem Kopf anzustecken. So sind sie übereingekommen, dass man hier ein großes Feuer von Stroh anmachen sollte, damit es in der ganzen Gegend aussähe, als brenne Hildburghausen ab. Denn seht: Der Obrist muss auch auf seiner Hut sein. Man passt auf ihn auf. Wer weiß, ob nicht in diesem Augenblick der Isolani auf dem Häselriether Berg steht und zusieht, ob man uns hier auch richtig den roten Hahn aufs Dach gesetzt hat. Oha, eben sind im Schlundhaus ein paar Fensterscheiben gesprungen, und da drüben beim Apotheker auch. Macht nichts. Der Schaden ist nicht so groß, und der Schlundhauswirt wird sich schon wieder schadlos halten. Damit das menschenfreundliche Werk des Obristen nicht verraten würde, hat er auch noch seine Truppen vor Einbruch der Nacht abrücken lassen. Bis kurz vor dem Augenblick, da Lorz Schüßler das Feuer anzünden sollte, hat er nur noch eine kleine Abteilung seiner zuverlässigsten und ihm am meisten ergebenen Soldaten hier behalten. Nun weiß selbst unter seinen eigenen Leuten keiner, welche Abteilung eigentlich den Befehl der Brandlegung ausgeführt hat. Alle aber sehen sie hinter sich die Stadt brennen, und so finden sie die Geschichte ganz in Ordnung. Übrigens weiß ich, dass das Kriegsvolk hier sehr zufrieden war. Freilich gab es auch räudige Schafe unter ihnen, aber im Ganzen waren es ganz manierliche Leute, und noch lange nicht die schlimmsten, wenn auch dieser und jener über die Schnur gehauen hat. Ganz lässt sich das unter solchen Umständen nie vermeiden,

das können wir uns denken, aber der einzelne Schmerz oder Verlust muss über der Rettung des Ganzen eben vergessen werden. Wir müssen alle Opfer bringen. Auch mir haben die Soldaten eine Menge fortgeschleppt, und ich konnte nichts dagegen sagen oder tun."
„Ja", erwiderte ihm ein anderer, „das muss eben ertragen werden. Auch das Menschenopfer. Dort am Pranger hängt es noch. Gnade Gott seiner armen Seele!"
Der Bürgermeister, der noch immer im Schatten stand und von niemandem bemerkt wurde, zwang sich, nach der Stelle hinzusehen, von der der Mann eben sprach. Dort hing eine armselige Gestalt, dürr, hager, zerlumpt. Der Feuerschein zuckte seltsam auf der Glatze, den eingefallenen Zügen und der grässlich gebleckten Zunge des Gerichteten. Ein Blick hatte genügt, um den Bürgermeister davon zu überzeugen, dass der Gehenkte nicht der Ratsherr Schüßler war, sondern der Flurschütze Zelenka. Paul Waltz faltete unwillkürlich die Hände, und was er in diesem Augenblick dachte, das war eher ein Dankgebet als eine Fürbitte für die Seele des eher gewaltsam ums Leben Gebrachten. Er fühlte deutlich, dass es ihm nicht möglich gewesen wäre, in Hildburghausen weiterzuleben und sein Amt zu versehen, wenn Lorenz Schüßler durch seine Schuld den Tod erlitten haben würde. Sein Antlitz wurde über die glückliche Lösung der Dinge nun beinahe heiter. Schnell aber verfinsterte es sich wieder, als er das Gespräch der Umstehenden weiter zu verfolgen gezwungen war.
Es war ein Mann in den Kreis getreten, der sichtbar einen guten Trunk getan hatte, denn trällernd und ein wenig schwankend kam er herangeschlendert.
„Hallo, Christian Krämer, in welchem Weinkeller oder Bierhaus hast du denn wieder gesteckt?", rief ihm einer zu.
Der Angekommene setzte sich auf einen Prellstein und ließ

die Füße baumeln. „Könnt ihr es übelnehmen, Nachbar", sagte er mit lallender Zunge, „wenn man sich stärken muss dafür, dass man mehrere Stunden lang im schweren kaiserlichen Dienst gestanden hat?"

„Hahaha", lachten mehrere, „er hat wieder einmal zu tief in die Kanne gesehen."

„Ach was", meinte ein anderer, „er hat wieder einen seiner dummen Späße gemacht, der Hanswurst. Ich habe ihn tatsächlich noch vor einer Stunde vor dem Haus des Bürgermeisters stehen sehen, einen abgebrauchten Muskedonner ohne Hahn im Arm. Ich rief ihn an, da sagte er, er müsse dem Bürgermeister die militärischen Ehrenbezeugungen erweisen, wenn dieser aus dem Haus trete. Darauf wollte ich ihn von seiner Narretei abbringen, er aber ließ gar nicht mit sich reden, sondern versicherte mir, es sei eine Ehrensache und außerdem ein tiefes Geheimnis. So ließ ich den Kumpan stehen."

„Na", sagte Christian, „nun kann ich es euch ja erzählen, denn die Schweigefrist ist um. Also, heute Nachmittag ließ mich der Lorz Schüßler holen, der mir immer gern eine Beschäftigung zugewiesen hat, wo es etwas zu verdienen gab. Ich dachte, er hat wieder etwas dergleichen für dich und machte mich ungesäumt auf den Weg. Gut, dass du kommst, Christian, sagte er, nimmt mich beim Arm und führt mich – was denkt ihr, wohin? Geradewegs zum Quartier des Obristen. Das sind faule Fische, denke ich und will mich sachte wieder fortschleichen, mit einem so hohen und gefährlichen Herrn wollte ich lieber nichts zu tun haben. Am Ende wollten sie mich unters Volk stecken. Es kam anders. Der Obrist war ein gar freundlicher Herr und, wie ich sah, mit unserem Lorz ein Herz und eine Seele. Sie duzten sich ein über das andere Mal Herzbruder und Kamerad. Na, denke ich, wenn er mit dem Ratsherrn so umgänglich ist, so wird er seinen Tagelöhner auch nicht auffressen. Und er hat mich nicht aufgefressen …"

„Schon, weil du viel zu unappetitlich aussiehst, Christian!", lachte eine Stimme dazwischen, und die andern fielen mit großer Heiterkeit ein.

„Ach, Narrheit!", fuhr Christian fort. „Er hat mich nicht aufgefressen, weil er's gut mit uns allen meinte. Erst griff er in die Tasche und bot mir einen Taler, dann langte er in die Ecke und holte einen alten Schießprügel hervor. Damit, so sagte er dabei, stellst du dich hinter die Tür des Bürgermeisters, und wenn der hochmögende Herr Miene macht, sein Haus zu verlassen, so hältst du ihm das Gewehr entgegen und brüllst: ‚Halt!' Richte es aber nach Möglichkeit so ein, dass er dich nicht zu sehen bekommt, denn wahrscheinlich kennt er dich nur zu gut, und wenn er dahinter kommt, dass wir ihn nur zum Narren halten, dann ist der Spaß ins Wasser gefallen, und das wäre doch schade. Erst wenn du merkst, dass auf dem Markt etwas brennt, – ja, brennt habe ich gesagt, du brauchst mich darum nicht so entsetzlich verdonnert anzusehen –, dann machst du dich so sachte davon. So ging ich denn nach Hause und mummelte mich denn erst ein bisschen ein, damit nicht Hinz oder Kunz oder der Herr Bürgermeister merken sollten, wer dahinter steckte, und zog dann auf Posten. Ich kann euch bei der Seligkeit meiner Urgroßmutter versichern, es war kein leichtes Stück Arbeit. Zweimal wollte der Bürgermeister ausgehen, und zweimal musste ich ihn daran mit Waffengewalt hindern. Bedenkt, was das heißt: Ich dem Bürgermeister verwehren, aus seinem eigenen Haus zu gehen! Mir zittert jetzt noch bei meinem angeborenen Respekt vor der Obrigkeit das Herz im Leibe, aber ich dachte an die strikte Order des Obristen und an den Taler in meiner Tasche, den ich mir doch erst ehrlich verdienen musste. Außerdem war es schließlich eine Arbeit wie jede andere und dazu noch eine, für die ich zum ersten Mal in meinem Leben im Voraus bezahlt worden war. Ein solches Vertrauen zu mir rührte mich so, dass ich es unter keinen Umständen hätte täuschen können."

„Und der Taler?", fragte man den Erzähler.

„Der ist in das Hirschwirts Tasche gewandert", lachte einer der Zuhörer. „Du hast wahr gesprochen, Franz!", stimmte ihm der lange Christian zu. „Es ist doch etwas Schönes in einer kleinen Stadt, dass da einer den andern ganz genau kennt."

Den Bürgermeister hatte es bei der Erzählung des Tagelöhners abwechselnd heiß und kalt überlaufen. Scham und Zorn ragen in ihm. Er entschied sich aber schließlich weise dahin, beides sorglich in sich zu verschließen. Er musste und wollte so tun, als wisse er von nichts.

Die Flammen brannten noch immer. In ihr Zischen und Sausen mischte sich jetzt vom Rathausturm her der Klang des Acht-Uhr-Glöckleins. Nicht gar weit von sich erkannte der Bürgermeister einige Ratsherren am Feuer, unter ihnen Lorz Schüßler. Da schlich er, unbeachtet wie er gekommen, nach seinem Haus zurück, sich auf dem Heimweg die feierliche Rede überdenkend, mit der er wohl oder übel den Lorz Schüßler, den Retter der Stadt, in großer Ratssitzung bedenken musste. Und diese Erwägungen verschlangen schließlich alle anderen Empfindungen in ihm, denn er hörte sich gerne reden und war ehrgeizig darauf, dass seine Worte immer einen möglichst tiefen Eindruck machen sollten.

Lorenz Schüßler aber war derweilen in einer wunderbar gehobenen Stimmung, als er so vor dem Feuer stand. Alles Unreine in ihm, alles wilde Wünschen und Wähnen war vor der Größe des Augenblicks verschwunden. Die Flammen, die da hoch auf zum stillen, schwarzen, sternübersäten Nachthimmel loderten, hatten das alles verzehrt. Er war in diesem

Augenblick nichts als der Sohn seiner Vaterstadt, und er war es mit einer stolzen Freude, wie er sie nie vorher gefühlt. Wohl brannten in seinem Innern noch die Worte Käthe von Duwensees und Walter Baumgartens, aber dieser Schmerz schien ihm heilsam, und bald würde sich, so fühlte er mit einer beruhigenden Gewissheit, diese Wunde schließen. Es war wieder einmal alles anders gekommen, als er es sich gedacht hatte, aber er fühlte diesmal keinen Ingrimm darüber, und das Lächeln, das ihm im Gesicht stand, war nicht das eines Verbitterten und grausam Enttäuschten, sondern das eines mild Verstehenden. Es waltete etwas über ihm, das er nicht zwingen konnte. Nun, so musste er seinen Frieden mit dieser Gewalt machen und in Zukunft, wenn ihm noch eine Zukunft blühte, seine Ohren und alle Sinne schärfen und stark und gespannt danach hinhorchen, wie sich diese Gewalt äußern wollte. Er war bisher zu verstockten Gemüts gewesen. Das sah er jetzt ein. Er stand nicht für sich allein. Kein Mensch stand allein oder konnte sich willkürlich aus dem großen Verband lösen, in dem sich die Fäden und Beziehungen wundersam kreuzten. Freundlich blickten ihn die Häuser des Marktes an. Die Glut, die sie bestrahlte, war nicht ihre eigene, und tröstlich dünkte ihm das Geläut des Rathaus-Glöckleins in den Ohren zu klingen. Gedankenvoll starrte er in die Flammen; die letzten Tage zogen an ihm vorbei, und es tönte ihm auf einmal durch die Seele, was die Zigeunerin auf dem Straufhain zu ihm gesagt hatte: Wenn das Feuer über der Stadt stehen wird, ohne sie zu verbrennen, und wenn im nächsten Jahr das Korn anfangen wird zu gilben. Stand er so nahe vor der Erfüllung seines Lebens und seiner Laufbahn? So wollte er den Rest so anwenden, dass man sein Andenken dereinst segnen solle, und eine Gnade von Gott war es, dass er jetzt seiner Stadt diesen großen Dienst hatte leisten dürfen.

Mit einem plötzlichen Einfall griff er entschlossen in die Rocktasche und holte zwei Papiere heraus, hielt sie in die Flammen und sah unentwegten Gesichtes zu, wie sie verkohlten und wie ihre Asche zu der übrigen Asche fiele. Dann wandte er sich und reichte seinem hinter ihm stehenden Schwager Kob die Hand, die dieser mit herzlichem Druck umspannte. Michael Kob hatte beobachtet, dass Lorz etwas verbrannte. Er kannte seinen Schwager genauer, als dieser selbst es sich dachte, und als Kob, der der Stimmung Lorzens in den letzten Tagen gefolgt war, die Handlung am Feuer bemerkte, da ging, obwohl er die Papiere und ihren Inhalt nicht kannte, eine Ahnung durch ihn, dass sich hier der Schluss eines Erlebnisses vollzog, das mit tiefen Bewegungen im Gemütsleben Lorzens verknüpft war. Als sich nun Lorz vom Feuer weg und zu seinem Schwager kehrte, da sah er aus wie ein Verwandelter. Alle Falten des Unmutes waren aus seinem Gesicht verschwunden, eine stolze und feierliche Heiterkeit lag um seinen Mund und leuchtete ihm aus den Augen, sodass Kob frohgemut ausrief: „So gefällst du mir, Lorz! Du selbst, nicht dein Heldenstück vom heutigen Tage. Das äußerlich Sichtbare meine ich, das hier zum Himmel strebt. Denn das andere, das du über dich selbst vollbracht hast, das ist sicherlich das größere."

„Sprich mir nicht von Heldenstücken, mein Michel", erwiderte Lorz ernst, „wer sind wir, dass wir uns solcher rühmen dürfen? Wie sagte der Prediger? Der Wind bläst, wie er will, und du hörst dein Sausen wohl; du weißt aber nicht, von wannen er kommt und wohin er fährt. Das ist das, was ich über den heutigen Tag schreiben möchte."

Damit wandte er sich ab und verschwand in der Menge, nachdem er noch einen Blick auf die verglimmenden Feuer geworfen und angeordnet hatte, dass der Leichnam des Flurschützen noch an demselben Abend abgenommen und mit dem Frühesten des anderen Tages der Erde übergeben werden solle.

Lorz Schüßler schlief in dieser Nacht wie zu seiner besten Zeit. Erst gegen Morgen wurde sein Schlaf unruhiger, denn noch einmal zogen die Gestalten seines vorigen Lebens durch seinen Traum. Voran die Bilder der Zigeunerin Etelka, der Meisterin von Marktredwitz, Julianes und der Käthe von Duwensee aus Braunschweig. Zuletzt versank alles im Nebel; aus diesem trat aber am Ende ein liebliches, anmutiges Weib hervor, und aus ihrem Munde erklang es wie die Stimme des Frühlingswindes, wenn das Eis der Werra aufgebrochen ist: Ich bin die Heimat, Lorz Schüßler. Deine Heimat! Als er genauer hinsah, trug sie die Züge seines Eheweibes Elisabeth. Er streckte die Arme nach ihr aus und erwachte.

Die Sonne schien noch einmal so freundlich wie am Tag zuvor, als Lorz Schüßler zum Rathaus schritt. In aller Frühe schon war Stubenrauch dagewesen und hatte ihn zu einer Ratssitzung entboten. Der Pranger war leer, aber auf dem Marktplatz lagen noch die Aschenhaufen des Strohfeuers. Da und dort gab es auch gesprungene Fensterscheiben zu sehen, aber das war der einzige Schaden, den die vorgetäuschte Feuersbrunst angerichtet hatte. Es war viel Volk auf dem Markt versammelt. Als Lorz Schüßler erschien, wurde er mit lauten, freudigen Zurufen begrüßt, und Jung und Alt, Männer und Weiber drängten sich an ihn heran, um ihm die Hand zu schütteln. Oben im Saale waren die Ratsgenossen bereits versammelt. Auch der Bürgermeister Paul Waltz war schon anwesend. Er sah bleich und übernächtigt aus; seine Züge trugen aber schon wieder die gewohnte Undurchdringlichkeit. Er tat, als bemerkte er nicht den leisen Anflug von Spott in den Gesichtern der Ratsherren, wenn ihre Blicke den Augen des Bürgermeisters begegneten. Als Lorz Schüßler eintrat, gab es einen großen Aufstand im Saal. Alles stürzte ihm entgegen, und er konnte den kräftigen Händedrücken nicht entgehen. Als er endlich seinen Platz eingenommen hatte, erhob sich der Bürgermeister.
„Ihr Herren Ratsgenossen!", so sprach er, „danket dem Herrn, denn er ist freundlich, und seine Güte währet ewiglich. Als wir in den letzten Tagen hier zusammenkamen, da

waren unsere Seelen kummervoll, denn eine schwere Wolke voller Unheils hing über dieser Stadt. Es dräuten Blitze, Stürme und Hagelwetter, und wir mussten fürchten, dass uns die Fluten bis an den Hals gehen, wo nicht gar über dem Kopf zusammenschlagen würden. Feindliches Kriegsvolk, dem der böse Ruf unerhörter Härte und Grausamkeit voranging, sollte hier seinen Einzug halten, und wenn da die Furcht unser Herz bewegte, so war das eine menschliche Regung, deren wir uns nicht zu schämen brauchen, denn es ging nicht um uns selber, es ging um das uns anvertraute Gemeinwesen, um Hab und Gut, Leib und Leben, Weiber und Kinder der Bürger. Aber dem ewig gütigen Gott sei Dank! Die dräuende Wolke hat sich zerstreut, und die liebe Sonne scheinet wieder freundlich ob unserer Stadt. Mit geringem Schaden sind wir davongekommen. Jeder kann in Frieden und Ruhe wieder seiner Hantierung nachgehen und hofft, dass es lange dauern wird, ehe der Krieg auf seinem zerstörenden Zuge Hildburghausen wieder einmal berührt. Wohl hat der Schein einer Feuersbrunst über der Stadt gelegen, aber dem gnädigen Gott sei Dank! Es war nur ein Freudenfeuer über die Verschonung der Stadt. Zu seinem Werkzeug hatte sich der Herr – o wunderbare Fügung – einen Sohn unserer Stadt erkoren! Ihn hat er in seiner unbegreiflichen Güte gewürdigt, der Retter der Stadt Hildburghausen zu werden, ein Mitglied unseres Rates, den Ratsherrn und Tuchwebermeister Laurentius Schüßler.

Wir alle haben längst erkannt, was für ein tatentschlossenes Herz unser Lorz Schüßler im Busen trägt. Wir schätzen ihn darob und hielten ihn wert, denn frische Regung ist für eine Stadt nützlich und gut. Wir wussten aber kaum, welcher zarten Liebe zugleich dieses Herz fähig sein konnte, als wie es sich nun erwiesen hat. Er konnte es nicht über sich gewinnen, seine geliebte Vaterstadt in Asche sinken zu sehen. Er ging hin zu dem feindlichen Anführer, und der Himmel fügte es abermals so wunderbarlich, dass der kaiserliche Obrist einer derjenigen war, mit denen vor Jahren unser Schüßler unter einem Zeltdach geschlafen und aus einem Becher getrunken. So fand die Bitte ein williges Ohr, und unser Lorz Schüßler wurde uns zum Segen. Heil ihm, dem Retter der Stadt!"

Paul Waltz stand von seinem Bürgermeisterstuhle auf, nahm das Barett vom Kopfe, legte es auf den Tisch vor sich hin und schritt, beide Hände vor sich ausgestreckt, glänzenden Auges und leuchtenden Antlitzes auf Lorz zu. Er hatte nunmehr seine ganze Sicherheit wiedergewonnen, und die Ratsherren, die ihn so strahlend und würdevoll sahen, vergaßen seiner merkwürdigen Rolle vom gestrigen Tage und waren wieder voll Bewunderung für ihren Bürgermeister, der ihrer Meinung nach mit seiner Rede den Nagel auf den Kopf getroffen hatte. Paul Waltz ergriff mit beiden Händen die Rechte Lorz Schüßlers und drückte sie heftig und lange, indem er dem Ratsherrn mit dem gut gespielten Ausdruck inniger Freundschaft und Herzlichkeit ins Auge sah. In demselben Augenblick erscholl vom Marktplatz herauf der vielstimmige Ruf: Heil Lorz Schüßler, dem Retter der Stadt! Der Bürgermeister lächelte befriedigt. Stubenrauch hatte, wie es der Bürgermeister angeordnet, im richtigen Augenblick das Zeichen gegeben. Paul Waltz fuhr dann in seiner Rede fort: „Ja, Ihr Freunde, lasset uns einstimmen, in den Zuruf der Volksstimme: Heil unserem Lorz Schüßler, dem Retter der Stadt!" Der Saal donnerte von den mächtigen Stimmen der Ratsherren, und alles drängte sich abermals um den Gefeierten.

„Teuerster Meister!", sagte dann der Bürgermeister, als wieder einigermaßen Ruhe eingetreten war, „es ist uns unmöglich, die Tat zu vergelten, die Ihr für unsere Stadt getan.

Lasset Euch an dem Gefühl unserer unauslöschlichen Dankbarkeit genügen und mit dem Bewusstsein Eures Gewissenslohnes. Euer Name ist unvergänglich in die Geschichtstafeln unserer Stadt eingegraben, und noch in späten Jahrhunderten wird jeder Hildburghäuser den Namen Lorz Schüßler kennen und preisen. Indessen hat der Rat doch geglaubt, es nicht an einer kleinen äußeren Aufmerksamkeit fehlen lassen zu dürfen, und deshalb haben wir beschlossen, Euch auf einige Zeit Kredit im Schlundhause zu gewähren. Dort sind bereits zwölf Gulden acht Groschen und vier Pfennig für anderthalb Eimer und elf Maß Wein auf das Kerbholz für Euch angeschrieben, damit Ihr, wie es sich gebührt, in Fröhlichkeit der Rettung der Stadt gedenken möget."

Lorz Schüßler hatte bisher mit Verwirrung und Beschämung, um nicht zu sagen mit Unbehagen, die feierliche Rede des Bürgermeisters und die Ehrungen seiner Ratsgenossen über sich ergehen lassen, aber als der Bürgermeister ihm die Mitteilung von dem Geschenk der Stadt machte, da stand Lorz plötzlich mit beiden Füßen mitten drin im Hildburghäuser Alltag. Er sah den selbstzufrieden schmunzelnden Bürgermeister an und brach in ein unaufhaltsames Gelächter aus. „Bürgermeister!", sagte er, sich auf seinem Stuhl die Seiten haltend und mühsam nach Atem ringend, „ich danke Euch von Herzen. Aber, nehmt es mir nicht für ungut, Ihr seid kostbar! So bekomme ich doch wenigstens den Schaden ersetzt, den mein Haus durch die Einquartierung erlitten hat. Denn fast ebenso viel, wie Ihr mir zugedacht, haben meine drei Musketiere samt dem Gesellen Hassenpflug mir aus meinem Weinkeller weggetrunken!"

Und schon wieder packte ihn die große Heiterkeit, und Bürgermeister und Räte taten das Beste, was sie tun konnten: Sie lachten mit.

Nachwort der Herausgeber

Wenn Sie, liebe Leser, von diesem Roman ebenso begeistert sind wie wir, haben sich die Mühen gelohnt. Erwarten Sie aber von uns in der Rückschau bitte keine historische oder literaturwissenschaftliche Betrachtung oder gar Analyse.
Es ist purer Zufall, dass wir Ihnen das Bändchen vorlegen können, denn wir wissen tatsächlich nur von einem einzigen Exemplar, das in den achtziger Jahren des vorigen Jahrhunderts mit einem Konvolut heimatgeschichtlicher Literatur erworben und irgendwo in einen Bücherschrank eingeordnet worden ist. Die spätere aufmerksame Suche nach einer Quelle eines weiteren Standorts ist erfolglos. Wir haben lediglich erfahren, dass nicht aufgebundene gefalzte Bogen für ein Exemplar in einem Kirchenarchiv liegen, mehr nicht. Das gibt zu denken. Immerhin steht im uns vorliegenden Exemplar ein gedruckter Zueignungsvermerk:

Eine Festgabe
zum 600jährigen Jubiläum
der Stadt Hildburghausen

Das Stadtjubiläum 1924 ist ein groß aufgezogenes Fest gewesen, Bürgermeister Dr. Max Schröer unternimmt alles,

damit die Jubiläumsereignisse bedeutsam werden: nach Weltkrieg, Versailler Vertrag, Hunger, Massenarbeitslosigkeit und Inflation wird zur Freude der Menschen ein großes Ereignis geplant und organisiert: unzählig viele Veranstaltungen unter Einbeziehung der Einwohnerschaft, ein geschichtsträchtiger Umzug, eine inhalts- und kenntnisreiche Festschrift, Schauspiele hiesiger Autoren für das Stadttheater, Postkartenserien vom Festumzug und, und, und.
Und dann gibt es einen Roman, eine Festgabe eines der renommiertesten Verlage und Druckereien in der Verlagsstadt Hildburghausen, herausgegeben von der einstigen Hofbuchdruckerei *Gadow & Sohn G.m.b.H.* in der Schlossgasse. Und doch: Niemand weiß etwas von diesem Buch.
Auch der Autor *Friedrich Sack* bleibt im historischen Dunkel. Trotz Google, Wikipedia & Co. findet sich im Internet, in großen Bibliografien und Autorenverzeichnissen nirgendwo sein Name verzeichnet. Wir wissen von Friedrich Sack, dass er wenige Jahre Redakteur der in Deutschland weit verbreiteten „Dorfzeitung" gewesen ist und dass sich sein Arbeitsplatz in der Scheller-Villa befunden hat. Das war die vordere Villa des 2008 durch eine Brandstiftung vernichteten Druckerei- und Verlagsgebäudes, in dem die Geschäftsleitung des Druckhauses *Offizin Hildburghausen GmbH* und der *Verlag Frankenschwelle*, also der Vorgängerverlag des heutigen *Salier Verlags* in Leipzig, ihren Sitz bis 2006 hatten. 1924 verliert sich Friedrich Sacks Spur in Braunschweig.
Wir wollen an dieser Stelle auch nicht spekulieren, warum der Roman damals offensichtlich nicht verbreitet wurde. Das unterbleibt, weil wir es nicht redlich finden, Bedenklichkeiten und Vermutungen in die Welt zu setzen. Anbieten können wir Ihnen ein historisch kenntnisreich und einfühl-

sam geschriebenes Buch zu einer katastrophalen Epoche des 17. Jahrhunderts, das auch noch knapp 100 Jahre später lesenswert ist und zum Nachdenken – nicht nur in Hildburghausen – anregt und das die Kritik an früheren und heutigen politischen Verhältnissen durchaus befördern kann. Damit können wir dem Autor Friedrich Sack ein spätes geistiges Denkmal setzen.

Der Verleger Bastian Salier formulierte es so: „Wenn es die Geschichte um Lorz Schüßler nicht gäbe, müsste man sie erfinden."

Und so haben wir hier die kenntnisreiche, aufregende, herzbewegende und spannende Geschichte, die beinahe versunken wäre, aber nun doch dem Publikum erhalten bleibt.

Hildburghausen, im April 2016
Hans-Jürgen Salier und Ines Schwamm

Bastian Salier
Freimaurer in Hildburghausen

Die Geschichte der Loge Karl zum Rautenkranz

ISBN 978-3-939611-80-6
Salier Verlag
Softcover
168 Seiten, 12 × 19 cm
1. Auflage 2015
EUR 12,00

In der südthüringischen Residenzstadt Hildburghausen wurde bereits 1740 eine der ersten deutschen Freimaurerlogen gegründet. Leider ist über ihr Wirken und ihre Existenz nur sehr wenig überliefert. 1787 jedoch wurde als Nachfolgerin die St. Johannisloge Karl zum Rautenkranz installiert.
Ihr berühmtestes Mitglied war der Dichter Friedrich Rückert. Die Hildburghäuser Loge erlebte bis zu ihrer Auflösung 1934 eine bewegte Geschichte. Ihre Entwicklung steht beispielhaft für die deutsche Freimaurerei des 19. und frühen 20. Jahrhunderts.

Aus dem Inhalt:

Logen in Hildburghausen
    Die Loge und der herzogliche Hof
    Die Logenhäuser
    Das Erbe nach 1945

Freimaurer in Hildburghausen
    Carl Ludwig Nonne
    Harmsen Wilhelm Rathke
    Friedrich Rückert
    Herzog Friedrich von Sachsen-Hildburghausen

Hans-Jürgen Salier

Kleine Chronik Hildburghausen

Von den Anfängen bis zur Gegenwart

ISBN 978-3-939611-05-9
Salier Verlag
Hardcover cello.
144 Seiten, 21 × 21 cm
1. Auflage 2008
EUR 24,90

Die Stadt Hildburghausen beging im Jahr 2009 den 775. Jahrestag der Ersterwähnung. Ihre Geschichte ist voller staunenswerter Ereignisse. Geprägt wurde sie von Persönlichkeiten wie Graf Otto von Botenlauben, Verleger Carl Joseph Meyer oder der Dunkelgräfin.

Hans-Jürgen Salier hat die wichtigsten Ereignisse der Stadtgeschichte, Interessantes und Staunenswertes zusammengetragen. Der durchgehend farbig gestaltete Band ist mit Postkarten und postgeschichtlichen Belegen reich illustriert.